PAWEŁ PISKORSKI

Między nami liberałami

Projekt okładki
FRYCZ I WICHA

Zdjęcia na okładce: Mieczysław Michalak/Agencja Gazeta,
Tomasz Wierzejski/Fotonova, Jacek Domiński/Reporter,
Kacper Pempel/Reporter, Wojtek Łaski/East News

Redaktor prowadząca
Katarzyna Litwińczuk

Korekta
Katarzyna Kaźmierska

Skład
Tomasz Erbel

Wydawca
Czerwone i Czarne Sp. z o.o. S.K.A.
Rynek Starego Miasta 5/7 m. 5
00-272 Warszawa

Druk i oprawa
Toruńskie Zakłady Graficzne
„Zapolex" Sp. z o.o.
ul. Gen. Sowińskiego 2/4
87-100 Toruń

Wyłączny dystrybutor
Firma Księgarska Olesiejuk Sp. z o.o. S.K.A.
ul. Poznańska 91
05-850 Ożarów Mazowiecki

ISBN 978-83-7700-152-3

Warszawa 2014

Książkę wydrukowano na papierze Creamy Hi Bulk 53 g vol. 2.4
dostarczonym przez Paperlinx Sp. z o.o.

PaperlinX

www.paperlinx.com.pl

PAWEŁ PISKORSKI

Między nami liberałami

Rozmawiał
Michał Majewski

Warszawa 2014

Rozdział I

Początki KLD

Będziemy rozmawiać w tej książce o środowisku liberałów. O ludziach, którzy wyrośli z Kongresu Liberalno-Demokratycznego. Obok postkomunistów, środowiska Kaczyńskich, to jedna z najciekawszych grup w polityce ostatnich 25 lat. Wydała dwóch premierów, w tym Donalda Tuska, który zdominował krajową politykę w ostatnich siedmiu latach. Opowiedz o starcie, o początkach środowiska.

KLD u narodzin miało trzy główne nurty. Gdańscy liberałowie, tacy jak Jan Krzysztof Bielecki, Donald Tusk, Jacek Merkel, którzy zaczynali pierwsi. Z drugiej strony środowisko gospodarcze z Warszawy, stopniowo słabnące i marginalizowane. I po trzecie, co dało nowy, wielki impuls, działacze Niezależnego Zrzeszenia Studentów, które było moim matecznikiem. Środowisko to przeżyło wcześniej trzy bardzo burzliwe lata. Dużej części mojego NZS-owskiego środowiska Okrągły Stół z 1989 roku przynosi zawód. W 1988 roku robimy strajki, demonstracje, czasami jako jedyni z opozycji. Czujemy się ważnym, a nawet kluczowym elementem antykomunistycznej rewolucji. Wtedy, w 1988 i '89 roku podziemna „Solidarność" była dość słaba, a my czujemy, że zmiana „jest zrobiona naszymi rękami". Tyle że gdy rusza Okrągły Stół, zostajemy wypchnięci, odrzuceni przez elitę opozycji. Oczywiście pomagamy, bo wiadomo, że przede wszystkim jesteśmy za „Solidarnością" i jej zwycięstwem nad komuną. Ja, jako 21-letni chłopak, jestem pomocnikiem, doradcą przy podstoliku do spraw praw człowieka. Wcześniej stworzyłem i kierowałem Akademickim Biurem Interwencji, które było odpowiednikiem komisji Romaszewskich wśród studentów i ludzi młodych. Biuro pomagało osobom represjonowanym, bitym w czasie demonstracji. Płaciliśmy kolegia, pomagaliśmy znaleźć prawników, żeby oni mogli wydostać się z aresztów. Nasza wiedza była bardzo ważna dla strony solidarnościowej w obradach Okrągłego Stołu. Ale już tylko wiedza. Nasze postulaty mają gdzieś.

Proste. Starsze pokolenie opozycjonistów obawiało się waszego młodzieńczego radykalizmu.

Byliśmy niepokorni, ale nie nieobliczalni. Zwłaszcza warszawskie środowisko wyrastało z etosu komandosów z lat 60.; znaliśmy się z Michnikiem, Kuroniem. Jeśli chodzi o Tuska i tę drugą część naszego KLD-owskiego środowiska, które za chwilę się narodzi, to było trochę inaczej. Tusk był bardzo „antywarszawski". To warto podkreślić, bo wiele razy ta kwestia będzie jeszcze wracać. Donald i środowisko gdańskie było bardziej antyestablishmentowe, było przeciwko „warszawce", którą utożsamiano ze starą elitą solidarnościową. My w NZS byliśmy znacznie bliżej tego etosu, ale stara opozycja traktowała nas jak młokosów i radykałów. Z Okrągłego Stołu zostaliśmy wyeliminowani, nasze postulaty zlekceważono.

O co chodziło?

Między innymi o kwestię formalną, ale była ona dla nas istotna. Oczywiście zezwolono na rejestrację NZS, ale w formule jednolitej osobowości prawnej, co spowodowało rozłam w Zrzeszeniu. Część naszego środowiska, któremu zależało na swojej odrębności, przez długi czas nie chciała się na to zgodzić. Z kolei dla elity solidarnościowej zasiadającej przy Okrągłym Stole był to całkowicie niepoważny problem. Co wy tu kombinujecie – jednolita, podwójna – jakie to ma znaczenie?

A jakie miało?

Jeśli jest jednolite stowarzyszenie, to na przykład NZS na KUL-u jest filią krajowego NZS. Nie ma osobowości prawnej, pieniędzy, nic nie może samodzielnie robić. A jeśli ma podwójną osobowość, to jest osobnym podmiotem na KUL-u i jednocześnie częścią podmiotu krajowego. Wtedy się wydawało, że to będzie miało kluczowe znaczenie. W niektórych regionach, uczelniach działacze bali się, że „warszawka" to wszystko zdominuje. Dla nas z Warszawy było jasne, że nie mamy takich intencji, i tym bardziej popieraliśmy ich postulaty. W efekcie to nasze, wówczas 60–70-tysięczne środowisko NSZ było bardzo nastroszone, niezadowolone. Oczywiście, byliśmy za tym, żeby „Solidarność" wygrała wybory i odsunęła komunę od władzy, ale nie czuliśmy się komfortowo i tej całej nowej elity nie uznawaliśmy za swoich reprezentantów.

Ale przy wyborach '89 pomagacie „Solidarności".

Część ludzi takich jak Jan Lityński czy Henryk Wujec z racji tego, że znaliśmy się ze starych czasów konspiracji, odnosiła się do nas ze znacznie większym zrozumieniem i zagospodarowywała nas przy tych wyborach. W Gdańsku środowisko Tuska, Bieleckiego miało się w co angażować. Bielecki kandydował przecież do Sejmu i został posłem. Ale był narastający dystans między nami a kierującymi stroną opozycyjną. Oczywiście pomożemy, odsuniemy komunę. To najważniejsze i wspólne zadanie. Potem jest radość po wyborach, ale rząd Mazowieckiego z miesiąca na miesiąc staje się nam coraz bardziej obcy.

Dlaczego?

Dzisiejsze moje spojrzenie jest znacznie bardziej umiarkowane, ale wtedy zaakceptowanie „grubej kreski" i nierozliczania epoki komunistycznej było trudne. Uosobieniem tego modelu, który przyjął wtedy Mazowiecki, był dla mnie Aleksander Hall, którego osobiście zresztą bardzo szanuję i lubię. Oni nie chwytali tego, że pod osłoną rządu, który w tej sprawie nic nie robi, zachodziła w tym wyjątkowym roku '90, w różnych miejscach – w tym na uczelniach – bardzo daleko idąca „rewolucja prywatyzacyjna".

Szybkie uwłaszczenia?

Tak. Prywatyzowały się różne postkomunistyczne młodzieżowe agencje artystyczne, podróżnicze. Kluby przechodziły w prywatne ręce. To była klasyczna nomenklaturowa prywatyzacja. Wszystko było przejmowane przez różne grupki, przestawało służyć ogółowi i było w zasadzie nie do odzyskania. Postulowaliśmy, by te spółki i przedsiębiorstwa zebrać do wspólnego pakietu, nad którym zapanowałby rząd lub konferencja rektorów szkół polskich. Potem można byłoby na nowo przeprowadzić dystrybucję tych dóbr między różne środowiska, łącznie z tymi postkomunistycznymi.

Dlaczego to nie było „kupowane" przez Halla?

Kompletnie to lekceważyli. Uważali, że nie ma sensu wchodzić w zatargi z komunistami po to tylko, by zaspokoić oczekiwania ludzi, o których oni mało wiedzą. Mowa o nas, oczywiście. To było trochę na takiej zasadzie: „Jakieś dzieciaki chcą, żebyśmy wojnę o ich sprawy wytaczali komunistom. A przecież komuniści są nam potrzebni, żeby przegłosować ważne dla Polski reformy. Małolaty przychodzą i nam zawracają głowę jakimiś klubami i Almaturami. A gdzie gwarancja, że ci, którzy do nas przychodzą z NZS, tego nie zmarnują albo nie rozkradną?".

Mijaliście się kompletnie.

Absolutnie i było dużo nieufności. My mieliśmy bardzo silne przeświadczenie o naszym wkładzie w te ostatnie lata i poczucie kompletnego niezrozumienia po drugiej stronie.

Mówiłeś o nieufności między wami, ludźmi NZS-u, a środowiskiem elity post-KOR-owskiej. Wyjątkiem był tu Jacek Kuroń, tak?

Jacka Kuronia znaliśmy od dawna. Pod względem osobowości, sposobu bycia Jacek bardzo różnił się od swoich kolegów z – jak to ująłeś – post-KOR-owskiej elity. Słuchał ludzi, był osobą, z którą zawsze można było usiąść, napić się herbaty i pogadać. Tak go zawsze będę pamiętał, mimo że w późniejszym czasie w wielu rzeczach się nie zgadzaliśmy.

A co do reszty tego środowiska – traktowali nas z nieufnością. Byliśmy jacyś tacy nowi, nieoswojeni, radykalni, nieprzewidywalni dla nich. Symptomatycznym momentem była tu akcja zajmowania przez NZS budynków ZSMP. Było to w marcu 1990 roku. Chcieliśmy zająć kilka budynków na jeden dzień i zademonstrować w ten sposób, że jest problem dotyczący majątku organizacji młodzieżowych. Postkomunistyczne organizacje młodzieżowe zaczęły uwłaszczać się same bądź przez spółki nomenklaturowe. W zasadzie nie działały już inaczej niż jako wynajmujący biura lub posiadany sprzęt. Niezależne organizacje, w tym NZS, nie miały nawet na ryzę papieru, a zrzeszały dziesiątki tysięcy ludzi. Rząd zamykał na to oczy. Akcja chwilowej okupacji budynków miała go zmusić do zajęcia się problemem, a skłoniła do zajęcia się nami. Gdy zajęliśmy budynek ZSMP przy Smolnej, zwróciliśmy się o mediację do profesora Geremka. Powiedział, że będzie rekomendował wysłanie na nas policji.

Gdzie to powiedział?

Przekazał to nam przez Henryka Wujca. Przy czym z naszej strony to była czysta demonstracja. Nam przecież nie chodziło o to, by zostać w tej siedzibie ZSMP. Chcieliśmy następnego dnia wyjść, ale obudzić, w końcu nasz, rząd. Bez problemu można było wówczas przeprowadzić ustawę, zgodnie z którą majątek organizacji młodzieżowych służyłby całemu środowisku. Skoro można to było zrobić z RSW Prasa, to brakowało w tej sprawie tylko dobrej woli. I w takim momencie nam powiedziano, że przyjdzie policja i nas wyrzuci albo aresztuje.

Cios w serce.

Mam wrażenie, że to właśnie był ten moment, kiedy środowisko NZS rozstało się z elitą „ROAD-owską". Wydarzenia od Okrągłego Stołu do, powiedzmy, marca 1990 roku spowodowały, że bardzo duża część naszego środowiska nie odnajdywała się we współpracy z rządem i jego zapleczem, tylko była w kontrze. To było wszystko bardzo pokomplikowane, bo jednocześnie popieraliśmy reformy gospodarcze rządu, no i w końcu on był symbolicznie „nasz". Niebawem Wałęsa wyjdzie z programem przyspieszenia i NZS, głównie za sprawą tych wydarzeń, będzie, poza pojedynczymi osobami, bliżej Lecha Wałęsy niż Tadeusza Mazowieckiego.

A kogo ty znałeś z tej „ROAD-owskiej” czołówki w tamtym czasie? Geremka, Michnika?

Kuronia, Lityńskiego, Wujca. Geremka w tamtym czasie jeszcze nie znałem osobiście. A Michnika poznaję gdzieś na przełomie ’89 i ’90 roku.

Jakie jest podejście Michnika do was? Uważa was za radykałów?

Tak. I z Adamem Michnikiem miałem od początku złą chemię.

Dlaczego?

Tak naprawdę – nie wiem. Może wpływało na to to, że mu otwarcie mówiłem to, co uważałem za prawdę – że oni są zamkniętą elitą, że to oni za chwilę, tak jak wcześniej komuniści, będą zadowoloną i oderwaną od ludzi grupą. Pamiętam – to był lipiec albo sierpień 1990 roku – i zupełnym zbiegiem okoliczności Adam Michnik i ja byliśmy w tym samym miejscu, pod Madrytem. Ja – na spotkaniu liderów organizacji broniących praw człowieka z Europy postkomunistycznej, Michnik – na jakiejś konferencji. I zupełnym przypadkiem spotkaliśmy się w tej samej restauracji. Nie zapomnę, jak był straszliwie wkurzony. Była już „wojna na górze”, w nią się wpisywały różne napięcia na linii NZS i środowisko Marca ’68. Pamiętam jego oburzenie na to, że przychodzi jakiś smarkacz, student – czyli ja – i ma czelność zgłaszać jakieś pretensje, kiedy oni są w trakcie wielkiego zmieniania Polski! Wyraźnie dwa światy. Pewno oni mieli podobne odczucia w połowie lat 60., gdy to oni byli nierozumiani. To był ten moment, kiedy drogi już się rozeszły. W odróżnieniu od Jacka Kuronia, który był osobą gotową wysłuchać argumentacji, nawet jak się z nią nie zgadzał, to z Adamem zawsze rozmawiało się najtrudniej. On jest człowiekiem, który się zaryglowuje w swoich poglądach.

Lato 1990 jest ważnym momentem. Rusza wojna na górze...

...i wszystko zaczyna się na nowo. To jest moment narodzin III RP, polskiej demokracji ze wszystkimi jej wadami i atutami. Zamiast obejmującego nas wszystkich ruchu solidarnościowego, w którym był przecież i nasz NZS, rodzą się partie i środowiska. Z jednej strony powstaje ROAD, który chciał przejąć rolę głównego spadkobiercy opozycji, z drugiej Porozumienie Centrum, które miało ambicję być przeciwwagą i szeroką koalicją. To warto dzisiaj przypomnieć, że rodzące się wtedy PC nie tyle jest partią, co koalicją środowisk i osób. Formalnie szefem PC jest Jarosław Kaczyński, ale wszyscy rozumieją, że za tym stoi Lech Wałęsa. Jarosław Kaczyński nie miał wtedy samodzielnej pozycji dzisiejszego Kaczyńskiego. Wałęsa kazał Kaczyńskiemu robić PC i nikt nie miał wątpliwości, że ma to realizować jego plan – czyli przyspieszone wybory prezydenckie i parlamentarne. Po doświadczeniach, o których mówiłem, program przyspieszenia był zdecydowanie bliższy naszej wrażliwości.

Chyba jednak nie wrażliwości wszystkich w NZS.

Zdecydowanej większości. Do ciekawostek – zwłaszcza z dzisiejszej perspektywy – należy to, że w mniejszości nie-Wałęsowskiej był wtedy Mariusz Kamiński, późniejszy szef CBA i zastępca Kaczyńskiego w PiS. Mariusz, wraz z kilkoma ludźmi o parę lat starszymi od nas, szybko odszedł z NZS „do wielkiej polityki" w sejmowym OKP. I on, i takie osoby jak Piotr Zaremba czy Piotr Skwieciński stanęli po stronie Mazowieckiego. Nas uważali – a zwłaszcza tak myślał wtedy Mariusz

Kamiński – za jakichś szalonych radykałów, którym nie wiadomo, o co chodzi. Bo przecież – argumentowali – zmiany muszą zachodzić ewolucyjnie, trzeba iść na kompromisy z postkomunistami i dać szansę rządowi, by spokojnie przeprowadzał reformy.

Rzuciliście się do polityki.

Oczywiście, że mogliśmy wrócić na uczelnię i do bibliotek, i zająć się pisaniem doktoratów. Ale w ten sposób pozbawilibyśmy się udziału w niezwykłym, nadzwyczajnym, danym nielicznym pokoleniom doświadczeniu tworzenia historii. Znacznie ciekawsze wydawało się nam wykuwanie jej własnymi rękoma, zamiast o niej pisać. Zachłysnęliśmy się niepodległością, wolnością, szansami, które się otwierają. Duża część naszego środowiska łapczywie rzuciła się na budowanie tej naszej nowej Niepodległej, ale nie dlatego, że pożądaliśmy pracy czy stanowisk. Wtedy nam nie chodziło o to, by być kimś ważnym, zasiadać w parlamencie – to było bardzo odległe. Bardzo chcieliśmy działać, mieć wpływ na zmiany, być aktywnymi uczestnikami dziejącej się na naszych oczach historii.

Jaki mieliście, jako środowisko, pomysł na swoją aktywność polityczną?

Byliśmy przekonani co do dwóch rzeczy. Po pierwsze, że w polskich warunkach nie uda nam się zbudować partii na kształt węgierskiego Fideszu. Przypominam, że równocześnie rozgrywała się wtedy przemiana na Węgrzech. Jeździliśmy tam, pomagaliśmy im się organizować. Cała czołówka dzisiejszego Fideszu, jak i ludzie, którzy przez lata odchodzili z tej partii, to byli nasi koledzy. Na naszych oczach na Węgrzech tworzyła się młodzieżowa partia o poglądach wtedy liberalnych i wolnorynkowych.

Dlaczego nie mogliście tego manewru powtórzyć w Polsce?

Bo w Polsce silne, bardzo silne były środowiska starej opozycji. To sprawiało, że na naszej scenie politycznej dla propozycji w stylu ówczesnego węgierskiego Fideszu było radykalnie mniej miejsca. Na Węgrzech, nawet jak powstało MDF, czyli taka opozycyjna chadecja, to nie zajęło ono całej przestrzeni. Węgierska opozycja za komuny była o niebo słabsza niż w Polsce. U nas, gdzie były bardzo silne „stare" środowiska – z jednej strony skupione wokół Wałęsy, a z drugiej strony wokół Mazowieckiego – my z taką młodzieżową partią nie mieliśmy szans się przebić.

A drugie przekonanie? Mówiłeś, że mieliście dwa.

Druga sprawa, co do której byliśmy absolutnie przekonani, to że decyzję, w którą stronę pójść, powinniśmy podejmować zbiorowo. Że to musi być nasza wspólna decyzja. Wspólna, bo inaczej każdy poszedłby w swoją stronę i jako środowisko nie mielibyśmy żadnej siły. Jako szef NZS i lider tego środowiska miałem przekonanie, że nasze poglądy – na szczęście – różniły nas w niewielkim stopniu. Musieliśmy tylko podjąć decyzję, w którą stronę. Wiedzieliśmy, że tą decyzją nie będzie pójście w stronę ROAD-u.

Dlaczego Mariusz Kamiński poszedł do Mazowieckiego?

Z podobnej szlachetnej intencji uczestniczenia w budowaniu naszej niepodległości. Tyle tylko, że oni – bo myślę nie tylko o Mariuszu, ale też na przykład o Piotrze Skwiecińskim – uważali, że podstawową areną, na której rozgrywa się ta wielka przemiana, jest Sejm i Obywatelski Klub Parlamentarny. Mariusz, Piotr byli o trzy lata starsi niż ja i moi koledzy, co w przypadku NZS miało wtedy duże znaczenie. Z czasów mojej kadencji NZS był bardziej skonsolidowany. W tej wcześniejszej kadencji NZS się rozsypywał, w różnych regionach były konflikty, ludzie poszli w różne strony. Z tamtego wcześniejszego rzutu byli także Przemysław Gosiewski, Grzegorz Bierecki, Ryszard Czarnecki, Grzegorz Schetyna, Andrzej Anusz – wszystkie te osoby były potem w różny sposób aktywne, działały w różnych miejscach i środowiskach. A wtedy, w 1990 roku, Mariusz uznał, że trzeba się włączyć w główny nurt.

Kiedy porzucił te przekonania?

Być może, gdy poszedł do pracy do inspektoratu celnego. I zobaczył, że Polska się nie zmienia, że są możliwe gigantyczne afery, przemyty, że państwo jest bezradne i zepsute. Początek lat 90. to był też taki nasz „Dziki Zachód". Być może u Mariusza zetknięcie się z tym, zobaczenie tego na własne oczy, spowodowało tak radykalną zmianę poglądów. Bo wcześniej to on nas strofował, że jesteśmy zbyt radykalni, że nic nie rozumiemy, że trzeba działać z umiarem i iść powoli.

Cofnijmy się na moment do wyborów w 1989 roku. Ktoś z waszego środowiska jest kandydatem do Sejmu?

Nikt. Jeśli kandydują pojedyncze osoby, to w rodzaju Jana Rokity, ale to jest ten stary NZS z '80 i '81 roku. Z naszego pokolenia nie ma nikogo i to też była istotna przesłanka rozejścia się mojego środowiska z ówczesną solidarnościową elitą. Zasadniczo rozchodziły się nasze przekonania. My pamiętaliśmy rok 1988 i następny, kiedy oni nic nie mogli zrobić, nawet próby rozpoczęcia strajków zwykle nie wychodziły. Starzy działacze mogli najwyżej udzielić wywiadu Wolnej Europie, a jak już trzeba było zrobić demonstrację czy roznieść ulotki, to tylko my. My robiliśmy strajki na kilkanaście tysięcy osób na uczelniach, a oni nie mogli zebrać 20 działaczy, żeby rozdać ulotki pod Ursusem. To też my musieliśmy robić. To my mieliśmy poczucie, że zmianę zrobiliśmy my, a oni się tylko nią chwalili. Bez NZS nie byłoby przełomu, a potem zaraz o nas zapomnieli jak o niewygodnym wyrzucie sumienia. Uważali nas za nieprzewidywalnych radykałów, więc niczego nam nie proponowali, a im bardziej nas spychali na margines, tym bardziej my się odsuwaliśmy. Dla nich to nie byłby problem, żeby jakiś symboliczny krok zrobić w kierunku naszego środowiska, ale nigdy żadna propozycja nie padła.

Przedstawiciel NZS jest przy głównym stole w czasie obrad Okrągłego Stołu?

Przy głównym stole nie było nikogo. Robert Bitner z Politechniki był przy podstoliku do spraw młodzieży. Kilku nas, w tym ja, pomagaliśmy zebrać argumenty i dane dla „naszej strony". To tyle.

Wkurzało was to? Mówiłeś, że uznawaliście swoje zasługi za wielkie.

Oczywiście, że wkurzało. Bo tak naprawdę byliśmy poza Okrągłym Stołem, poza rozmowami. I widzieliśmy, że to idzie w złą stronę, że nasze postulaty wszyscy mają kompletnie za nic. A już szczytem było to, że zakończyli rozmowy bez zgody na rejestrację NZS. To jakby napluli nam w twarz. I to jest to emocjonalne rozejście. Ale mimo tego rozejścia my cały czas jesteśmy po właściwej stronie, bo przecież w wyborach '89 roku chcemy odsunąć komunę od władzy.

Ale ty chyba coś robisz przy Okrągłym Stole. Masz jakieś zadania?

Jak mówiłem, nie uczestniczę w obradach, nawet tych podstolikowych. Rokita mnie prosi o dostarczanie materiałów i to robię. Nas generalnie interesowały dwa podstoliki. Pierwszy był do spraw młodzieży i tam się decydowały kwestie rejestracji NZS. Drugi to podstolik dotyczący praw człowieka i obywatela, gdzie był Rokita. Zbigniew i Zofia Romaszewscy, z którymi przecież wtedy blisko współpracowałem, mieli wszystkie materiały dotyczące represji osób starszych, związkowców, konspiratorów. Drugim źródłem informacji jest Piskorski i Akademickie Biuro Interwencji. To były informacje dotyczące Pomarańczowej Alternatywy, NZS, Federacji Młodzieży Walczącej, młodzieżowych struktur. Dostarczałem materiały. Graliśmy o to samo, ale to nie oznaczało, że byliśmy wciągnięci do rozmów Okrągłego Stołu.

Jak zapamiętałeś Rokitę z tamtego czasu?

Rokita specjalnie się nie zmienił.

Czyli?

Już wtedy był człowiekiem błyskotliwym, ambitnym i mającym wysokie mniemanie o sobie. Uważał, że świat zewnętrzny powinien to uznawać i doceniać. Na imprezach siedział z boku, coś tam popijał, pozostawał w swoim świecie. Wtedy, w roku '89, był tak samo dziwny, tak samo inteligentny i tak samo zapatrzony w siebie jak dziś.

Rozumiem, że jesteście nieufni wobec opozycyjnej elity. Gdy Wałęsa ogłasza przyspieszenie, jesteście z nim i z Kaczyńskim, który powołuje PC.

To jest bardziej skomplikowane. Po jednej stronie jest ROAD, który dla nas jest nieciekawy. Po drugiej stronie jest pomysł na PC. I tam są ludzie, których znamy. Jest Marcin Przybyłowicz, Maciej Zalewski, Józef Orzeł, znajomi z czasów konspiracyjnych warszawskich. I jest Kaczyński. Jako NZS rozmawiamy z nimi. Te rozmowy odbywają się w siedzibie PC. W tych rozmowach po ich stronie na zmianę uczestniczyli Kaczyński, Zalewski, Przybyłowicz lub Józek Orzeł.

W dżinsowej kurtce.

Tak, zawsze. To są wakacje 1990 roku. I koledzy z PC zaczynają rozwijać teorię, że skoro komuniści się uwłaszczają, to my będziemy przeciwdziałać. I wytworzymy swój mechanizm finansowy. To będzie Telegraf, wydawnictwa, będziemy przejmować gazety, wytworzymy swoją potęgę gospodarczą. Dużo było wtedy rozmów o pieniądzach.

Po co?

Być może oni uważali, że oto przyszli „studenciaki", co to mają po dwadzieścia kilka lat, to im pokażemy potęgę. To im tym zaimponujemy. Wtedy się z nami zwiążą. Podejrzewam, że to było takie myślenie. Nie zaimponowali. Przeciwnie, to wszystko zrobiło na nas fatalne wrażenie. Na przykład ówczesne zachowanie takich ludzi jak Maciej Zalewski, którego przecież lubię i cenię do dziś.

Dlaczego najgorsze wrażenie?

Bo to było to, co widzieliśmy u komunistów. A filozofia komunistów była taka: skoro formalnie zabrali nam władzę, to my się wycofamy na z góry upatrzone pozycje, zbudujemy zaplecze finansowe, stworzymy nomenklaturowe spółki – a jak okrzepniemy, to do władzy wrócimy. A z PC było tak, że gdy siedliśmy z nimi do rozmów, to oni zaczynają nam od razu opowiadać o Telegrafie, kasie i finansowej potędze. Budowali zaplecze, które było arką. To zaplecze pozwoliło im przetrwać do dzisiaj, a także przejść przez ciężkie czasy. Przejęli „Express Wieczorny", zrobili spółkę Srebrna, gdzie w chudych latach działacze PC mieli robotę. Dzięki temu środowisko się nie rozpierzchło. Gdy w 2001 roku przyszedł czas budowania nowej formuły, czyli PiS, mieli zgraną, zebraną drużynę. Ale to wszystko jest w wyraźnej kolizji z argumentacją, którą Kaczyńscy szermowali oficjalnie, gdy mówili o finansowaniu polityki. Po stronie solidarnościowej to było najbardziej nomenklaturowe środowisko, potrafiące zbudować sobie najtrwalsze zaplecze finansowe. Wtedy, latem 1990 roku, dla takich ludzi jak my, stawiających w polityce pierwsze kroki, jeszcze naiwnych, jeszcze przekonanych, że to taka szlachetna rewolucja bez kontekstu w postaci zaplecza finansowego czy zajmowania stanowisk, to było lekko szokujące. Potem przeszliśmy bardzo szybko szkołę i, w pewnym sensie kosztem niewinności, „dorastaliśmy". Wtedy my, grupka z kierownictwa NZS, wyszliśmy z tych negocjacji, poszliśmy na piwo i zastanawialiśmy się, czy to jest dla nas miejsce. Nikt nie był za.

Zgrywasz romantyka!

Nie, takie były nasze odczucia. Następne miesiące przyniosły szybką szkołę tego, jak wygląda realpolitik, ale wtedy naprawdę tak myśleliśmy. Nadawaliśmy – my, młodzi z NZS, i oni z PC – na kompletnie innych falach.

Rozumiem, że się nie dogadaliście?

Nie dogadaliśmy. Ale ROAD – z powodów, które już wyjaśniałem – to również nie był nasz klimat. Widzimy, że się nie porozumiemy ani z tymi, ani z tymi. A to oznaczało, że albo wracamy do iluzorycznego projektu tworzenia polskiego Fideszu, albo próbujemy związać się z ludźmi o podobnych do nas poglądach, ale z jakiegoś mniejszego środowiska. I wtedy pojawili się gdańscy liberałowie. To było wtedy środowisko całkowicie marginalne. Bo mówimy o momencie, gdy do wyznaczenia Jana Krzysztofa Bieleckiego na premiera jest jeszcze pół roku i nikt w ogóle tego nie brał pod uwagę.

Poczekaj, jednej rzeczy nie rozumiem. Nie chcecie iść z silnymi i odwracacie się w stronę marginalnego środowiska. O co chodzi? Kaczyńscy nie chcieli dać wam, NZS-owi, wystarczająco dużo?

Nie, to nie tak. Z dzisiejszej perspektywy to trudno wytłumaczyć. Bo Kaczyńscy właśnie chcieli nam dać dużo i uznać naszą pozycję! A nam tak naprawdę nie pasowała ich forma rozmawiania o polityce. To ciągłe wracanie do spółek, przedsiębiorstw, wydawnictw. To nam nie pasowało! My byliśmy wtedy bardzo idealistyczni. Może nawet naiwni. Dodajmy – gwoli prawdy historycznej – że to się bardzo szybko zmieni.

Nie podobał wam się kapitalizm polityczny?

Tak, jeśli stosujemy dzisiejsze kategorie. Wtedy nie funkcjonowały takie kategorie, ale nieważne, jak byśmy to nazwali – było to wtedy dla nas odstręczające. My myślimy o wielkiej zmianie, a oni o finansowym zapleczu i spółkach. Przy czym, żeby było jasne, oni nas wtedy bardzo do siebie zapraszali, a trzeba też wspomnieć, że środowisko NZS było wtedy siłą. Mieliśmy dużo ludzi, byliśmy zaprawieni w bojach. To była duża wartość. Tyle że dla nas ta klanowa formuła była nie do przyjęcia. Oni budowali swój klan z właściwymi dla tego klanu instrumentami – że nie użyję tu mocniejszych porównań. Konkludując, z Kaczyńskim i jego ludźmi od początku nie mówiliśmy tym samym językiem. Ze swoją naiwnością i idealizmem pasowalibyśmy pewno do wielu młodych ludzi, których swoimi hasłami ujęli potem ci sami ludzie występujący już jako PiS. Tyle że ci młodzi – a od nas młodsi o ponad dekadę – nie znali przeszłości tego środowiska i fundamentów, na jakich ono powstało.

Skąd liberałowie wzięli się na horyzoncie?

Pierwszy kontakt pojawił się wtedy, gdy jeździłem do Gdańska na rozmowy o wsparciu przez NZS Lecha Wałęsy.

Ty jeździłeś to Gdańska jeszcze wcześniej z ulotkami i po ulotki. Już wtedy poznałeś kogoś ze środowiska gdańskich liberałów?

Przemycałem ulotki do stoczni, to był sierpień ’88 roku. Tam gdzieś był oczywiście Donald Tusk i robił gazetkę stoczniową. Ale ja go wtedy nie znałem.

Wałęsę wtedy poznałeś?

Wałęsę poznałem w tym sensie, że uścisnąłem mu rękę. Jak taki młokos może poznać „wielkiego Wałęsę"?! Pierwsze nasze rozmowy były w lutym ’89 roku, gdy Wałęsa przyjechał do nas na uniwersytet, żeby prosić o uspokojenie NZS w Krakowie. Jak zaczęły się obrady

Okrągłego Stołu, to nasze radykalne środowisko w Krakowie robiło zadymy na ulicach. Było zagrożenie, że przez te krakowskie zadymy upadną negocjacje Okrągłego Stołu.

Jak te rozmowy wyglądały?

Pierwszą rozmowę z Wałęsą mieliśmy w mniejszym gronie, w rektoracie. Tłumaczył nam, że trzeba zrobić wszystko, aby ich w Krakowie uciszyć, bo się wszystko rozleci. Udało nam się chłopaków z Krakowa uspokoić.

Jakie wrażenie robił Wałęsa?

Był przez nas ubóstwiany. W stanie wojennym był dla nas punktem odniesienia. Oczywiście to był człowiek z innej bajki, prosty robotnik. Ale byliśmy zachwyceni, jak w debacie telewizyjnej rozgniótł Alfreda Miodowicza. Wtedy był mit Wałęsy. Nawet kiedy przyjeżdżał i mówił coś, co nam się nie podobało, to nasza odpowiedź brzmiała: „Panie przewodniczący, będziemy działać". Potem, w '90 roku jeździłem na rozmowy do Gdańska – chodziło o to, jak NZS ma poprzeć Wałęsę w wyborach prezydenckich. To było niezależne od naszych rozmów z PC. Wałęsa był bardzo zadowolony, bo w 1990 roku NZS był bardzo silny. To było mnóstwo ludzi na wszystkich polskich uczelniach.

I mówiłeś o tym z Wałęsą czy z kimś z jego otoczenia?

Najpierw spotkałem się z nim, a potem on mnie oddał w ręce Jacka Merkla, który był szefem kampanii. Wtedy poznałem Jacka. On był pierwszym linkiem do środowiska gdańskich liberałów.

A drugim?

Drugim był Andrzej Halicki. Jego ojciec był przedsiębiorcą i Andrzej naturalną drogą wszedł w kontakt z ludźmi z tych środowisk gospodarczych. Potem nastąpiło moje pierwsze spotkanie z Donaldem Tuskiem. Ale najważniejsze było to złapanie kontaktu z Merklem. On był poważny, otwarty i normalny. Inni niż goście z PC, którzy ciągle gadali o stanowiskach, propozycjach zatrudnienia i spółkach. Być może rok później taki ton nie zrobiłby na nas złego wrażenia, ale wtedy zrobił. Merkel i ci jego koledzy z Gdańska wydawali się inni. Trochę od nas starsi, średnio o 10 lat, ale wyluzowani, normalnie gadający, liberałowie czytający te same książki co my. A nasze środowisko NZS-owskie miało liberalne poglądy dotyczące wolnego rynku. Bo o aborcji i sprawach światopoglądowych jakoś się wtedy jeszcze nie mówiło.

Merkel was umawia? Są jakieś spotkania z innymi ludźmi z tego gdańskiego środowiska?

Uruchomiony został proces włączenia nas w kampanię prezydencką Wałęsy. Lokalne sztaby dostają przekaz, że z ludźmi z NZS trzeba gadać. A my robimy to, co potrafimy – akcje publiczne, roznoszenie ulotek, wieszanie plakatów. To były inne czasy, nie było wtedy billboardów. Wieszało się, gdzie tylko się dało: na słupach, na ścianach, na płotach – trzeba było tylko mieć ekipy, które mogą to zrobić. NZS je miał. Dziś partie nie potrzebują takich ludzi, bo wywieszają billboardy i reszta ich nie obchodzi. Ale wtedy było tak, że trzeba było mieć 10 tysięcy ludzi w całym kraju, którzy są w stanie w ciągu jednej nocy powiesić plakaty. My to mieliśmy ze starych czasów. My to potrafiliśmy. Byliśmy zaprawioną ekipą.

Znasz już Tuska?

Stopniowo zaczynamy się z tym gdańskim środowiskiem spotykać. W Gdańsku albo w Warszawie, jak Tusk przyjeżdża.

Po co przyjeżdża?

Jest członkiem komisji likwidacyjnej RSW, która ma rozdysponować gazety między różne środowiska w Polsce. Donald był jednym z kreatorów tego porządku, a ja byłem obserwatorem i widziałem, jak to się dzieje.

Jak?

Cała komisja działała jako przedłużenie środowisk politycznych mających między siebie rozdać media. Wszyscy żyli w przekonaniu, że skoro KOR-owcy przejęli już „Gazetę Wyborczą", która miała przecież być nas wszystkich, to im się też coś należy. PC dostaje „Express Wieczorny" – wybierają sobie bardzo słaby tytuł, który potem szybko pada. Ale „Express Wieczorny" ma rzecz znacznie ważniejszą od innych tytułów: ma nieruchomości. PC-owcy otwarcie wtedy mówią, że tytuł raczej padnie, ale ważne są budynki. Donald bierze udział w podziale tego tortu i też nie kryje, o co w tym chodzi. Tusk i jego drużyna w ramach podziału tortu dostają kwitnące, potężne wówczas „Życie Warszawy". O tę gazetę toczył się wtedy wewnętrzny spór w środowisku liberałów. Ofertę organizują i składają Andrzej Arendarski i Andrzej Machalski z KLD-owskiego środowiska warszawskiego. Chcą przejąć dziennik i liczą na poparcie Donalda – przecież kolegi partyjnego.

A co na to Tusk?

Tusk mówi: „Nie. Oddamy Tomkowi Wołkowi, bo jest osobiście z nami związany i będzie lojalny.

A oddanie »Życia« Arendarskiemu i Machalskiemu za bardzo by ich wzmocniło i mogłoby stworzyć dla nas silną konkurencję wewnątrz KLD". W związku z tym, ku wściekłości tych starszych liberałów z Warszawy, propozycja zostaje odrzucona.

A ciebie i twojego środowiska NZS-owskiego Tusk nie traktuje jako konkurencji?

Nie, w nas upatruje szansę na wzmocnienie środowiska. Pamiętaj, że mówimy o momencie, gdy Bielecki nie jest jeszcze premierem. Mówimy o małym środowisku gdańskim, które może być zasilone olbrzymią grupą młodych ludzi z całego kraju. To daje szansę na budowanie partii z własnymi strukturami, z możliwością obecności w miejscach, gdzie liberałowie dotąd nie dotarli. Pamiętaj, że ich była wtedy garstka.

Tusk był liderem tej grupy?

Absolutnie nie. Tusk był młodym człowiekiem oddelegowanym do zbudowania partii. Liderem był Jan Krzysztof Bielecki. On i Merkel byli wtedy najbliżej Wałęsy, ale to Bielecki narzucał tam ton. Formalnie pierwszym przewodniczącym KLD był Janusz Lewandowski. Tyle że był traktowany przez to środowisko jako „ideolog", który ma myśleć nad tym, jak powinna wyglądać prywatyzacja i gospodarka. To jest świetny i bardzo inteligentny facet, ale nie był i nie jest typem politycznego lidera. A tym młodym, który miał zbudować partię, był Tusk. I po to, żeby to zadanie wypełnić, potrzebował naszego środowiska.

Była jeszcze jakaś grupa warszawska.

Skupiona wokół Arendarskiego i Machalskiego, którzy mieli dobre kontakty w środowiskach gospodarczych. Gdańskie środowisko było wobec nich niesłychanie nieufne.

Dlaczego?

Po części to wynikało z charakterystycznej dla Tuska antywarszawskości. Z konieczności uznawali Arendarskiego i Machalskiego, bo bez nich nie mieli na tamtym pionierskim etapie żadnego przełożenia na biznes i pracodawców, a co za tym idzie – także i na pieniądze. Ale podałem ci przed chwilą przykład z „Życiem Warszawy", który jasno pokazywał sposób myślenia – nie możemy tym z Warszawy pozwolić za bardzo wyrosnąć. Tusk był w tej sprawie od samego początku bardzo bezwzględny. A jeśli chodzi o nasze relacje z Tuskiem, to wtedy, na początku, w znacznej części to się wszystko dogrywało między mną a nim. To była główna linia komunikacji, w której moim zdaniem obaj dobrze się czuliśmy. Doszliśmy do prostego wniosku – uznaliśmy, że do siebie nawzajem pasujemy.

To był człowiek, który na tamtym etapie poważnie traktuje politykę?

Absolutnie poważnie – tyle że to są dopiero początki. Tusk jest '57 rocznik, czyli w momencie, o którym mówimy, ma 33 lata. Jest młody i jeszcze trochę nieporadnie się porusza. Ale ma – to widać było już wtedy – te zdolności, które potem w sobie jeszcze bardziej wykształcił: umiejętność komunikowania się z ludźmi i ujmowania ich. Potem się okaże, że też i oszukiwania ich. Te zdolności, w odróżnieniu od Bieleckiego czy Lewandowskiego, były u niego bardzo silne.

Czyli jest między wami dobra chemia.

Jest. I przed wyborami prezydenckimi 1990 roku my, ludzie NZS, angażujemy się w projekt budowy małej, niszowej partii, ale odpowiadającej nam ideowo, bo zdefiniowanej jako liberalni demokraci. Wiążemy się z ludźmi w podobnym wieku i o podobnej, odpowiadającej nam wrażliwości. To byli ludzie różniący się zarówno od tych z ROAD-u, jak i od tych z PC. Mamy projekt, który tworzymy od samego początku. Bo tych KLD-owskich liberałów jest w kraju raptem może dwustu. Wszystko jest budowane naszymi rękami. I to jest na swój sposób porywające, bo jesteśmy współgospodarzami tego, co się dzieje.

Gdzie się spotykacie z Tuskiem, gdy on przyjeżdża do Warszawy?

Najczęściej w komisji likwidacyjnej RSW. Jak jest jakieś większe spotkanie środowiskowe, to u Arendarskiego w Krajowej Izbie Gospodarczej przy ulicy Trembackiej. Od początku jest jasne, że my z Donaldem będziemy prowadzić ten projekt. Donald proponuje, żebym po zmianach w KLD, jakie musiały nastąpić, został sekretarzem generalnym KLD. Było już wtedy jasne, że Donald na czele KLD zastąpi Lewandowskiego. Te zmiany zaplanowaliśmy sobie na wiosnę '91 roku. Tak to planujemy, bo ja chcę dokończyć kadencję na stanowisku szefa NZS i przekazać pałeczkę Filipowi Kaczmarkowi. Nie powinno się być jednocześnie szefem niezależnego NZS i sekretarzem generalnym KLD.

Powiedz, co na tamtym etapie Tusk myśli o tzw. warszawce, o środowisku byłego KOR-u, tworzącego się wokół Mazowieckiego ROAD-u?

Myśli jak najgorzej, przy zastrzeżeniu, że w najważniejszej sprawie nadal jesteśmy po tej samej stronie, bo to jest rok '90 i wrogiem są komuniści. Te nasze oceny nie mogą być ahistoryczne. Pamiętaj, o jakim momencie my mówimy. Na naszych oczach rodziła się niepodległość. Obalono już mur, ale nie było jeszcze zjednoczonych Niemiec. I trwał ciągle ZSRR. Dopiero co, 25 grudnia '89 roku, lecę z pierwszym polskim transportem leków i ubrań, które wcześniej uzbieraliśmy, do Rumunii, gdzie toczy się krwawa rewolucja. Ceauşescu zostaje aresztowany i zabity. W momencie, kiedy jestem na lotnisku, trwają jeszcze walki i pseudoproces dyktatora. Gdy jedziemy z lotniska do miasta, ktoś strzela w naszą stronę. To był wszystko jeden wielki tygiel. W roku 1990 nie wiedzieliśmy jeszcze, jak to wszystko się potoczy.

Pamiętam o kontekście. Powiedz, jak Tusk oceniał środowisko ROAD-u.

Mówił, że to kompletnie hermetyczne środowisko, zapatrzone w siebie, żyjące jakimiś starymi schematami i powiązaniami. Ale nigdy nie używał argumentów, które pojawiały się w bardziej prawicowych środowiskach, że na przykład ojciec Michnika to zbrodniarz.

A jakie są argumenty Tuska?

On, chłopak z sopockiego podwórka, uważa, że to jest środowisko bananowej młodzieży z czasów komunistycznych, która nadal wyznaje formułę jakiegoś wariantowego socjalizmu, który dla nas, liberałów, jest nie do przyjęcia. Bo my myśleliśmy Hayekiem. Donald uważał, że flirt tego środowiska, symbolicznie reprezentowanego przez Michnika, z komunistami, jest w pewnym sensie naturalny. Bo przecież wychowali się wśród takich ludzi, na tych samych podwórkach. Podać rękę Kiszczakowi? Skoro podawali swoim wujkom i przyjaciołom, to dlaczego jemu mieliby nie podawać? Tak argumentował Donald. On wobec tego warszawskiego środowiska był bardzo nieufny. Pamiętaj, że – Donald czy ja – byliśmy z innych domów niż ludzie, o którym mówimy. Nie pochodziliśmy z bogatych rodzin, z żadnego establishmentu. Choć oczywiście ja z „rdzenia" warszawki – bo z inteligenckiego Żoliborza. Tusk był wtedy bardzo ubogi, gnieździł się ze swoją żoną Gosią w domu asystenta w Gdańsku – tam nawet nie miał własnego telefonu! Gdy musiałem skontaktować się z nim, już wtedy przewodniczącym partii, to dzwoniłem do recepcji domu akademickiego i przywoływany Donald schodził do telefonu. Nie było mowy wtedy o żadnych pieniądzach, wpływach, pozycji.

To wtedy był dla niego problem?

To był na pewno jakiś problem techniczny, logistyczny. Zwłaszcza dla Gosi, która często zostawała sama. Ale problem ten szybko się rozwiązuje, bo już w kolejnym roku kupili dom w Sopocie. Zdaje się dzięki pożyczce...

...od biznesmena i sponsora KLD Wiktora Kubiaka?

Tak mówił Wiktor, ale nie potrafię tego zweryfikować. Ale skłamałbym, gdybym powiedział, że Donald, gdy mieszkał w akademiku, to jakoś specjalnie żalił się z tego powodu. Nie szukał luksusów czy szybkiego awansu materialnego.

Miał 33 lata, żonę, dwoje dzieci, gnieździł się w hotelu asystenckim. To nie był problem?

Dla niego jedynie organizacyjny. Dla Gosi na pewno znacznie większy. Miałem i mam do niej wiele szacunku i sympatii, bo ona dźwigała ciężar codzienności. Miała do niego pretensje, że gdy on wypada do Warszawy, ona zostaje sama i ma wszystko na głowie. Słusznie.

Jeszcze jeden element z tych pionierskich czasów. Było tak, że KLD jesienią 1990 stało się częścią

koalicji PC, na której czele stał Kaczyński. Można więc powiedzieć, że przez chwilę Kaczyński był partyjnym szefem Tuska.

Od biedy można tak powiedzieć. KLD było częścią koalicji, którą było wtedy PC. Prawdą jest, że w tej kampanii wałęsowskiej 1990 roku byliśmy zbiorowym członkiem PC. To nie było członkostwo indywidualne – więc nie rozmyliśmy się wewnątrz PC i jako środowisko zachowaliśmy swoją integralność. Kiedy Wałęsa wyznaczył Bieleckiego na premiera, stało się jasne, że idziemy w stronę całkowitej samodzielności organizacyjnej.

Rozdział II

Rząd Bieleckiego

Jak patrzyłeś na „wojnę na górze”? Na starcie „autorytetów” z Lechem Wałęsą?

Oczywiście byłem po stronie przyspieszenia, czyli po stronie Wałęsy. Ale były rzeczy, które budziły moją niechęć. Na przykład to, w jaki sposób Wałęsa potraktował Jerzego Turowicza. Takie zachowania budziły nieufność, ale oczywiście nie ważyły one aż tak, by odwrócić się od Wałęsy. Bo – i to było najważniejsze – uważałem, że w sprawach fundamentalnych dla Polski to Wałęsa ma rację, a środowisko starego KOR-u nie chce zmian, zasklepia się. Ale Wałęsa na tamtym etapie już nie jest dla mnie i dla moich przyjaciół Bogiem. Są obok niego Kaczyńscy, a z nimi niespecjalnie chcemy się zadawać. Z tego punktu widzenia środowisko liberalne wyróżniało się na korzyść. Można było z nimi pożartować i wypić butelkę wina, ale jednocześnie, co najistotniejsze, rozmawiać o najważniejszych rzeczach.

Dlaczego Wałęsa postawił na Bieleckiego?

Wałęsa uważał, że Bielecki będzie jego człowiekiem. Że będzie kompetentny oraz w miarę posłuszny i sterowalny, bo nie był związany z silnym środowiskiem. Na Merkla się nie zdecydował, bo ten był mu potrzebny w Kancelarii Prezydenta.

Do czego?

Jacek Merkel robił jego kampanię i był jedną z osób najbliższych Wałęsie. Myślę, że Wałęsa część swoich działań w kancelarii – być może dla zrównoważenia wpływu Kaczyńskich – chciał oprzeć na Merklu. Potem wewnątrz Kancelarii Prezydenta doszło do konfliktów i działo się to z dużym udziałem spisków Mieczysława Wachowskiego.

Ale Merkel był realnym kandydatem na premiera?

Oczywiście. Był zdecydowanie częściej wymieniany jako kandydat, ale premierem nie został. Bielecki był człowiekiem szerzej nieznanym. Był istotny w Gdańsku, ale w skali kraju – już nie. To była świadoma decyzja Wałęsy. Trzeba pamiętać, że nie było wtedy jasności, jak ma wyglądać ład konstytucyjny w Polsce. Wałęsa mianując premiera bez silnego zaplecza, dążył do takiego postawienia sprawy, by w przyszłym ładzie konstytucyjnym podstawową funkcję pełnił prezydent. Wtedy mówiło się o republice prezydenckiej. O tym, że nie tylko prezydent będzie wybierany w wyborach powszechnych, ale że będzie też praktycznie rządził. Póki takich rozwiązań nie było w konstytucji, to Wałęsa faktami dokonanymi starał się to wymusić. Stąd, moim zdaniem, Bielecki.

Powiedziałeś, że Wachowski był człowiekiem spisku. Z kim on wtedy trzymał?

Ze sobą! Walczył o to, żeby nikt nie miał lepszego od niego dostępu do ucha wodza. Jak Kaczyńscy za bardzo wyrastali, to stawali się głównym problemem. Jak wyrastał ktoś inny, to ktoś inny stawał się głównym problemem dla Wachowskiego. On to rozgrywał. Miał doraźne sojusze z różnymi osobami. Cel? Stworzyć wokół Wałęsy pustkę, by informacje ze świata zewnętrznego dostawały się do wodza tylko za jego pośrednictwem.

Miał intuicję, gdzie w rodzącej się demokracji są najważniejsze rzeczy...

...służby specjalne i wojsko.

I dlatego monopolizował w swoich rękach kontakty Wałęsy ze służbami i generalicją.

Myślisz, że coś się za tym kryło?

Sugerujesz agenturalność Wachowskiego? Nie mam podstaw, by tak twierdzić. Mam wrażenie, że to człowiek, który kierował się bardzo prostą logiką. Bo to przecież nie był człowiek salonów ani elit, tylko osoba, której pozycja polityczna zależała wyłącznie od dostępu do Wałęsy. On rozumował prostymi schematami: „Kto może Wałęsę obalić?". Z dzisiejszej perspektywy pytanie „kto może obalić prezydenta?" brzmi surrealistycznie, ale to były inne czasy i tak się rozumowało. Tak rozumował Wachowski: że Wałęsę mógłby obalić spisek służb albo wojsko – zatem służby i wojsko trzeba mieć pod kontrolą. Pamiętajmy – mówimy o okresie pionierskim. To dopiero początek przekształceń. Stare struktury dopiero zaczynają znikać, dopiero tworzy się UOP. W wojsku sto procent generałów to kadra PRL. W związku z tym podstawowe pytanie dla Wałęsy i dla jego oficera operacyjnego, czyli Mieczysława Wachowskiego, jest takie: kto z tych „starych" w wojsku jest w stanie „przyjąć nową wiarę" i zagwarantować Wałęsie kontrolę nad tym żywiołem? Potem Wałęsa uzyskał realny wpływ na wojsko, większy, niż wynikałoby to z formalnego zwierzchnictwa, większy niż kolejni ministrowie obrony narodowej w kolejnych rządach.

Sprawnie, faktami dokonanymi, poszerzał swoją władzę konstytucyjną.

Dokładnie tak. Na premiera wybiera więc anonimowego Bieleckiego, który zna się na gospodarce albo przynajmniej robi wrażenie, że się zna. Tym ruchem i następnymi wzmacnia liberałów. Janusz Lewandowski zostaje ministrem przekształceń własnościowych, Leszek Balcerowicz nadal jest ministrem finansów. W ten sposób Wałęsa załatwia dwie rzeczy. Po pierwsze, daje wyraźny sygnał, że jest to nadal rząd reformatorski, bo była obawa, że pójdzie w kierunku populizmu. Ludzie już krzyczą na ulicach, że Balcerowicz musi odejść. I Wałęsa zachowuje się tutaj niezwykle odpowiedzialnie. A po drugie, Wałęsa robi istotny krok w kierunku systemu prezydenckiego, w którym tak naprawdę rządzi on. Wałęsa w '90 roku nie czuje zagrożenia powrotem komunistów. Cimoszewicz dostaje swoje 10 procent głosów w wyborach prezydenckich, około 12 procent dostaje lewica postkomunistyczna w wyborach do Sejmu i jest tam izolowana. On ma wtedy inny problem.

Musi sobie „ułożyć" stronę solidarnościową.

Tak, i to jest dla niego kłopot. Bo ma pod bokiem solidarnościową elitę, która została zmuszona do poparcia go tylko dlatego, że za rogiem czaił się Stan Tymiński. Nagle przyjeżdża – przepraszam za ten kolokwializm, ale on tu wybitnie pasuje – jakiś „gość" z zagranicy. Nie wiem, czy sterowany przez jakieś służby, czy nie. Może ktoś na ten temat ma wiedzę i kiedyś kompetentnie się wypowie. I ten „gość" dysponuje środkami przekraczającymi jego możliwości finansowe, i ma w terenie ludzi wywodzących się ze starego systemu. I urzędujący premier, kandydujący z poparciem elity solidarnościowej, nie przechodzi do drugiej tury. To jest okres paniki. Zwycięstwo Tymińskiego byłoby jakimś absurdalnym koszmarem. Ono było bardzo mało prawdopodobne, ale sam wynik pokazywał, jak wielkie jest rozchwianie. Były tysiące teorii spiskowych, kto winduje tego „gościa" i jakie to siły za nim stoją. Pamiętasz zapewne działania służb i telewizji publicznej wobec Tymińskiego, które – delikatnie rzecz ujmując – nie spełniały standardów. Wszyscy, od elity KOR-owskiej, po środowisko Wałęsy, przymykali oko. I w kuluarach mówili, że takie środki trzeba było uruchomić, bo „gość" jest fundamentalnie niebezpieczny dla Polski.

Masz swoją teorię na temat Tymińskiego?

Mam wrażenie, że to była recydywa ludzi odsuniętych w ramach zmiany systemu. Jakiś zlepek nieciekawych postaci z umierającej PZPR, może ze służb. I oni szli pod hasłem: Nawet jeśli Stan nie wygra, to tym nowym elitom zrobimy świetny kawał. Bardzo dużo takich ludzi włączyło się w lokalne struktury Tymińskiego, potem w struktury partii X.

Kasa?

Przecież to był okres „Dzikiego Zachodu". Jakieś miliardy są gdzieś transferowane, znikają, jest szczyt FOZZ-u, nikt tego nie jest w stanie dopaść, prześledzić. Afery alkoholowe, ziemniaczane, rodząca się mafia. I w tym wszystkim masz jeszcze kryzys gospodarczy. Realną biedę wśród ludzi i tuż obok gigantyczne majątki robione nie zawsze legalnie. Tak to w 1990 roku wyglądało.

W sensie politycznym bałagan podobny...

Nie wiadomo, kto z kim gra. I Wałęsa starał się to okiełznać. Pytanie, czy dobrał sobie odpowiedni „instrument" w osobie Mieczysława Wachowskiego. Wałęsa z Wachowskim chcieli doprowadzić do tego, by kluczowi generałowie dowodzący realnie polską armią nie podnieśli buntu przeciw Wałęsie. Chcieli mieć pewność, że nawet jeśli sto tysięcy ludzi wyszłoby na ulicę przeciw Balcerowiczowi, to armia będzie stała na straży ładu i porządku. Armia, dodajmy, zagrożona zmniejszeniem liczebności, deklaracjami, jeszcze łagodnymi, że po upadku Układu Warszawskiego idziemy w kierunku NATO, armia obawiająca się także wymiany kadrowej, bo było oczywiste, że w przyszłości żaden rząd nie pozwoli sobie na to, żeby 100 procent kadry to byli ludzie wykształceni w Moskwie.

W tym galimatiasie jest jeszcze armia radziecka stacjonująca w Polsce.

To było wojsko kompletnie już zdemoralizowane. Co drugi żołnierz sprzedał już swojego kałasznikowa, powszechny jest handel narkotykami.

A tu nagle człowiek z waszego środowiska ma zostać premierem. Dla was kop w górę!

To było coś ze sfery marzeń, coś niewiarygodnego. Wydarzenia pędzą jak oszalałe. Jesienią 1990 roku zaczyna funkcjonować biuro KLD w Marriotcie. Wszystko wydaje się jakieś surrealistyczne. Polska jest siermiężna, brudna, szara, towary dopiero zaczynają się pojawiać w sklepach. I nagle my – środowisko, które złożone jest głównie z bardzo młodych ludzi – spotykamy się w Marriotcie, gdzie herbata kosztuje więcej, niż wynosi nasz tygodniowy dochód. Zupełnie inny świat. To biuro KLD w Marriotcie było finansowane przez Wiktora Kubiaka, jak wiele rzeczy w tamtym czasie. Ja wtedy, jesienią 1990 roku, przy okazji tworzenia tego biura byłem pierwszy raz w Marriotcie. Tam się nie chodziło – bo po co? A przede wszystkim – za co? Koniec 1990 roku i Bielecki rozpoczyna rozmowy o tworzeniu rządu. I tu podstawowym problemem jest środowisko Jarosława Kaczyńskiego. Ja w tych rozmowach nie brałem udziału, ale Bielecki i Tusk opowiadali mi, jak się toczyły negocjacje z Jarosławem Kaczyńskim – zwłaszcza dużo czasu poświęcając na anegdotę, jak to Maciej Zalewski wyciągnął pistolet i kręcił nim po stole.

Ale to taki żart, rozumiem?

Czy to miał być w jego rozumieniu żart? Może, ale to dość dziwny żart – wyciąganie pistoletu i kręcenie nim po stole. Bielecki i Tusk byli zszokowani. À propos broni, stały kierowca Kaczyńskiego w tamtym czasie był również obiektem anegdot. Sam był jeszcze niższy od Kaczyńskich, a nosił pistolet tak wielki, jak ten, który miał Brudny Harry. Takie to były czasy. Zatem nagle okazuje się, że my rządzimy Polską i nasze środowisko bardzo twardo negocjuje porozumienie koalicyjne. Kaczyński chciał wynegocjować jakiś resort dla Macieja Zalewskiego, najlepiej budownictwo, i spotkał się z twardym „nie" ze strony Bieleckiego. Krzysztof nie wpuścił Zalewskiego do rządu, co powodowało szalone awantury. Wałęsie, zdaje się, było to na rękę, bo już wtedy chciał ograniczać pozycję PC. Stanęło na Adamie Glapińskim, który został ministrem do spraw budownictwa, a formalnie należał jeszcze do KLD.

Dlaczego Bielecki nie chciał Zalewskiego w rządzie?

Widział w Zalewskim uosobienie bezwzględnej, nieznoszącej sprzeciwu siły Kaczyńskiego. Osobę niezwykle zdeterminowaną, wiedzącą, jak osiągać cele, zbyt silną. Maciej Zalewski tworzył realne zaplecze dla Kaczyńskich. Był osobą, która odpowiadała za Telegraf, za ileś tajnych i poufnych rzeczy, które oni robili. Bielecki wiedział, że z Zalewskim w rządzie będzie miał równoległy, istotny ośrodek decyzyjny. Drugim problem dla Bieleckiego był Balcerowicz. I nie chodziło o to, że Balcerowicz chciał tworzyć jakieś własne strefy wpływów. Rzecz w tym, że Balcerowicz był kompletnie niekontrolowany przez Bieleckiego.

Musiał go wziąć, bo tak chciał Wałęsa.

Tak, zgadza się. Bo tak chciał Wałęsa. Gdyby to zależało od Bieleckiego, to on Balcerowicza by do rządu nie wziął.

Jak w tym rządzie wyglądała współpraca Bieleckiego z Balcerowiczem?

Fatalnie. Balcerowicz jest niesłychanie niezależny. On wie, jak w jakiejś sprawie należy postąpić, co zrobić, by ustabilizować sytuację. Bielecki uważał Balcerowicza za osobny świat, całkowicie wyemancypowany spod jego władzy. I jako premier był tym straszliwie wkurzony, to była jego główna zadra. Ten konflikt generował niechęć między nimi, która nie wygasła do dziś. A Bielecki, powiedzmy sobie szczerze, miał w 1991 roku nieporównanie słabszą merytoryczną pozycję od Balcerowicza – gdy mówimy o wiedzy, doświadczeniu, zdolności do wdrażania pomysłów gospodarczych. Z całego rządu Balcerowicz był oczywiście głównym obiektem ataku.

Co, jak rozumiem, Bieleckiego nie martwiło.

Bieleckiemu odpowiadało, że demonstracje są przeciw Balcerowiczowi, a nie przeciw niemu, ale jednocześnie nie pasowało mu, że nad Balcerowiczem nie ma kontroli. Byli non stop w konflikcie, ale Wałęsa „podyktował" Balcerowicza i premier był bez wyjścia. Wałęsa dość zręcznie to wszystko rozgrywał. Widział, że Kaczyńscy się rozpychają w jego kancelarii. Że uważają, iż Polska jest ich. Zrobił więc premierem kogoś z całkowicie innego środowiska – czyli Bieleckiego. Ale twardo dyktował mu warunki.

Jakie?

Chociażby takie, że ministrem spraw zagranicznych ma być dalej Krzysztof Skubiszewski, że w rządzie ma być Balcerowicz. A także to, że szefem MSW ma zostać Henryk Majewski, świetny facet, kompetentny, inteligentny, prowałęsowski działacz z Gdańska. Mnóstwo było takich kroków w wykonaniu Wałęsy. Przecież Bielecki w trakcie negocjacji z Kaczyńskim miał – to poza dyskusją – zgodę Wałęsy, by nie brać do rządu Macieja Zalewskiego czy kogoś z „twardego" PC. Z jednej strony w rządzie ma nie być silnych polityków z PC, a z drugiej – PC jest podstawowym zapleczem politycznym Wałęsy! W innych warunkach niż Polska 1990 roku to by się nie mogło zdarzyć.

Negocjowało się wtedy z Kaczyńskimi czy tylko z Jarosławem?

Zawsze Jarosław był kluczową postacią.

Lech brał w tym udział?

Zazwyczaj w ogóle nie brał udziału. Lech Kaczyński był człowiekiem łagodniejszym, bardziej umiarkowanym i nie był wysyłany do negocjacji, bo zawsze ustępował – a zadzwonić po instrukcje w czasach „przedkomórkowych" nie było tak łatwo jak dziś. Czołówka ówczesnego PC jest jasno zdefiniowana. Oprócz samego Jarosława stanowili ją Maciej Zalewski, Józef Orzeł, Przemysław Hniedziewicz, Adam Lipiński, Andrzej Anusz oraz dwóch nieżyjących już działaczy: Marcin Przybyłowicz oraz Bartłomiej Kołodziej, o którym już prawie wszyscy zapomnieli, a on był przecież szefem klubu PC. Właśnie to grono chodziło na rozmowy. Człowiekiem zaufania był także Adam Glapiński. W PC było niewielu ludzi, którzy mieli pojęcie o gospodarce. Większość ludzi, z którymi ja się spotykałem, uważała, że Glapiński też nie ma pojęcia, ale przynajmniej teoretycznie miał wiedzę. Co ciekawe, Glapiński był przez pewien czas w KLD i potem poszedł do Kaczyńskich. Ruch w drugą stronę odbył Krzysztof Żabiński, który z PC zawędrował do nas. I on był ważną postacią, bo został u Bieleckiego szefem Urzędu Rady Ministrów. W jakimś sensie te środowiska – KLD i PC – się przenikały, wszystko było jeszcze bardzo płynne. Dodatkowo liczyły się tu jeszcze „przenikania" gdańskie. I tak, na przykład, poznałem wtedy Krzysztofa Wyszkowskiego. Był naszym serdecznym kolegą. To była istotna postać.

Dla KLD istotna postać?

Tak, dla naszego środowiska. On reprezentował opcję wyraźnie liberalnej ekonomicznej zmiany. Oczywiście był antykomunistyczny, natomiast przesunięcie na pozycje spiskowe, antywałęsowskie nastąpiło znacznie później.

Gdzie odbywały się te negocjacje z Kaczyńskim?

Chyba już na Parkowej, w kompleksie, w którym mieszkają premierzy. Gdy Bielecki dostaje nominację, sprowadza się na Parkową; tam jest też hotel, który od razu zasiedlony został przez desant gdański. To był nie tylko Donald Tusk, lecz także Andrzej Zarębski, który został rzecznikiem rządu, Jacek Kozłowski, który został szefem biura prasowego rządu. Był tam też Krzysztof

Kilian, który został natychmiast ściągnięty do Warszawy. W tej ekipie, w najbliższym otoczeniu, był też przez chwilę Ryszard Wojtkowski, który został później szefem Coca-Coli. Wojtkowski był szefem gabinetu Bieleckiego na samym początku. Wcześniej był szefem gabinetu Zbigniewa Messnera, Mieczysława Rakowskiego i Tadeusza Mazowieckiego. Oczywiście jako stary „komunista" wstąpił do KLD. To niezwykle kompetentny i bardzo sympatyczny człowiek – bardzo go cenię. Kilian był od początku przygotowywany na jego następcę, bo Wojtkowski chciał odejść do biznesu. Formalnie Kilian został wiceszefem gabinetu premiera. I zaczęło się zagospodarowywanie tej władzy, okiełznywanie nowej rzeczywistości, orientowanie się, o co tam chodzi, jak się w tym poruszać, jakich dobrać ludzi. To nie były czasy, kiedy dziedziczy się po poprzednikach kompetentny aparat urzędniczy, a jedynie, jako jego szefostwo, wymienia się polityków. Wtedy wszystko budowało się od początku. Nowych ludzi potrzebowaliśmy wielu, więc cały ten gdański desant był gigantyczny. To byli ludzie, do których Wałęsa, a potem Bielecki, mieli zaufanie. Ja też nieoczekiwanie dostaję wielki awans – w lutym '91 roku, mając 23 lata, zostaję doradcą prezesa Rady Ministrów.

Zatrzymajmy się na chwilę. Zaraz pomówimy o rządzie. Wspomniałeś o partii, o Marriotcie, o Wiktorze Kubiaku, który to sponsorował. Opowiedz, jak to wyglądało.

Jesienią 1990 roku jeszcze nie wiemy, że będziemy mieli premiera. Ale wiemy już, że trzeba zmienić formułę działania. Praca w formule małego środowiska nie ma sensu. Po wejściu nas, środowiska z NZS, do KLD otworzyła się zupełnie inna przestrzeń. Było już umówione, że na początku '91 roku Donald Tusk zostanie przewodniczącym. Miał objąć tę funkcję po Januszu Lewandowskim, który ma wiele talentów, ale na pewno nie ma talentu do organizowania partii. I wtedy Donald proponuje jako rzecz oczywistą, żebym został sekretarzem generalnym. Proces budowania KLD dynamizuje się w styczniu, lutym i marcu 1991 roku, gdy mamy już premiera.

A to biuro w Marriotcie?

Powstaje na jesieni '90 roku. Funduje je Wiktor Kubiak. Gdy słucham dzisiaj Donalda Tuska, jak opowiada o standardach, które powinny obowiązywać w relacjach miedzy biznesem a polityką, to pusty śmiech mnie ogarnia. Ale także irytacja. Bo przecież wtedy to on był współtwórcą tamtego systemu i ówczesnych standardów finansowania polityki i – co najważniejsze – czuł się w tym jak ryba w wodzie. Dotyczy to również innych liderów z tamtych czasów. Rzecz jasna, dziś te standardy są nie do przyjęcia, ale wtedy były oczywistością. Tusk udaje, jakby narodził się w 2007 roku, Kaczyński jakby w ogóle się nie narodził. Trzeba odważnie powiedzieć, jakie to były czasy i jak stopniowo wszyscy dojrzewaliśmy do dzisiejszych, znacznie już bardziej cywilizowanych standardów. Wtedy z jednej strony mieliśmy standardy Porozumienia Centrum: Telegraf, przejęcie „Expresu Wieczornego" i budynków, z których jeden sprzedano Turkom, a w drugim ulokowano biura spółki Srebrna – finansowego imperium, które zbudowali Kaczyńscy. Był to przykład skrajnego kapitalizmu politycznego. Z drugiej strony mamy sytuację postkomunistów: moskiewską pożyczkę, spółki nomenklaturowe, uwłaszczenia, gigantyczne pieniądze, które gdzieś przepadają, jak choćby FOZZ. Z trzeciej jest uwłaszczona na rzecz jednego wąskiego środowiska

„Gazeta Wyborcza" i pieniądze w gotówce z zagranicznych prosolidarnościowych centrów pomocy. Z czwartej KLD, na początku utrzymywane w zasadzie przez Kubiaka, który był wtedy doradcą Janusza Lewandowskiego w procesach prywatyzacyjnych.

W jakich?

Klasycznym przykładem jest Polkolor Piaseczno, który w tym czasie był sprzedawany Thompsonowi. Doradcą prywatyzacyjnym był tu Kubiak, a Lewandowski jako minister podejmował decyzję. Z dzisiejszego punktu widzenia rzecz nie do przyjęcia. Wtedy, jeśli – być może – nie traktowano tego jako normy, to co najmniej przyjmowano tego typu „doradztwo" jako rzecz niezbyt bulwersującą. Dlatego myślę sobie, że jeśli moi dawni koledzy, ale też i przeciwnicy, otwierają usta, by mówić na temat standardów, to niech najpierw przypomną sobie, co robili w przeszłości.

Skąd wziął się Kubiak?

Ja go poznałem przez Donalda. Kubiak to był inny świat, miał gigantyczne pieniądze. Transfer tych pieniędzy polegał na tym, że dostarczał stosy banknotów w jakichś poszarpanych reklamówkach. Sceny jak z filmu. Ale nie sądzę, żeby tutaj KLD jakoś odbiegało od reszty. Odbiegało tylko o tyle, że KLD miało wtedy premiera. Generalnie tak właśnie wyglądały początki polskiej demokracji, ten moment, gdy wszyscy budowali fundamenty. Postkomuniści – zbierając resztki z dawnej wielkości, partie postsolidarnościowe – szukając dla siebie zaplecza w warunkach wolnej rywalizacji. Kubiak był bardzo barwną postacią. Był ekscentrykiem, w zachowaniu bardziej artystą niż poukładanym biznesmenem. Dał się lubić. Był też sponsorem musicalu *Metro*, pierwszego polskiego musicalu zrobionego za prywatne gigantyczne pieniądze. Kubiak wystawił go też na Broadwayu, ale bardzo dużo na tym stracił.

A czym się głównie zajmował?

Główną spółką Kubiaka był chyba Batax zarejestrowany w Luksemburgu. Nie wiem, na czym tak naprawdę zarabiał pieniądze. Pewno tak jak to w ówczesnym biznesie, czyli wszędzie tam, gdzie dało się tylko zarobić. Zdaje się, że udzielał jakichś pożyczek. Kubiak nigdy nas, a przynajmniej mnie, nie wprowadzał w to, co robi. W tamtym czasie nikt nawet nie sygnalizował, że mógł być jakoś związany z tajnymi komunistycznymi służbami. Nie wiem do dziś, czy to prawda. Jeślibyśmy coś o tym wiedzieli, to nie byłoby możliwości współpracy, bo – mimo że bardziej niż przed rokiem potrafiliśmy już dostrzegać subtelności i szarości – to nadal byliśmy ideowymi NZS-owcami. Nie sądzę, aby takie wiadomości docierały do Bieleckiego, Tuska czy Lewandowskiego, bo pewno trzymaliby się od niego z daleka. Sam Wiktor Kubiak opuścił potem kraj – zdaje się, że z obawy przed grożącym mu aresztowaniem w związku z jakąś aferą. Wolał czas spędzać w Londynie, będąc menedżerem Edyty Górniak i Anity Lipnickiej. Lubiłem go na swój sposób. Rozbiegane oczy, wielka plereza siwych włosów, wyraźne ADHD, jednocześnie człowiek bardzo inteligentny, wiedzący, jak robić pieniądze, z masą pomysłów. I też z polotem, co dziś biznesmenom nie często się zdarza. Kto dziś by zainwestował takie pieniądze w musical?!

I wasz dobrodziej!

On był na początku głównym zapleczem finansowym dla KLD. Dzięki niemu na początku naszej działalności nie mamy żadnych problemów z pieniędzmi. Dla mnie – kogoś, kto przyszedł z biednego NZS – to jest nagle inny świat. Chcemy mieć biuro w Lublinie? Proszę bardzo. Chcemy mieć w Krakowie? Nie ma problemu. I nagle ta nasza struktura w ciągu kilku miesięcy rośnie niesłychanie, przystępują do nas zastępy nowych ludzi. Jak zwykle bywa w przypadku takich nagle rozrastających się struktur, połowa tych nowych ludzi to całkowicie przypadkowe osoby. Wystarczy powiedzieć, że – jeśli dobrze pamiętam – blisko połowa klubu KLD miała kłopoty z prawem na dalszym etapie rozwoju polskich przemian.

Gdzie konkretnie w Marriotcie było to wasze biuro?

Wysoko. Nie pamiętam, które to było piętro. Ale pamiętam piękną panoramę Warszawy z okien tego biura.

Kubiak tam urzędował?

Jego biznes i siedziba były całkowicie odrębne od naszych. Siedział gdzieś w innym miejscu, nawet nie wiem gdzie, a do nas wpadał w tamtych czasach raz na tydzień.

Jak Tusk poznał Kubiaka?

Kubiak był pochodzenia żydowskiego i wyemigrował do Szwecji w '68 roku. Gdy nadeszły zmiany w Polsce, wrócił. Nie mam pojęcia, kto Donalda poznał z Kubiakiem.

Kto funkcjonował w tym biurze, kto był najważniejszy?

Byliśmy gronem przyjaciół i nie spieraliśmy się o pierwszeństwo. Cała nasza ekipa z NZS była bardzo zżyta. Ja jako sekretarz generalny KLD byłem oczywiście „kierownikiem". Na początku szefową biura była moja wspaniała przyjaciółka z NZS Anna Smółka, która potem odeszła do Stowarzyszenia Wydawców Polskich. Z NZS do KLD zapisało się nas bardzo wielu: Marcin Meller, Wojciech Stanisławski, Jacek Kalinowski, Andrzej Brzuszkiewicz, Marek Węcowski, żeby wymienić tylko osoby z ekipy warszawskiej. Praktycznie cały ówczesny NZS. Nawet osoby, które potem zapisywały się do PC, przez pewien czas w tym KLD funkcjonowały. Potem dyrektorem biura krajowego KLD został Tomek Siemoniak. Wywodził się z NZS na SGPiS. To był jeden z moich najbliższych przyjaciół. Pełnił funkcję dyrektora biura krajowego do końca istnienia KLD.

Na co pozwalały wam te pieniądze od Kubiaka? Zmieniliście styl życia, dobre restauracje, samochody...

Nie ma mowy. Nie wykorzystywaliśmy tych pieniędzy do celów prywatnych. Byliśmy w tej sprawie bardzo pryncypialni. Oczywiście zmiany lat 90. powodowały zmiany i u nas. Także i mnie zmieniały. KLD lansowało tezę, że polityk powinien być finansowo niezależny od polityki. Że jest bardzo dobrze, gdy jako biznesmen i człowiek zamożny angażujesz się w politykę, bo nie jesteś uzależniony od funkcji czy posady. A jeśli nie jesteś jeszcze zamożny, to jak najszybciej stań się zamożny, by móc się jak najszybciej zaangażować w politykę. Taki był wtedy nasz etos. Około 80 procent klubu KLD, poza grupką takich osób jak Donald, to byli biznesmeni. Ale, wracając do pytania, nie wykorzystywaliśmy służbowych czy partyjnych pieniędzy do kupowania sobie ubrań czy jedzenia w lepszych knajpach. Pamiętam, że w tamtym czasie jeździliśmy na pizzę przy Dworcu

Zachodnim, bo była tania i dobra. Żadne luksusy. Oczywiście za własne pieniądze.

OK, ale interesy zaczęliście robić.

To był szalony okres w życiu każdego z nas. Ja wtedy zacząłem grać na giełdzie, grałem w kasynach, handlowałem antykami i różnymi zabytkowymi przedmiotami. To było szalone z dzisiejszego punktu widzenia, ale trudno dopatrzyć się w tym czegoś złego. Wtedy zresztą było naturalne, że się gra na giełdzie, że się czymś handluje. Ale też i pójście do kasyna nie było czymś, co by budziło jakieś obyczajowe napięcie. Byliśmy młodzi. Chcieliśmy iść do przodu, ale – podkreślam raz jeszcze – nigdy pieniądze służbowe, partyjne nie były wykorzystywane do celów prywatnych.

Jak to wyglądało technicznie, torby plastikowe, przesyłka od pana Wiktora, ktoś to kwitował?

Nie było żadnych przesyłek. To był okres funkcjonowania tak zwanych cegiełek. W ramach obowiązującej ordynacji można było sprzedać dowolną ich liczbę. Cegiełki to były małe karteczki, na których była wydrukowana dowolna akurat potrzebna kwota. Tych cegiełek o niskich nominałach było multum, a tych o najwyższych nominałach było tyle, ile miałeś źródeł finansowania. Wszystkie ówczesne środowiska polityczne tak działały. KLD nie było wyjątkiem. Sprzedawało się cegiełki i w ten sposób księgowało partyjne dochody.

A czego Kubiak chciał od KLD? Nie wyobrażam sobie, że robił to bezinteresownie, bo lubił Bieleckiego, Tuska albo Lewandowskiego.

To było połączenie dwóch motywacji. On naprawdę czuł się liberałem i chciał, żeby liberałowie mieli jak najlepszą pozycję, a Polska się zmieniała w kierunku wolnorynkowym. Nie odbieram mu więc motywacji ideowych. Z kolei drugi motyw to oczywiście bycie blisko władzy. O prywatyzacji Polkoloru Piaseczno wszyscy wiedzieli. O innych zależnych od ministerstwa przekształceniach nie wiem do dziś.

Dlaczego nie wiesz?

Generalnie było tak, że o tych „poważnych sprawach" grono gdańskie decydowało we własnym gronie. Mimo że ja byłem jedną z kluczowych postaci w KLD, to nikt nigdy spoza Gdańska nie został dopuszczony np. do Fundacji Liberałów, która została stworzona w Gdańsku i była fundamentem finansowym gdańskiego środowiska. Bo zawsze to było tylko środowisko gdańskie – niezależnie od tego, kto jaką funkcję statutową sprawował. Ponieważ byłem sekretarzem generalnym partii, to dostawałem pieniądze, która miałem wydać na stworzenie struktur regionalnych i dotowania kampanii wyborczej. Jednak o kulisach środowisko gdańskie ze mną nie rozmawiało. Trzeba by zapytać Donalda, który oczywiście nic i nigdy na ten temat nie powie. Albo Janusza Lewandowskiego, który jeszcze bardziej będzie w tej sprawie milczał.

Skąd dostawała pieniądze Fundacja Liberałów?

To wiedzą tylko „gdańszczanie". Nigdy się tym nie zajmowałem. Fundacja służyła gdańskiej części naszego środowiska. Nigdy nie służyła wprost finansowaniu partii. Wtedy też wszyscy na wyścigi tworzyli różne instytucje, think tanki, instytuty mające ich wspierać programowo. Przykład to Instytut Badań nad Gospodarką Rynkową. Ta bardzo zacna i szanowana instytucja była tworzona i wspierana przez liberałów po to, żeby mieć swoje zaplecze intelektualne. I starano się zapewnić różnego rodzaju pomoc, żeby tę instytucję jak najbardziej wzmocnić. Panowało wtedy przekonanie, że zawsze to będzie KLD-owskie zaplecze intelektualne.

O jakiej pomocy mówisz?

Chociażby o dotacjach z Fundacji Współpracy Polsko-Niemieckiej, której – z nominacji Bieleckiego – zostałem szefem. Tworzyłem ją i byłem jej pierwszym szefem z polskiej strony. Wtedy ta fundacja była wyposażona w gigantyczne pieniądze. Miała pół miliarda marek z tzw. funduszu Jumbo, czyli kredytu, którego Niemcy użyczyli Gierkowi. Rząd Mazowieckiego umówił się z Kohlem, że tego nie będzie zwracał; zgodnie z porozumieniem to pół miliarda marek zostało włożone w Fundację Współpracy Polsko-Niemieckiej, która miała realizować swoje zadania na terenie Polski. Dzięki niej zrobiono wiele naprawdę cennych i ważnych rzeczy, bo między innymi projekt Krzyżowej, projekt Krokowej czy kosztowny projekt ratowania Malborka przed osunięciem się ze skarpy. Wśród setek zrealizowanych projektów były też dotacje na Instytut Badań nad Gospodarką Rynkową. Ich propozycje były merytorycznie bardzo mocne, konkurencja słaba i trzeba było tylko otoczyć je opieką.

Kto był szefem tego instytutu?

Szefem był zawsze Jan Szomburg, nie tylko współzałożyciel KLD, lecz także jakby bliźniak Janusza Lewandowskiego. Bo gdy w KLD padało pytanie, kto się może zająć gospodarką, to zawsze była jedna odpowiedź: albo Lewandowski, albo Szomburg. Lewandowski miał trochę bardziej polityczny zmysł, więc jak trzeba było kogoś do rządu, to wchodził on. Jana Szomburga charakteryzowało bardziej naukowe podejście i był on kluczową postacią w budowaniu naszego liberalnego zaplecza merytorycznego. Notabene, Kaczyńscy też próbowali działać podobnie, ale im nie wyszło, bo nie mieli do tego ludzi.

Po latach, w 2000 roku w Niemczech wybuchła afera z tajnymi kontami CDU, którym rządził kanclerz Helmut Kohl. CDU na samym początku lat 90. miało bardzo dobre relacje z KLD. Czy niemieccy chadecy wspomagali wtedy finansowo Kongres?

Dla mnie jest oczywiste, że CDU wspierało finansowo KLD, ale to były kwestie omawiane między Kohlem i Bieleckim. Ja przy tych spotkaniach w cztery oczy oczywiście nie byłem obecny. Kohl odmówił publicznych wyjaśnień w sprawach związanych z historią kont i zrezygnował z polityki.

Powiedziałeś, że to jest dla ciebie oczywiste. Co to znaczy?

Jedyne, co mogę w tej sprawie powiedzieć, to że należy o tę kwestię pytać Bieleckiego.

A jak Tusk wtedy funkcjonował? Mieszkał w Warszawie? Pracował w Marriotcie?

Do Marriotta przychodził rzadko, tam było zwykłe biuro, takie do kontaktów z regionami. Donald funkcjonował bardziej w obrębie rządowym. Mieszkał na Parkowej, tam się często spotykaliśmy. Jeśli te spotkania były z udziałem Bieleckiego, to spotykaliśmy się w Urzędzie Rady Ministrów. Ja też, jako doradca premiera, miałem tam swoją małą kanciapę i tym samym miałem blisko do Bieleckiego. Ale oczywiście Tusk bywał w siedzibie premiera znacznie częściej niż ja.

Dlaczego Tusk nie wszedł do rządu?

Tusk nie miał nigdy ochoty wchodzić do rządu i nie był do tego szykowany. Był wyraźny podział zadań. Byli ci „od rządu" i ci „od partii". I Donald był „od partii". Był potrzebny, by ją rozwinąć. Z tego gdańskiego środowiska Donald był do tego najlepszy i dostał taki „przydział". W związku z tym został też szefem partii, ale osobą decydującą był Bielecki. On był liderem środowiska. Decydował o kluczowych rzeczach, o tym, o czym będziemy mówić i co robić. W 1991 roku ruszyły przygotowania do majowych wyborów. Wydawało się bowiem, że Wałęsa narzuci takie szybkie tempo zmian i doprowadzi do rozwiązania parlamentu. Potem to się okazało nierealne i wybory odbyły się jesienią, co dało nam większy oddech w przygotowaniach. Jasne było od marca, że startujemy samodzielnie, jako KLD, i że motywem kampanii będzie Bielecki i jego rząd. Głównym zadaniem moim, i w istotnej części także i Tuska, będzie stworzenie wszędzie struktur lokalnych, skompletowanie ludzi, powołanie szefów w regionach. Potem stworzenie list. Szefem formalnym kampanii zostaje Krzysztof Koczurowski.

Kiedyś szef sopockiej Pracowni Badań Społecznych.

Tak. On był bardzo miłym człowiekiem, rzetelnym badaczem, ale organizacyjnie nie był najmocniejszy. Całość kampanii spoczywała na mnie. Ówczesne pomysły kampanijne to było raczkowanie, a w najlepszym razie przedszkole. Czasem naiwne, czasem z podstawowymi błędami. Wtedy się wszystkiego uczyliśmy i po paru latach byliśmy już naprawdę sprawni. Przekaz budowało się wtedy w najbardziej uproszczony sposób. Ponieważ startowało kilkadziesiąt partii, to jak doszło do losowania list, trafiliśmy na numer 32. Głównym hasłem stało się więc „Bielecki 32" – aby spowodować najprostsze skojarzenie i utrwalenie, gdzie na listach w ogóle nas szukać. Żadne hasło programowe. Jedynie „Bielecki 32". Okazało się to zresztą skuteczne. Wtedy pojawił się Sławomir Majman, jedna z tych osób, które przyszły do nas ze środowiska postkomunistycznego. On był po szkole dyplomacji w Moskwie i wszyscy, na czele z Donaldem, jakoś tak dziwnie podejrzliwie na niego patrzyli. Rękami Sławka został stworzony jeden z anegdotycznych elementów tej kampanii, czyli koszmarny plakat, gdzie zacieniony, jak z reklamy filmu grozy, Bielecki wyłania się z jakiejś czerni z podpisem „Nie bój się jutra". Wszyscy umierali ze śmiechu, a Majman był bardzo poruszony, że się nie podoba. Przypominam – to są czasy, gdzie głównym instrumentem kampanii jest jeszcze plakat, a nie billboard. Po katastrofalnym odbiorze tamtego plakatu zrobiliśmy natychmiast nowy, zupełnie inaczej. Doświetlony Bielecki, z podciągniętymi rękawami, budzący zaufanie.

Poczekaj, ale wybory są dopiero na jesieni 1991 roku.

Wybory są na jesieni. Ale ta przedwyborcza atmosfera trwa od miesięcy, bo zapowiadało się na głosowanie majowe. Jest więc nerwowe i szybkie tworzenie list. Potem lekkie wyhamowanie w wakacje. Wtedy zaczęły się pojawiać różnego rodzaju problemy z Donaldem. Potrafił zapaść się pod ziemię tak, że w kluczowych momentach przez dwa tygodnie był nieosiągalny.

To jest czas, w którym Donald przechodzi też dużą ewolucję. Ma nowy dom, nagle też zaczyna jeździć bardzo dobrymi samochodami, które pożyczał od różnych biznesmenów – naszych zwolenników. Zaczynają się z tego kłopoty, bo w tamtych czasach rozróżnienie rzetelnego przedsiębiorcy od faceta, który zaraz będzie poszukiwany, nie było takie oczywiste. Ta nasza historyczna opowieść musi trzymać się ówczesnych realiów. Przez długi czas Gąsiorowski i Bagsik byli wielkimi i szanowanymi ludźmi sukcesu. Nagle się to zawaliło i stali się wielkimi aferzystami. Gdy zaczęło się mówić, że samochody są od Stajszczaków czy Rzeźniczaka, to mi te nazwiska nic nie mówiły. Potem się okazywało, że Donald musi je szybko oddawać, bo zaczynają się jakieś kłopoty. Relacje z biznesem w tych „dzikich czasach" kierowały się zupełnie inną logiką niż potem. Często też wynikało to z naiwności i braku rozpoznania, kto jest kim. Były też sytuacje ewidentne, które dziś byłyby nie do przyjęcia, a wówczas nie wzbudzały emocji. Gdy nasz członek, nawet członek władz, Andrzej Gocman z Krakowa, pożyczał samochód Donaldowi, to równolegle starał się o prywatyzację na swoją rzecz Krakchemii przez Janusza Lewandowskiego. Dziś pewny skandal. Wtedy wszystkie partie używały samochodów jakichś biznesmenów. To był okres, w którym Donald przechodził pierwszą ze swoich ewolucji, które widziałem. Stał się znacznie pewniejszy swojej pozycji i władzy. Na jedno skinienie miał drogie samochody i fundusze. Nie wychodził z mediów i ludzie zaczęli go poznawać na ulicy. Zwykle mu się to podobało, ale czasem jakby się „przegrzewał" i gdzieś się zapadał, uciekał. W relacji z Bieleckim jest nadal podległy, ale w stosunku do reszty to już jest inny Donald – rozdaje role, dyryguje, jest bardziej pewny siebie.

Między liberałami z Gdańska i tym twoim NZS-owskim środowiskiem były napięcia związane z budowaniem list w '91 roku.

Nie było dużych tarć. Na wejście do Sejmu realne szanse miało parę osób z NZS, a ostatecznie oprócz mnie wszedł jeszcze Filip Kaczmarek – dzięki umowie koalicyjnej z NZS i miejscu na liście krajowej. W Warszawie ja byłem na liście za Bieleckim, a dalej Paweł Śpiewak, Ireneusz Krzemiński i Jacek Kurczewski, który też zdobył mandat. Donald startuje w Gdańsku, Janusz Lewandowski w Poznaniu. Te listy w dużej części są układane bez konfliktów. Grzegorz Schetyna dołączył do KLD później, po głównej fali z 1990 roku. Był z rozdania OKP wicewojewodą wrocławskim i poprosił o interwencję, bo miał z tym swoim wojewodą olbrzymi konflikt. Ja pośredniczyłem w kontakcie z Bieleckim i Tuskiem. I tak Schetyna poznał Tuska. Potem dołączył do nas wraz z całym środowiskiem, m.in. z Jackiem Protasiewiczem.

Dlaczego Schetyna nie kandydował?

Miał za słabą pozycję. Wymyślił za to niejakiego Zenona Michalaka, który był liderem naszej listy, i to było klasyczną ilustracją ówczesnego KLD. To był zamożny biznesmen, który potem, zdaje się, też był poszukiwany listem gończym. On był, krótko mówiąc, ich sponsorem we Wrocławiu.

Taka zbieranina jak ta, która weszła do Sejmu z Palikotem w 2011 roku.

Czasy się bardzo zmieniły, choć w kolejnych wyborach jakieś mechanizmy się powtarzały. Po części udało nam się to w PO w 2001 roku zmniejszyć, ale nie aż tak, by zjawisko to całkowicie wyeliminować. Jak patrzysz na schemat przyspieszonego tworzenia partii od podstaw, to i błędów nie uniknął Ruch Palikota. Nie jest to jednak aż tak drastyczna proporcja.

To zaważyło na kłopotach KLD, stąd hasło aferałowie-liberałowie, które do was przylgnęło.

To hasło było skierowane do elit KLD – Bieleckiego, Tuska, Lewandowskiego – i było krytyką ogólnej polityki gospodarczej i prywatyzacyjnej. Oczywiście było kłamstwem i nadużyciem, ale bolało. W następnych latach wiele zachowań moich kolegów, zwłaszcza lansowanie tzw. podwyższonego standardu przez Tuska i zwrot o 180 stopni polegający na deklarowanym rozdzieleniu polityki od biznesu, wynikało z tego właśnie kompleksu „aferałów" i panicznej obawy, żeby to oskarżenie o „aferalność" przypadkiem nie wróciło. Ale wtedy, gdy hasło to zostało ukute, odnosiło się ono do czołówki. Lokalni działacze, a nawet w większości posłowie, byli dla szerszej opinii publicznej osobami całkowicie anonimowymi. Dużo później stali się dodatkową, wzmacniającą ataki na nas ze strony naszych przeciwników ilustracją.

Po co ci biznesmeni przychodzili do polityki? Chcieli sobie załatwić bezkarność, możliwość robienia lepszych interesów?

Ze mną takich rozmów nikt nie prowadził. Być może takie rozmowy przeprowadzali z Tuskiem. Klasyczny przykład to jest Andrzej Gocman z Krakowa. U niego Donald bardzo często bywał. Pamiętam, jak opowiadał, że Gocman ma wielką willę, przy willi basen, a w tym basenie... krokodyla. Wszyscy kręcili głowami, trochę się podśmiewali, ale biznesmeni pozostawali. Ale pamiętajmy, jaki był wtedy etos KLD – biznes w polityce to dobra rzecz. Potem zmieniło się to zasadniczo. Ze strony tych ludzi na pewno były próby załatwiania swoich interesów, ale część z nich przychodziła, bo po prostu fajnie było zostać posłem. To nobilitowało!

Mówisz, że to był taki etos, sznyt w szpicy KLD, żeby robić interesy, zarabiać pieniądze. Bielecki robił to jeszcze w latach 80., Lewandowski to raczej teoretyk, ty wchodzisz w pewne działania, ale Tusk tego nigdy oficjalnie nie robi. Tu się chyba nie mylę?

Z poprawką na lata 1993–97. Zaczął działalność gospodarczą, gdy nie dostaliśmy się do Sejmu. Wydawał książki, albumy o historii Gdańska, po to – jak się śmieliśmy – by miał co kupować Paweł Adamowicz jako prezydent Gdańska. Trzeba było mieć skądś pieniądze. Równolegle był chyba na etacie w Fundacji Liberałów. Reszta angażowała się biznesowo. Grzegorz Schetyna był aktywny na różnych polach, dla Zbigniewa Benbenka tworzył sieć Eski, potem miał klub sportowy. Większość z tych ludzi miała prywatne przedsięwzięcia. Mniejsze jak u Piskorskiego, większe jak u Schetyny bądź znacznie większe jak u Drzewieckiego. To było traktowane jak norma, jako coś, co należy pochwalić.

A Tusk?

Donald nie miał do tego zmysłu. On się na gospodarce nie znał. Zawsze zajmował się polityką. Przy czym to nie była pogardliwa i wyższościowa postawa w rodzaju tej, jaką prezentował Jan Rokita, który mówił, że politycy muszą być jak ascetyczni zakonnicy potrafiący się oprzeć wszelkim pokusom, w tym biznesowym. Rokita nie miał zielonego pojęcia, jak zarobić 5 złotych, a potem usiłował dorobić do tego ideologię i zrobić z tego cnotę. U Donalda tak nie było. Donald co prawda nigdy nie był człowiekiem, który potrafiłby na rynku zarabiać, ale wtedy uważał, że to bardzo dobrze, że ktoś inny potrafi, i to pochwalał. Potem to się drastycznie zmieniło.

Wspomniałeś o jego nieuporządkowaniu, niekonsekwencji. O tym, że znika, zapada się pod ziemię. Do robienia partii trzeba mieć rękę organizatora!

Od robienia partii jestem ja.

A on – od czego?

On jest od spotykania się z ludźmi, uśmiechania się, jeżdżenia na spotkania. To są inne kwalifikacje i jest świetny. Nie mówię, że ja jestem ich pozbawiony, ale jestem od tego, żeby w drugim planie zrobić tysiąc spotkań z ludźmi w terenie i zbudować zaplecze. A Donald jest od tego, żeby pojechać na wiec, jeden, drugi i tam się popisać. Z tym też się wiąże masa anegdot. Jedna z nich „o zupie". Historycznie odnosi się do późniejszych czasów. Donald był umówiony na spotkanie w Suwałkach, które komunikacyjnie nie są najlepiej położone. Był tam zaproszony przez Jarosława Słomę, naszego kolegę i twórcę KLD w tym regionie. Siedzimy w gabinecie u Tuska, popijamy winko, coś jemy. Jarek, który był człowiekiem tyle pracowitym, co zapobiegliwym, i znając Donalda, dzwoni już od południa: „Czy Donald już wyjechał? Czy pamięta? Bo to przecież długa droga i niech już on lepiej wyjeżdża". A Donald ma narastającą niechęć do pojechania na to spotkanie. W Suwałkach czeka na niego czterysta osób. I Donald odpycha od siebie tę myśl. Odbiera te telefony od Jarka Słomy. Kłamie, że już jedziemy, tylko zjemy zupę.

Rozumiem, że to weszło do waszego wewnętrznego języka?

„Tak, tak – jedziemy, tylko zjemy zupę" – to było słynne powiedzenie w naszym kręgu w KLD. To był taki skrót, gdy chodziło o to, by powiedzieć, że coś jest nierealne, że od samego początku jest „ściemą". Ten biedny Jarek wydzwaniał cały czas, a Donald, nie ruszając się z gabinetu, mówił, że już jest w drodze, ale złapał gumę, a potem że musi wracać do Warszawy, bo tego się nie da naprawić. To jest anegdota z '93 roku, która pokazuje, jak już się Donald zmienił, jak okrzepł, jak zbudował się na nowo. On ma różne predyspozycje, ale i słabości? Jak tworzył się rząd Hanny Suchockiej, Donald dostał propozycję bycia ministrem edukacji. I mówi mi tak: „Czy ty sobie wyobrażasz, żebym ja codziennie rano wstawał, chodził do jakiegoś ministerstwa, spotykał się z jakimiś ludźmi? Ja bym pierdolca dostał. Nie, nie ma mowy, żebym został jakimś ministrem". Dlatego też bycie premierem psychologicznie nie jest łatwą dla niego rolą. Sztuczną. Gdyby premierostwo ograniczało się do kontaktów z ludźmi – to byłaby to rola dla niego dość naturalna. Ale to, co się wiąże z kierowaniem rządem, to jest dla niego obciążenie. Jakieś rady ministrów, koordynowanie czegoś, pilnowanie – to nie jego bajka. Tu tkwi jego słabość, którą było widać lata temu.

Opowiedz jeszcze o waszym rządzeniu w 1991 roku. O głównych założeniach, z którymi szliście.

W tej naszej opowieści o kuluarach warto podkreślić, że to nie jest tak, że jakaś grupa kolesi dorwała się do władzy. Osobną książkę można napisać o tym, co wtedy powinno się zmienić. W wymiarze międzynarodowym idzie między innymi o wyprowadzenie do końca wojsk radzieckich z Polski i to się podczas rządów

Bieleckiego dzieje. Po raz pierwszy są artykułowane nasze aspiracje związane z przystąpieniem do NATO i Unii Europejskiej. Takie nadanie kierunku było bardzo ważne. No i były wewnętrzne priorytety – głównie gospodarcze. Też absolutnie kluczowe.

Ten czas to jest wybuch kapitalizmu. Nie zawsze uczciwego. Niedawno byłeś liderem protestu przeciw uwłaszczaniu się działaczy z postkomunistycznych młodzieżówek. Jaki miałeś stosunek do tego, co działo się dookoła?

Z ideowego, osobistego punktu widzenia to był dla mnie moment trudny. Moment ucierania się moich poglądów. Prawda, że nie było kadr. Menedżerów, którzy mogliby poprowadzić przedsiębiorstwa. Nie było polskiego kapitału. Powstawał z uwłaszczania się na majątku Skarbu Państwa. Najczęściej beneficjentami tych procesów byli szefowie tych państwowych firm. Pamiętam wiele rozmów na ten temat z Tuskiem i Bieleckim. Wnioski z tych dyskusji był takie, że niestety trzeba zaakceptować taki stan rzeczy, nawet jeśli dochodzi do licznych nieprawidłowości. To była świadoma polityka. I druga sprawa, która też była dla nas bardzo istotna. W 1991 roku wolny rynek rozwija się w sposób niezwykle dynamiczny. Dochodzi do błyskawicznego rozwarstwienia społecznego. W sklepach są towary, teoretycznie możesz je kupić, ale ceny są rynkowe, a pensje nie doganiają tych cen. Padają PGR-y. Powstają olbrzymie obszary biedy. W budżecie nie ma pieniędzy, żeby łagodzić te sytuacje. Z dzisiejszego punktu widzenia to są zjawiska jak z „Dzikiego Zachodu". Ale w pewne rzeczy myśmy nie ingerowali całkowicie świadomie. Na przykład w cały ten handel bazarowo-łóżkowy – mimo iż mieliśmy świadomość, że w tle tego kwitnie przestępczość. Bo cały ten towar był nieewidencjonowany i tym samym nieopodatkowany. Dla Skarbu Państwa to były oczywiście straty.

Dlaczego nie reagowaliście?

Prawdę mówiąc, nie było też instrumentów, żeby to kontrolować. Jednocześnie mówiliśmy, że to najlepsza „poduszka amortyzacyjna" polskich zmian. Przede wszystkim jednak byliśmy wtedy przekonani, że to, przez co przechodzimy, to naturalny proces rodzenia się i zdobywania kapitału, i że taki moment musiał nastąpić. Musimy przejść przez chorobę wieku dziecięcego. A na uporządkowanie tego wszystkiego przyjdzie czas. I uważam, że mieliśmy rację, choć potem to się za nami ciągnęło i przez lata było powodem politycznych ataków na nas. Ten okres ukształtował też bardzo istotne w środowisku liberalnym poglądy i postawy, o których warto wspomnieć. Powszechne było przekonanie, że w zarabianiu pieniędzy nie ma nic złego. Chcesz być posłem i biznesmenem? Znakomicie. Chcesz inwestować na giełdzie? To świetny pomysł.

Sierpień '91 to dość dramatyczny moment, czyli moskiewski pucz Janajewa. Wydaje się, że na Wschodzie do głosu mogą zaraz dojść „twardogłowi". Pamiętasz ten moment?

Doskonale. Wiąże się z kolejną anegdotą. Krytycznego dnia budzą nas telefony z Urzędu Rady Ministrów, żebyśmy natychmiast przyjeżdżali, bo jest pucz w Moskwie. Andrzej Halicki był wtedy rzecznikiem prasowym KLD i Tusk mu zlecił, żeby napisał oświadczenie w sprawie puczu. Zjeżdżamy się do URM-u. Wszyscy poważni, skupieni, świadomi powagi chwili. Zaczynamy naradę, jak reagować, co polski rząd może zrobić, by ratować rodzącą się w Rosji demokrację. Moment absolutnie przełomowy, historyczny, wszystko może się źle potoczyć. Przecież Polska nie jest jeszcze w żaden sposób zabezpieczona, zdolna do obrony, przygotowana. W tym momencie przychodzi Halicki z oświadczeniem i nie jesteśmy w stanie w to uwierzyć. Halicki napisał oświadczenie w zasadzie popierające pucz „twardogłowych" w Moskwie. To szło mniej więcej tak: „Nie należy patrzeć na to z niepokojem. Rosja powinna sama rozwiązywać swoje problemy. Z każdą władzą należy się porozumieć, bo w interesie Polski jest stabilna sytuacja w Moskwie". „Oświadczenie Halickiego w sprawie puczu Janajewa" było przez lata środowiskowym grepsem. Latami mówiło się w naszej grupie: „Tylko żebyś nie napisał jak Halicki w sprawie puczu Janajewa".

To oświadczenie się ukazało?

Na szczęście nie. On to nagryzmolił i przyszedł do nas. My umarliśmy ze śmiechu i natychmiast podarliśmy tekst.

W październiku 1991 roku dochodzi do wyborów, w których zdobywacie ponad 7,5 procent głosów. To nie jest zachwycający wynik.

Nie jest, ale pozwala nam być w parlamencie. Jasne, że to nie było zwycięstwo. Ale trzeba też pamiętać, że rok wcześniej o KLD nikt nie słyszał. Mimo średniego wyniku KLD Wałęsa, któremu dotychczasowy rząd odpowiadał, po wyborach proponuje Bieleckiemu kontynuowanie misji. Zaproponował, by nie podawał się do dymisji. Nie było w tej sprawie ani norm prawnych, ani praktyki. Na żywo kształtował się ustrój Polski. Plan Wałęsy jest taki: Bielecki pozostaje premierem, a on, Wałęsa, pomoże w tym bardzo rozdrobnionym parlamencie ułożyć koalicję. Politycznie było to do zrobienia. Ten czas był też istotny z punktu widzenia kształtowania się naszej konstytucyjnej praktyki i konstytucyjnego obyczaju. Moim zdaniem gdyby Bielecki się wtedy zgodził, ustrój Polski poszedłby w stronę modelu prezydenckiego, podobnego do tego, jaki jest we Francji. Ale wtedy Bielecki chyba pierwszy raz postawił się Wałęsie. Odmówił. Ustrój poszedł w stronę modelu parlamentarno-gabinetowego. I to stopniowo się utrwalało. Oczywiście w następnych latach Wałęsa też ingerował, ale już w nie tak silnym stopniu. Nie miał zdolności do samodzielnego obsadzania premierów. Dlatego też ta polityczna jesień 1991 roku była kluczowym momentem kształtowania się polskiego modelu ustrojowego.

Dlaczego Bielecki nie chciał być już premierem?

Warto dokładnie prześledzić te okoliczności. Bielecki zaprosił kierownictwo KLD – Lewandowskiego, Tuska, Kiliana, Merkla, Żabińskiego i mnie – do rezydencji na Parkowej. To było jedno z najsłynniejszych spotkań w historii naszego środowiska. Bielecki poprosił, byśmy zarezerwowali czas i nie umawiali innych spotkań, bo rozmowa może długo potrwać. Zrobił bardzo długi wstęp, w którym opisywał sytuację. To była absolutnie katastroficzna wizja. Mówił, że budżet jest w strzępach i za chwilę się rozleci. Że ZSRR rozpada się w niekontrolowany sposób. Bielecki, jak rozumiem, mając informacje ze służb specjalnych i dyplomacji, stawiał tezę, że do rozpadu ZSRR dojdzie za chwilę i będzie on miał niesłychanie gwałtowny przebieg. Mówił, że secesji będą dokonywać nie tylko całe państwa, ale nawet poszczególne regiony. To wszystko wywoła konflikt wewnątrz armii radzieckiej. Dojdzie do zbiorowych prób przekraczania granicy przez całe jednostki. I na przykład rabowania przez tych żołnierzy polskich terenów przygranicznych. Ten obraz uzupełniała jeszcze wizja wywołanych anarchią na Wschodzie masowych ucieczek ludności cywilnej do Polski. I Bielecki powiedział, że dysponuje danymi, z których wynika coś wprost niebywałego. To mianowicie, że kilka milionów Ukraińców, w obawie przed głodem i chaosem, przybędzie do Polski. I w ten sposób sformułowanie „wejdą Ukraińcy" znalazło się w słowniczku naszego środowiska jako synonim katastroficznej wizji, która się nie ziszcza. Wielokrotnie z Donaldem to później obśmiewaliśmy, używając przy najróżniejszych okazjach zwrotu „wejdą Ukraińcy". Ale pamiętajmy o jednym. Tę wizję najzupełniej poważnie przedstawia nam na zamkniętym spotkaniu lider naszego środowiska i premier rządu!

Nie chciał w takiej sytuacji brać władzy.

Bielecki był w takim stanie umysłu, że uważał, iż absolutnie nie można przystać na propozycję Wałęsy i w takim momencie wziąć władzę. Bo jeślibyśmy ją wzięli, to za chwilę za to wszystko będą odpowiadać liberałowie! Bielecki stawiał też tezę, że propozycja Wałęsy jest pułapką – on, Bielecki, ma być pierwszym zderzakiem, a my, liberałowie, wraz z nim. I na dodatek on, polski premier, tłumaczył nam, że nie ma instrumentów, by zaradzić zbliżającemu się kryzysowi. Nie ma odpowiedniej liczby wojska, nie ma sprawnej policji. Rekomendacja Bieleckiego była taka, że oczywiście do rządu możemy wejść, ale nie możemy być twarzą nowego gabinetu. I dalej Bielecki argumentował, że, oczywiście, niemożliwy jest alians z postkomunistami, którzy byli wtedy izolowani w Sejmie. Ale twierdził również, że nie powinniśmy wchodzić w sojusz z Unią Demokratyczną, która zdobyła najwięcej głosów.

Dlaczego?

Bo to nam nie da osłony przed społecznym niezadowoleniem. I w związku z tym on rekomenduje, byśmy tworzyli rząd z tymi, którzy są bardziej populistyczni i radykalni. Bo jeśli stworzymy koalicję z Unią, to ci prawicowi, bardziej radykalni, staną na czele sprzeciwu wobec nas. Czyli, krótko mówiąc, on, Bielecki, jest za tym, byśmy tworzyli rząd z PC, KPN i resztą prawicy.

Skąd Bielecki wytrzasnął te apokaliptyczne wizje? Przecież to się okazało kompletnie przestrzelone!

Z raportów i wiedzy, jaką miał, będąc premierem. Nam tajnych raportów nie pokazywał. Donald też w tak czarnych barwach tego nie widział i również był tym zaskoczony. Podobnie jak Janusz Lewandowski. Myślę, że to były dane między innymi z wywiadu. Trzeba podkreślić, że to nie była pojedyncza informacja. To była kompleksowa wizja. Następne tygodnie co prawda – i na szczęście – nie potwierdzały aż tak apokaliptycznych wizji, ale dzieją się historyczne wydarzenia. Na naszych oczach upada Związek Radziecki. Wiele krajów odzyskuje niepodległość. Mapa Europy kształtuje się na nowo. W tle wielka historia, ale dla naszego środowiska to były złe miesiące. Zgodnie z rekomendacją Bieleckiego zaczęliśmy rozmawiać o nowym rządzie z prawicą. Podpisaliśmy 11 listopada wstępną deklarację w sejmowym pokoiku u słynnego Józefa Ślisza. Potem były rozmowy w pałacyku na Nowym Świecie, gdzie mieściła się siedziba KPN. Byli tam m.in. Jarosław Kaczyński, Leszek Moczulski, Krzysztof Król, Donald i ja. Pamiętam, że siedzieliśmy ściśnięci jak sardynki w niewielkim pokoju. Ta rozmowa była takim politycznym badaniem, bo oczywiście prawicowcy myśleli, że my mamy chytry plan...

...że zaraz wyskoczycie z kandydaturą Bieleckiego na premiera?

Dokładnie tak. Spodziewali się, że spotkanie szybko zakończy się fiaskiem. I tam im Donald powiedział, że my wcale tego nie chcemy. Bardzo byli zdziwieni, bo myśleli, że my jesteśmy agenturą Wałęsy i Bieleckiego. I w tym pałacyku nagle ustalono, że premierem zostanie Jan Olszewski. Zaczęło się szukanie Olszewskiego po Warszawie, bo nie odbierał telefonu. Posłano po niego samochód, ale nigdzie nie można go było znaleźć. Więc tak siedzieliśmy sobie w tej kanciapie, a Kaczyński dowcipkował. Był tak wyluzowany i sypał dowcipami jak nigdy już w moim towarzystwie. Nie było jeszcze dogadywania szczegółów rządu. Ustaliliśmy natomiast, że w Sejmie będziemy izolować nie tylko postkomunistów, lecz także Unię Demokratyczną.

Dlaczego na to przystaliście z Tuskiem?

To, że wtedy z Tuskiem zgodziliśmy się na izolowanie Unii, uważam za wstydliwy epizod. Nam się to nie podobało, ale mieliśmy zalecenie, żeby zbudować koalicję z prawicą. I w imię zawarcia tej koalicji przystaliśmy na to. W końcu, gdzieś po półtorej godziny, Olszewskiego odnaleziono. Przyjechał nieogolony, jakiś taki roztrzepany. Robił wrażenie człowieka lądującego z Marsa. Ale na zajęcie fotela premiera się zgodził. Konkluzja ze spotkania w pałacyku KPN była następująca – Olszewski zostaje premierem i KLD jest w koalicji. Wałęsa nie był z tego zadowolony. Zachowanie Bieleckiego i naszego środowiska było dla niego zawodem. Jego stanowisko, mówiąc najprostszym językiem, było następujące: „Jak tak, to róbcie to sobie sami".

A kto wpadł na Olszewskiego?

To była kandydatura, która wyszła od polityków PC. Niepodległościowiec, z ładną opozycyjną kartą w PRL. Wspólnym kandydatem nie mógł zostać Moczulski, bo był zbyt radykalny. Bielecki nie chciał, na Kaczyńskiego my byśmy się nie zgodzili, bo rząd byłby zbyt silnie przechylony w stronę Porozumienia Centrum. Olszewski był więc kandydatem kompromisowym.

Zapamiętałeś, jak Olszewski to przyjął?

Był bardzo zdziwiony. Nie był w ogóle świadomy tej narady. Niedługo po tym spotkaniu ma miejsce kolejny kluczowy moment dla środowiska liberałów. Olszewski spotyka się z Bieleckim i proponuje mu wzięcie praktycznie całej odpowiedzialności za gospodarkę. Olszewski kompletnie się na gospodarce nie znał. Nie miał o tym pojęcia. Bielecki przychodzi do nas i mówi, że to jest olbrzymia pułapka, bo oni chcą nam wmusić całą sferę gospodarczą. I to jest ten moment – a takie chwile w politycznej historii często odgrywają kluczową rolę – gdy na decyzji waży stan umysłu osób, które ją podejmują. A ówczesny stan umysłu Bieleckiego można określić zdaniem: „Uciekamy od odpowiedzialności". Bo on był wymęczony i poobijany rokiem rządzenia. I dochodzi do sytuacji schizofrenicznej. Najpierw w Sejmie my, KLD, przegłosowujemy razem z prawicą Olszewskiego na premiera. Po tym głosowaniu ma miejsce rozmowa Olszewski – Bielecki. W jej efekcie drogi Bieleckiego i Olszewskiego się rozchodzą. I KLD nie wchodzi do rządu.

Rozdział III

Poza rządem

Fatalne rozegranie z waszej strony.

Donald i ja byliśmy, że tak powiem, „nośnikami" pewnych pomysłów, ale decyzje podejmował Bielecki. I rzeczywiście to zostało rozegrane źle. Bo jeśli Bielecki od początku nie zamierzał wchodzić do tego rządu, to nie należało układać koalicji z prawicą i na przykład nie należało przykładać ręki do izolowania Unii. Bielecki doprowadził nas, jako ugrupowanie, do wykreowania rządu Olszewskiego, a następnie spowodował, że do tego rządu nie weszliśmy. I w momencie, gdy do rządu nie weszliśmy, zaczęła się pełna jazda.

Nowy rząd zaczyna atakować waszą ekipę.

Głoszą retorykę niepodległościową, a kompletnie nie dają sobie rady w sprawach gospodarczych. W związku z tym, starą metodą, znajdują sobie wroga. I tym wrogiem jesteśmy my – liberałowie. To, czego bał się Bielecki, czyli przerzucenia na nas odpowiedzialności, przez jego własne błędy polityczne z ostatnich tygodni zaczyna się natychmiast. Jesteśmy winni złodziejskiej prywatyzacji, uwłaszczenia się nomenklatury, na naszych barkach spoczywa wina za upadek PGR-ów. Od razu stajemy się kozłami ofiarnymi.

O Bieleckim dowiadujemy się, że wykupił po korzystnej dla siebie cenie służbowy apartament w Domu bez Kantów na Krakowskim Przedmieściu.

To był cios dla nas. Nic nie wiedzieliśmy. Sprawa stała się głośna. Wtedy wiele osób, i to nie z naszego środowiska, a także te, które dzisiaj mają usta pełne frazesów, zrobiło tak samo. Tyle że to żadne usprawiedliwienie.

Na przykład kto?

Podobno Waldemar Kuczyński i wielu ministrów oraz wysokich urzędników wykupiło korzystnie służbowe mieszkania na osiedlu na Mokotowie. Było o tym głośno. To budowało fatalną atmosferę, że elity solidarnościowe nie różnią się od poprzedników i też chcą się „nachapać". Natomiast co do Bieleckiego, to sami byliśmy zaskoczeni tą historią.

Rozmawialiście z nim o tym?

Co my mu mogliśmy powiedzieć? Nie mówiliśmy mu: „Co ty żeś zrobił najlepszego?!". W końcu on był szefem całego naszego środowiska. Były pytania z naszej strony w rodzaju: „A co o tym mówić? Jak to komentować, bo media o tym mówią?". Bielecki był straszliwie tym wkurzony. Przy okazji rodziła się cała gama plotek, bzdurnych informacji. Na przykład takich, że ma jakąś fabrykę makaronów. Bielecki dawał ogłoszenia w prasie, że temu, kto tego dowiedzie, on połowę tej fabryki odda. Mnie osobiście te ataki nie dotyczyły, bo w latach 1991–93 nie sprawowałem żadnych decyzyjnych, wykonawczych funkcji. Dotykały jednak boleśnie liderów naszego środowiska – Bieleckiego i Lewandowskiego. Atmosfera wokół nich była straszna i to było dla nich psychicznie wyniszczające. Byliśmy w defensywie.

Bielecki zostaje szefem klubu parlamentarnego.

Tak. Po to, żeby podkreślić jego wagę, no i dostarczyć mu instrumentarium do działania: biuro, sekretarkę, samochód służbowy z kierowcą. On pozostaje nadal postacią najważniejszą. My, z pozycji tych, co opuszczają rząd, wycofujemy się do Sejmu. Bielecki przeprowadza ze mną rozmowę, która jest źródłem kolejnego powiedzonka w słowniku liberałów. Proponuje mi, żebym przestał być sekretarzem generalnym KLD, bo potrzebne jest stanowisko dla Krzysztofa Żabińskiego. Ja byłem wtedy młodym chłopakiem, jeszcze nie miałem skończonych studiów. I Bielecki argumentował mniej więcej w tym stylu: „Skończ te studia, podciągnij tyły, zaraz wrócisz i będzie świetnie". „Podciąganie tyłów" – to jest właśnie ten zwrot, którego potem wielokrotnie używaliśmy. Jako synonim wydumanego uzasadnienia dla przepędzenia kogoś z miejsca, które zajmował.

Bolesne.

To było dla mnie bolesne, bo ja czułem się organizatorem tej partii, jak i też kampanii wyborczej z 1991 roku. Cofnąłem się. To był moment pierwszego dużego kryzysu w KLD. Przejście „rządowców" do struktur partyjnych i sejmowych to nie był przeszczep, który dobrze wyszedł. Żabiński próbował rządzić partią jak wcześniej Urzędem Rady Ministrów. Wydawał jakieś dyspozycje, polecenia za pomocą telefonu i faksu, jakby po drugiej stronie była armia opłacanych urzędników. A tam byli nasi działacze robiący to społecznie w przerwach – w czasie gdy nie zarabiali na życie. Trzeba było znać ich specyfikę i umieć z nimi rozmawiać. To kompletnie nie działało.

A Bielecki jako szef klubu?

To była porażka. Z tygodnia na tydzień narastało przekonanie, że się do tego nie nadaje. Był otłukiwany, osaczany i tym miał zajętą głowę. Nie był w stanie ani wygłaszać dobrych przemówień, ani tym bardziej wykonywać ofensywnych ruchów politycznych. W sondażach zjeżdżaliśmy w sposób dramatyczny. Wiosna 1992 roku była koszmarna. I wtedy zadziałał świat zewnętrzny.

Macierewicz zrobił lustrację.

Tak, o to mi chodzi. Moim zdaniem oni, ekipa Olszewskiego, zauważyli, że skala problemów jest na tyle wielka, że nie będą w stanie dalej rządzić. I na chłodno podjęli decyzję, że trzeba po prostu zbudować legendę. I tą legendą mieli być oni, stojący na reducie, a wokół oplatająca Polskę sieć agentów i tajnych spisków. Ich rząd padnie w czerwcu, ale to, że tak zaczynają oni widzieć swoją misję i tak chcą budować swój mit, było widać już od marca, kwietnia 1992 roku.

Jesteś 4 czerwca 1992 roku w Sejmie, gdy pada rząd Olszewskiego?

Nie ma mnie na miejscu. Jestem z grupą posłów w Stanach. Na tym wyjeździe jest ze mną Bartłomiej Kołodziej, szef klubu PC, zwolennik akcji przeprowadzonej przez Macierewicza. Z drugiej strony jest Piotr Fogler, wpisany na listę Macierewicza – totalnie wkurzony, bo zza oceanu nie bardzo może się bronić.

Jakieś nazwiska cię zdziwiły na liście Macierewicza?

Cały szereg nazwisk ze środowiska Unii Demokratycznej był zdumiewający. I obecność Leszka Moczulskiego. Z tym że obecność nazwiska tego ostatniego uważaliśmy za prowokację Macierewicza. Upadek rządu Olszewskiego odmienia naszą sytuację. Myślę, że gdyby ten rząd działał jeszcze pół roku i nagonka na nas trwałaby w związku z tym dłużej, to z liberałów nie byłoby już czego zbierać. A oprócz tej nagonki zaczęła nam bokiem wychodzić kwestia składu osobowego naszego klubu.

Wychodziła prawda o kolegach biznesmenach z klubu KLD.

Nagle okazywało się, że poseł Michalak od Grzegorza Schetyny ma kłopoty, ma je również Rzeźniczak, ma je Gocman z Krakowa. Dowiadujemy sie, że Lewandowski był przesłuchiwany, bo podpisywał jakieś papiery prywatyzacyjne dla Gocmana. Gdyby to wszystko trwało jeszcze pół roku, to KLD by się posypało.

Odpowiedz o tym klubie, o tych ludziach.

Część osób to byli biznesmeni – Drzewiecki, Michalak, Kośla, Pelc, Ulatowski, Reichelt – dla których obecność w parlamencie była prestiżowa. Był desant gdański, czyli Zarębski, Merkel, Lewandowski, Tusk, Bielecki. I byli też „piszący" – by tą nazwą odróżnić ich od większości biznesmenów – czyli Kurczewski, Gadomski i Boni, który przystąpił do KLD. Byli też Krzysztof Żabiński, który przyszedł z Porozumienia Centrum, i Tadeusz Bień wywodzący się z SD. Pełna gama. W sumie 37 osób na początku.

Krótko mówiąc, to nie było środowisko. Zbieranina.

Można tak powiedzieć. W 2001 roku, gdy tworzyliśmy PO, mieliśmy trochę nowych ludzi, ale był już kościec – ekipa, która niejedno razem widziała i przeszła. Tu było inaczej. Moim zdaniem część tych „gości" Bielecki pierwszy raz w życiu widział na posiedzeniu klubu. To byli wszystko ludzie, którzy szli do parlamentu jako przedstawiciele partii władzy. W związku z tym mieli mocno rozbudzone oczekiwania. Czym innym jest, gdy tworzysz ekipę w głębokiej opozycji i masz przećwiczony „materiał ludzki" w trudnych sytuacjach, a co innego, gdy robisz to jako partia władzy.

Rozumiem, że duża część tego klubu była bardzo niezadowolona. Mieliście rządzić, miały być posady, a tu jesteście w opozycji i jeszcze dostajecie po głowach.

Liderów chcą nam prawie pozamykać do więzień, nagonka jest taka, że prawie wstyd się przyznać, że jesteś z KLD. I jednocześnie kompletny brak pracy z klubem ze strony Bieleckiego. Klub nie miał inicjatyw, zachowywał się reaktywnie. Bielecki był po prostu tragicznym szefem klubu. Tusk bardzo usilnie namawia Bieleckiego, żeby ten wszedł do tworzącego się rządu Suchockiej, chociaż ten wcale tego nie chciał. Donald widział, że z Bieleckim jest problem i trzeba go wypchnąć na inną orbitę. Szef klubu musi wytypować posła do debaty, sprawdzić jego przemówienie. Bielecki nie miał do tego głowy. I Donald widział, że jeśli to dłużej potrwa, to Bielecki zwariuje. Gdy Bielecki poszedł do rządu Suchockiej, szefem klubu miał zostać oczywiście Donald. Wydaje się to formalnością, zwłaszcza że wychodzimy z kryzysu, współtworzymy rząd, osiągamy pierwsze od wyborów sukcesy. Klub zostaje zwołany, aby szybko przeprowadzić tę zmianę, i nagle okazuje się, że z Donaldem w szranki o szefostwo klubu startuje szerzej nieznany Jan Pamuła, poseł z Krakowa, rzemieślnik, przedsiębiorca. I w tajnym głosowaniu wygrywa. Okazuje się, że Pamuła ma większość w tym zaniedbanym przez Bieleckiego i sfrustrowanym klubie, czego Donald kompletnie nie przewidział. I to większość składającą się z ludzi, którzy wydawali się stuprocentowo przychylni Donaldowi jak na przykład Eugeniusz Aleksandrowicz. Gdy Pamuła wygrywa, Donald długo przeciera oczy.

Niezły wstrząs.

Myślę, że to był cios, który Tusk musi pamiętać do dzisiaj. Dużo rzeczy, które Donald zrobił w polityce w ostatnich 10 latach, wynika z tego, że na zawsze została mu w pamięci tamta sytuacja, tamta przegrana. Wtedy ja, chociaż niezadowolony, bo wysłany do „podciągania tyłów", byłem oczywiście po stronie Donalda. Tamtego wieczoru, po głosowaniu, mieliśmy poczucie totalnej klęski.

Gdzieś poszliście?

Spotkaliśmy się w Sejmie albo u Andrzeja Zarębskiego w domu. Już nie pamiętam. Rozmawiamy o tym, że musimy się skonsolidować w środowisku dawnego KLD. Dawnego, czyli tego sprzed roku, dwóch lat. Wtedy padają pamiętne słowa Andrzeja Zarębskiego – „że już trup Pamuły płynie Wisłą, a my musimy tylko usiąść na brzegu i na niego zaczekać". To też jest powiedzonko, chińskiego pochodzenia, które było potem wielokrotnie przywoływane. Gdy był z kimś problem, Donald nieraz mówił: „Jego trup już płynie Wisłą". Pomysłu, jak wyjść z tej sytuacji, jeszcze nie było, on się pojawił chwilę później.

Opowiedz więcej o reakcji Tuska na tę niespodziewaną sytuację z Pamułą.

To był moim zdaniem jeden z konstytutywnych momentów dla kształtowania się politycznego charakteru Tuska. On potem miał oczywiście cały szereg złych lat. Jemu tak naprawdę zaczęło iść w polityce od 2001 roku. „Wypadek" z Pamułą to też jest początek zmiany relacji na linii Tusk – Bielecki. Ta zmiana polega na tym, że powoli Bielecki przestaje być opiekunem, liderem i tym ważniejszym w ich duecie. Już w następnym 1993 roku opinia Bieleckiego w sprawach strategicznych będzie przez Donalda pomijana. Sprawa z Pamułą była zaniedbaniem

Donalda, ale przede wszystkim wynikała z błędów i zaniedbań Bieleckiego. Donald utożsamiał z błędami Bieleckiego cały ten zły ciąg wydarzeń: odrzucenie propozycji Wałęsy, wejście w dziwaczne negocjacje w sprawie rządu Olszewskiego, potem wycofanie się, znalezienie się KLD w defensywie.

Utraciliście kontrolę nad klubem. Jak z tego wybrnęliście?

Sprytnie i błyskotliwie. Zrobiliśmy klub federacyjny pod nazwą Polski Program Liberalny. To był KLD oraz uciekinierzy z PC i z Polskiej Partii Przyjaciół Piwa. W jednym klubie znaleźliśmy się i my, i Janusz Rewiński, i Józef Orzeł, i Jerzy Dziewulski, i Marcin Przybyłowicz, i Andrzej Urbański. To dopiero rozpiętość i rozmach. Donald mógł już za pomocą tej „politycznej czapki" ponownie wszystkim kierować. Powstała „obejściówka" nad Pamułą. Tusk zauważył też, że numer, jaki mu wywinął Pamuła w klubie, jest niemożliwy do przeprowadzenia w partii. Więc Tusk się uspokoił. Nastąpiła konsolidacja naszej grupy. I zaczęło się też na lata budowanie takiego mitu, naszej legendy, że my, ekipa KLD, ze wszystkimi problemami sobie poradzimy, że jesteśmy nierozerwalni i dalibyśmy się za siebie pozabijać.

Powiedz kilka słów o Bieleckim. Sprawia wrażenie chłodnego, zdystansowanego.

On przeżył traumę związaną z byciem premierem. Pod jego adresem skierowano mnóstwo bzdurnych zarzutów, o których już mówiliśmy. On po tym premierostwie był bardzo obity. Długi czas szukał pozycji, na której nie musiałby tego na nowo przechodzić. Spójrz na innych polityków. Kaczyński był premierem, przeżył porażkę, ale znów dąży do tego, by tym premierem zostać. Ma ciąg na bramkę. Moim zdaniem tu charakterologicznie podobnie wypada Donald. Natomiast Bielecki już nie. On swój wyjazd do Anglii w 1994 roku przyjął z ulgą, że już nikt go nie atakuje. Wydaje mi się, że zna swoje ograniczenia. To nie jest człowiek, który niczym Donald potrafi wygłosić porywające przemówienie. Pasuje mu rola najważniejszej szarej eminencji. Odgrywa rolę kluczową, ale zamaskowaną. W otoczeniu Donalda był i nadal jest postacią niesłychanie ważną. To mu pasuje. Pytałeś, czy jest chłodny i zdystansowany. Wobec mnie taki nie był. Był serdeczny i przyjacielski, ale ja byłem człowiekiem ze świata wewnętrznego. Wobec świata zewnętrznego potrafi się odnosić z dystansem. Są ludzie, którzy po pięciu minutach ze wszystkimi są za pan brat. Krzysiek do nich nie należy.

Wróćmy jeszcze na chwilę do ważnego wydarzenia. Wspominałeś, że nie było cię w Polsce na początku czerwca 1992 roku, gdy ogłoszono listę agentów. W końcu wróciłeś. Jaka była atmosfera?

Jak po uderzeniu bomby. Ludzie chodzili po korytarzach i wyłącznie o tym rozmawiali. Ci, którzy byli na liście Macierewicza, zaszywali się gdzieś, wstydzili się tego. Atmosfera była absolutnie stęchła. Liberałowie włączyli się w akcję odwoływania rządu Olszewskiego. Odwołanie tej ekipy to dla naszego środowiska było jak złapanie wreszcie głębszego oddechu. Tak to odczuwali Donald Tusk, Jan Krzysztof Bielecki, Janusz Lewandowski, czyli ci wszyscy, których próbowano skojarzyć z hasłem „liberałowie-aferałowie". Mieliśmy sojuszników w osobie Wałęsy, w Unii Demokratycznej. Braliśmy udział w tworzeniu nowego rządu. To był też moment rehabilitacji dla Janusza Lewandowskiego, który wrócił na fotel ministra przekształceń własnościowych.

Poczekaj. Mówisz „oddech" dla was. Niedługo wcześniej miałeś dość radykalne poglądy. Kwestia byłych współpracowników SB, tajnych powiązań to nie był dla ciebie problem? Już nie uważałeś tego za istotne?

Nadal uważałem, że to istotne. Tyle że dla mnie to, co robił Macierewicz pod okiem Olszewskiego, to nie była porządna lustracja, tylko gra. Ekipa Olszewskiego i Macierewicza w pewnym momencie zdała sobie sprawę, że nie pociągną dłużej, że brakuje im kompetentnych ludzi, że przytłaczają ich problemy. Zdali sobie sprawę, że nie będą umieli zrobić tego rzetelnie i na chłodno postanowili: „Rzucamy się na druty. Tworzymy mit założycielski ruchu, który w bitwie został pokonany przez Polskę zdominowaną przez aferzystów i agentów". Sam temat lustracji był dla mnie istotny. Po pierwsze, ktoś, kto krzywdził ludzi, nie powinien funkcjonować w życiu publicznym. Po drugie, jeśli ta współpraca była w „nowej Polsce" skrywana, to mogło to być niebezpieczne dla państwa. Bo można sobie wyobrazić byłych esbeków, którzy swoimi materiałami szantażują jakiegoś posła, ministra albo urzędnika. Natomiast sposób załatwienia tej sprawy przez Macierewicza, rzucanie bezpodstawnych oskarżeń na takie postaci jak na przykład Wiesław Chrzanowski było nie do przyjęcia. Oczywiście motywacje ludzi, którzy wystąpili wtedy przeciw Macierewiczowi, były różne. W przypadku Wałęsy, Unii Demokratycznej czy KPN był to...

...lęk.

Można użyć tego słowa. Wałęsa i ludzie stojący na czele opozycji solidarnościowej mogli mieć słuszne obawy, że diabli wiedzą, co jest w tych aktach. Zarówno jeśli chodzi o nich samych, jak i też o ich zaplecze polityczne.

Niewielu wiedziało, co mogą kryć te teczki. Nikt nie wiedział, jak duża grupa osób z opozycji współpracowała z SB.

Michnik chyba miał jakąś orientację. Jego, wraz z trzema historykami, Kiszczak wpuścił do archiwów Służby Bezpieczeństwa.

Wstępną orientację mógł mieć. Natomiast wokół tego narósł potem mit, że powziął niemal kompletną wiedzę na temat archiwów i tego, kto był agentem. Tego oczywiście nie dało się zrobić, bo oni byli w tych archiwach raptem kilka razy. Mogli naskórkowo coś sprawdzić, np. teczki najważniejszych opozycjonistów. Pamiętajmy, że mówimy o początku lat 90. Nikt nie ma wprawy ani wiedzy o tym, jak te dokumenty czytać, na co zwracać uwagę.

Mówiłeś, że lustracja z 1992 roku była polityczną grą, a nie profesjonalnie przygotowaną operacją. Głównym bohaterem był wtedy Antoni Macierewicz, który wróci na pierwszy plan przy okazji rozwiązania WSI, a potem przy okazji Smoleńska. Czy Macierewicz jest twoim zdaniem człowiekiem, który wierzy w to, co głosi? Czy też na chłodno, jak twierdzi Michał Kamiński, wymyślił sobie publiczny wizerunek i zagospodarował niszę w polityce?

To bez dwóch zdań człowiek bardzo inteligentny. On sobie tworzy linię argumentacyjną i potem perfekcyjnie idzie po tej drodze. I nigdy nie powie: „O, przepraszam, pomyliłem się, bo to jednak brzoza zniszczyła skrzydło". Byliśmy razem w latach 90. w Zgromadzeniu Parlamentarnym NATO i z bliska widziałem go w akcji. On nawet w drobiazgowych sprawach potrafi sobie poukładać argumentację. I jest w tym fanatyczny. To znaczy, że nie przyjmuje dialogu. Nie jest to człowiek, który chciałby się czegoś dowiedzieć. Stawia jakąś tezę i nawet jak pojawią się inne argumenty, on swej tezy nie zmienia, nie wycofuje się z niej. Krótko mówiąc, najpierw teza, a dopiero do niej dopasowuje się argumenty. Tak działa.

OK, gdy jest wyłączona kamera, odchodzą dziennikarze, to się zmienia?

Zdarzyło się, że raz czy dwa piłem z nim jakiś koniak, czyli byliśmy w sytuacji prywatnej, a nie publicznej z kamerami telewizyjnymi, ale on i tak był taki sam. W najmniejszym stopniu nie odchodził od swoich tez. No, ale ja nie jestem też jego bliskim znajomym, człowiekiem, przed którym by się otwierał. Mnie traktował jako „świat zewnętrzny", może nawet wrogi. Zawsze jak się z nim rozmawiało, to nagle pojawiała się wrzutka w stylu: „No tak, X w 1988 roku znał się z Y, który potem z panem Z, agentem, założył spółkę. X, Y i Z potem się spotykali i zapewne dlatego motywacja pana X jest właśnie taka". Ale cokolwiek by mówić – Macierewicz jest inteligentny i ma doskonałą pamięć. Szkoda, że swoje zdolności wykorzystuje w złej sprawie.

Rozdział IV

Poza parlamentem

Pada rząd Olszewskiego. Zaczyna się budowanie gabinetu Suchockiej. Kto ją wymyślił jako kandydata na premiera?

Najpierw jest nieudana próba budowania rządu przez Pawlaka. Okazuje się, że w Sejmie '92 bardzo trudno zbudować większościową koalicję. Widać, że to się nie powiedzie, jeśli premierem miałby zostać któryś z wyrazistych liderów Unii. Czyli nie może być to ani Geremek, ani Mazowiecki, ani Kuroń. Nie może to być osoba z którejś prawicowej partyjki, bo natychmiast połowa jej wysiłków szłaby na to, żeby zatłuc wszystkie inne prawicowe partyjki i wysunąć się na czołówkę. Nie mógł to być też nikt z liberałów, bo po okresie „aferałów" byliśmy mocno potłuczeni. Więc liberałowie do tego rządu mogli, a nawet powinni dołączyć, ale nie mogli być twarzą tego rządu. Wychodziło na to, że kandydata powinna dać Unia, bo miała największy klub i była dla Wałęsy, po rządach Olszewskiego, gwarantem racjonalności. I stąd wzięła się Suchocka, która była wtedy posłem z drugiego, by nie powiedzieć trzeciego rzędu. Miała też atuty. Była uważana za osobę pracowitą i kościelną, co bardzo podobało się ZChN-owskiej, prawicowej części Sejmu.

Kto był pomysłodawcą tej kandydatury?

To się toczyło bez naszego udziału i musiało być wynikiem rozmów wewnątrz Unii. Tak naprawdę w pewnym momencie do Donalda i do mnie doszło, że to będzie Suchocka i że sprawa jest już uzgodniona z Wałęsą.

Jak wyglądały wtedy wasze relacje z Unią Demokratyczną? Bo przecież wcześniej były między wami duże pretensje.

Współpraca ewoluowała. Pierwszy etap to jest wyraźna wrogość. Bo w 1990 roku oni popierali Mazowieckiego, a my Wałęsę. Potem utworzyliśmy rząd, w zasadzie wyrzucając z siodła ich ludzi. Z biegiem miesięcy oni widzą, że my prowadzimy racjonalną politykę, którą Unia też by prowadziła. Zaczynają się przekonywać, że może my nie jesteśmy wcale tacy źli. Tyle że czuli do nas ogromną rezerwę, bo KLD uczestniczyło w izolowaniu Unii w parlamencie. Bo zgodziliśmy się na to, by Unia nie miała wicemarszałka czy szefów komisji. Nie byliśmy inicjatorami tej akcji, ale zgodziliśmy się na to. Takie były fakty. Z perspektywy lat muszę powiedzieć, że to był błąd.

Kto u was naciskał, żeby izolować unitów?

To może po latach brzmi dość zabawnie – ale przede wszystkim Donald! Ja z racji tego, że jestem z Warszawy, znałem unitów – jednych lepiej, drugich gorzej. Stykałem się z nimi, rozmawialiśmy, z niektórymi te kontakty ciągnęły się jeszcze od czasów komuny. Natomiast Donald był z Gdańska, w związku z czym warszawskiego środowiska nie tylko nie znał, ale czuł do niego bardzo dużą nieufność. Przyjdzie czas, by opowiedzieć o tym, jak Unia łączyła się z KLD, i o kampanii prezydenckiej Jacka Kuronia. Donald był bardzo antyunijny. Dużo bardziej niż Bielecki, bo Bielecki już był „oswojony". I znacznie bardziej niż Lewandowski, bo Lewandowskiego to środowisko uznało za swojego, co też potem miało swoje konsekwencje.

Jak to było uzasadniane przez Tuska, że należy izolować Unię Demokratyczną?

To nie było przez nas uzasadniane. To było przez nas akceptowane. Pomysł wyszedł od środowisk prawicowych, takich jak PC i ZChN. Donald się na to godził. Izolacja nastąpiła dokładnie w pierwszych dwóch miesiącach funkcjonowania Sejmu '91. Dopiero potem – gdy KLD i Unia były w opozycji do rządu Olszewskiego – relacje jakoś się unormowały. Rząd tłukł i nas, i Unię, więc to było naturalne. Stosunki jeszcze bardziej się ociepliły przy powoływaniu rządu Suchockiej, chociaż i z tym bywało różnie. Tu warto wspomnieć o Rokicie.

Który został w gabinecie Suchockiej szefem Urzędu Rady Ministrów i był niezwykle wpływową osobą.

Co zabawne, zawdzięczał to Geremkowi, który uznał go za wartościowego i dobrze rokującego polityka. To Geremek pozwolił na to, by Janek został kluczową postacią rządu Suchockiej. I Rokita, co jest warte odnotowania w kontekście dalszej opowieści, był dramatycznie nieufny w stosunku do środowiska liberałów i podejmował kroki, które były uważane za wrogie.

O czym mówisz?

Wielokrotnie w czasie rządu Suchockiej rozmawialiśmy o tym w naszym liberalnym środowisku. Niektórzy byli przekonani, że Rokita, który miał wpływ na służby specjalne, spowodował podsłuchiwanie Janusza Lewandowskiego i Krzysztofa Kiliana. Nieraz pamiętam takie rozmowy. Zwłaszcza Kilian był w tej sprawie bardzo rozżalony i zły na Rokitę. Mówił, że Rokita to najgorszy szkodnik w rządzie. I należy o tym porozmawiać z Geremkiem i Suchocką. Unosił się, że to nie może tak wyglądać. Na przykład coś, dajmy na to, strategia jakiejś prywatyzacji, jest omawiane w cztery albo sześcioro oczu, a potem ktoś jeszcze o tym wie. W takich sprawach nie ma najczęściej twardych dowodów. To nie było tak, że Kilian znalazł jakieś podsłuchowe urządzenie w swoim gabinecie. To tak naprawdę było po prostu silne przekonanie, że osobą najbardziej wrogą i chcącą nas na czymś złapać, jest właśnie Rokita.

Skąd ta niechęć?

Rokita w trakcie rządów Suchockiej uznał, że tak naprawdę on będzie robił politykę. To znaczy, Suchocka jest premierem, daje twarz, jeździ, uśmiecha się, ale realnym twórcą wydarzeń jest on, Rokita. Osobą, z którą Rokita musiał się liczyć, był Geremek. A on był przez pewien czas pod urokiem Rokity, bo Janek, na krótką metę, ma zdolność politycznego uwodzenia. Wiele lat później Donald też będzie pod urokiem Rokity. Był przecież taki okres, gdy Donald z Rokitą pili wino, rozmawiali o historii starożytnej i na wyścigi wymieniali książki, które przeczytali. Chociaż Donald to szczwany lis, więc po części ta fascynacja Rokitą mogła być udawana, nie musiała być do końca autentyczna.

Będziemy o tym rozmawiać. To lata dwutysięczne. Co z Rokitą i wami w rządzie Suchockiej?

Rokita uważał nas za środowisko „troublemakerów". Mówię – nas, jako liberałów, choć głównie dotyczyło to Lewandowskiego i Kiliana. Był wobec nich absolutnie podejrzliwy. Również wobec Andrzeja Arendarskiego. Andrzej był naszym ministrem, ale szybko odizolował się od nas. Ja przekonywałem, by on się znalazł w rządzie, ponieważ uważałem, że nie powinni tam być tylko liberałowie z Gdańska. Udało mi się ich przekonać, ale później głównie za to płaciłem. Donald był potem wkurzony na mnie, bo Arendarski się odwrócił i przestał odbierać telefony od kogokolwiek z nas. No i winny byłem ja, bo go rekomendowałem. Natomiast z Lewandowskim i Kilianem to już była inna historia, bo to były osoby bliskie Donaldowi. Pamiętam, że Janusz oraz Krzysztof przychodzili na nasze nieformalne gremia kierownicze i bez przerwy powtarzali, że czują się przez Rokitę inwigilowani i osaczeni. Obawiali się, że zaraz wokół nich coś wybuchnie. W kolejnym roku, gdy nie dojdzie do przedwyborczej koalicji KLD–Unia, będą płynąć ze strony Rokity anty-Kilianowe sygnały.

O co chodziło z podejrzeniami wokół Kiliana?

Podejrzenia krążyły wokół rynku telekomunikacyjnego. Lata 1992–1993 były jednymi z kluczowych dla tej branży. Były rozdzielane częstotliwości, wchodzili nowi operatorzy. Jak wiemy, później powstawały z tego jedne z największych przedsiębiorstw. Kilian podejmował wtedy kluczowe decyzje o tym, jak ten rynek będzie zorganizowany.

Ale on się z wami w tej sprawie naradzał?

Ze mną nie. Już wspominałem, że pewien zakres spraw był omawiany tylko w środowisku gdańskim. Nie wiem, czy ta. Natomiast jeśli pytasz, czy brałem udział w rozmowach w stylu: „Słuchajcie, jest przetarg na częstotliwość GSM. Dobrze byłoby, gdyby to ta a ta firma wystartowała", to muszę powiedzieć: „Nie". Bo w takich naradach udziału nie brałem.

Drugi, który czuł się osaczony, to Lewandowski. Ten przypadek jest dość oczywisty.

No tak, Janusz był ministrem przekształceń własnościowych, czyli od prywatyzacji. Wtedy to była olbrzymia władza. Ministerstwo w zasadzie samodzielnie decydowało o ścieżce prywatyzacyjnej danego przedsiębiorstwa. Przy czym ścieżka giełdowa była wtedy w powijakach. W związku z czym resort decydował o wyborze doradcy prywatyzacyjnego. Janusz czuł się jak w oblężonej twierdzy. Co ciekawe, zagrożenie głównie widział wewnątrz rządu, a nie poza nim. Krótko mówiąc, zagrożenie widział w Rokicie, a nie w prawicy, która z mównicy sejmowej i gazet grzmiała o złodziejskiej prywatyzacji.

Były rozmowy Tuska albo kogoś z kierownictwa KLD z Suchocką na temat Rokity? Na temat tego, że macie podejrzenia?

Nie potrafię powiedzieć. Wydaje mi się, że nie było rozmowy w stylu: „Haniu, podejrzewamy, że Rokita podsłuchuje ludzi w rządzie". To jest rozmowa niezwykle ciężka. De facto przyznajesz się, że czegoś się obawiasz. Zawsze możesz usłyszeć: „Skoro jesteście uczciwi, to chyba nie macie się czego obawiać?". Z drugiej strony, dla Donalda i reszty ekipy te lata 1992 i 1993 to był okres euforyczny. Po miesiącach bicia w nas przez ekipę Olszewskiego znów jesteśmy w rządzie, a sondaże wyglądają dla nas dobrze.

Jedna rzecz mnie zastanawia. Przed chwilą mówiłeś: Bielecki, Bielecki. Teraz jest już Tusk. Rozumiem, że następuje zmiana warty?

Zmiana przywództwa następowała etapami. Bielecki był niekwestionowanym liderem. Ważnym momentem był upadek jego strategii, co da się opisać taką sekwencją wydarzeń: najpierw negocjujemy z prawicą o stworzeniu rządu i głosujemy za Olszewskim, potem nie wchodzimy do rządu Olszewskiego, a w efekcie mamy u władzy ekipę, która działa przeciw nam. Te błędy osłabiają Bieleckiego. Poza tym okazało się, że Bielecki jako przewodniczący klubu parlamentarnego jest słaby, nie sprawdza się. Źle występował, nie potrafił rozmawiać z ludźmi. W rządzie Suchockiej Bielecki siedzi w swoim gabinecie, zresztą tam, gdzie dziś CBA, i zajmuje się lepiej lub gorzej sprawami integracji europejskiej. Realne kierownictwo przesuwa się w stronę Tuska. Oczywiście Bielecki nadal jest w tym kierownictwie, ale to przesunięcie jest widoczne.

A jak Bielecki to przyjmuje? To się odbywa w atmosferze koncyliacyjnej czy w aurze konfrontacji?

Bielecki jest obity po atakach ze strony rządu Olszewskiego. I nawet przyjmuje z pewną ulgą, że teraz Donald będzie na pierwszej linii. Wątek relacji Bielecki – Tusk na tamtym etapie jest ciekawy. W momencie, o którym mówimy, Tusk jest postacią kluczową i decydującą w KLD. Jest nią też w 1993 roku, gdy upada rząd Suchockiej, rozwiązany zostaje parlament i dochodzi do negocjacji z Unią na temat wspólnego występu w wyborach parlamentarnych. I to jest etap, na którym Donald ma absolutnie swoje zdanie, ma Jacka Merkla jako szefa kampanii wyborczej, ma instrumenty w postaci niewiarygodnej ilości pieniędzy. Nikt nigdy, do czasu wprowadzenia finansowania budżetowego w 2001 roku, nie miał tylu pieniędzy na kampanię, co KLD w '93 roku. Donald wymusza wtedy decyzję, żeby iść do wyborów samodzielnie, bez Unii Demokratycznej, co – jak wiadomo – zakończy się klęską, bo KLD nie wejdzie do Sejmu. Przed wyborami Bielecki był jedyną osobą ze ścisłego kierownictwa, która twardo opowiadała się za tym, że trzeba iść na wybory w koalicji z Unią Demokratyczną. Donald na posiedzeniu Rady Krajowej KLD wnioskował o to, by iść samemu. Bielecki jako jedyny głosował inaczej niż cała sala.

Dlaczego on głosuje przeciw całemu kierownictwu partii?

Bielecki jest coraz bardziej akceptowany przez środowisko Unii Demokratycznej i wchodzi w dobrą z nimi interakcję. Z kolei Donald wobec Unii jest wojowniczy. Nieufny wobec tzw. warszawki, czyli starej Unii, nieufny wobec Rokity z powodów, o których już mówiłem. I na dodatek ma rosnące poczucie własnej wartości. Kieruje partią, a sondaże wyglądają zadowalająco. Po okresie rządów Olszewskiego jesteśmy w natarciu. Nagły upadek rządu Suchockiej w maju 1993 roku jest zaskoczeniem. Nie tworzyliśmy scenariusza na taki rozwój wypadków. I niespodziewanie stanęła przed nami perspektywa szybkich wyborów. Były dwa kierunki myślenia. Pierwszy reprezentował Donald: jesteśmy potężni, mamy świetnego szefa kampanii Jacka Merkla, mamy najwięcej pieniędzy w Polsce, mamy wynajętą za te pieniądze firmę Saatchi & Saatchi, która doprowadzała do sukcesów prezydentów republikańskich w Stanach i Margaret Thatcher w Wielkiej Brytanii, i wreszcie mamy dobre sondaże. Idziemy do wyborów sami, bez Unii. Jeśli nie skopiemy kampanii, to w przyszłym parlamencie będziemy jedną z najważniejszych sił i bez nas nie uda się stworzyć rządu.

A ja, Donald Tusk, będę opromienionym zwycięstwem liderem tego ugrupowania.

Dokładnie tak. Bielecki reprezentował inny punkt widzenia. Mówił: „Nie ma sensu iść na tak duże ryzyko. Trzeba stworzyć koalicję z Unią, żeby się zabezpieczyć, bo nie ma pewności samodzielnego wejścia do parlamentu. Unia jest naszym strategicznym sojusznikiem, niezależnie od tego, czy ci się to, Donaldzie, podoba, czy nie. Przy czym kontrakt z Unią nie oznacza, że tworzymy jedną partię. Oznacza, że tworzymy listę koalicyjną, a potem są to dwa osobne kluby". Taką linię Donald nazwał bojaźliwą.

Używał takich sformułowań?

Tak, tak. Donald był wtedy w natarciu. Załamał się dopiero po przegranych wyborach. Ale przed wyborami był przekonany, że to niemożliwe, byśmy nie weszli. Te rozmowy z Unią odbywały się u nas w biurze, na Szpitalnej 8. Ze strony Unii brał w nich udział Mazowiecki, który był tej koalicji niechętny. To jest dość ciekawe, bo na późniejszym etapie Mazowiecki wziął Tuska na swego zastępcę w Unii Wolności, gdzie – tworząc przeciwwagę dla Geremka – zgodnie współpracowali. Ale wtedy, wiosną 1993 roku, Mazowiecki był przeciwny wspólnej liście.

Dlaczego?

Na tamtym etapie oceniał, że to wzmocni środowisko Geremka, z którego wychodziła inicjatywa rozmów z nami. A wychodziła na takiej zasadzie, że będzie nas więcej, będziemy silniejsi i razem bardziej widoczni w kampanii. Pamiętam, że Donalda niesłychanie wtedy irytowała postawa Jacka Kuronia. Jacek przychodził do nas do biura na Szpitalną i grzmiał: „Tylko na naszych karkach wejdziecie do parlamentu i co wy się tu jeszcze panoszycie, co wy tu w ogóle negocjujecie? Bez nas nie wejdziecie do parlamentu, bez naszej popularności nie macie szans!". Dla Tuska Kuroń i Michnik byli uosobieniem tej warszawskości. Na te rozmowy Donald chodził z Jackiem Merklem. Potem przychodzili obaj do gabinetu, który był obok. Ja tam siedziałem zazwyczaj z Tomkiem Siemoniakiem. Donald nam relacjonował rozmowy i zastanawialiśmy się, co robić. W tych negocjacjach Kuroń – mówiący, że my na ich karkach chcemy wejść do parlamentu – grał złego policjanta. Geremek był otwarty i skory do ustępstw.

Po ich stronie w tych rozmowach brali jeszcze udział Lityński i Frasyniuk.

Po co ten teatr? Mówiłeś, że Tusk nie chciał tej koalicji wyborczej.

Donald moim zdaniem te rozmowy pozorował. Obawiał się, że jak się raz zwiążemy z Unią Demokratyczną, to szyld KLD zaniknie i zostaniemy zwasalizowani. Druga kwestia to była buzująca wtedy ambicja Donalda. Bielecki oceniał, że jak nie wejdziemy w koalicję i przegramy, to potem będziemy musieli się zwasalizować na dużo gorszych warunkach. Czas pokazał, że tym razem on miał rację.

A jakie ty miałeś zdanie?

Ja wtedy nie jestem wiceszefem partii, nie jestem też sekretarzem generalnym, którym po Żabińskim zostaje Grzegorz Schetyna. Wtedy sumiennie wywiązuję się z „podciągania tyłów", gdzie skierował mnie Bielecki. Jestem w stałym kontakcie z Donaldem, ale to jest okres nie najlepszych relacji między nami.

Z jakiego powodu?

Z takiego, że ja właśnie zostałem wysłany do „podciągania tyłów"! Chłopcy z Gdańska są w takim gazie, że hej. Uważają, że sobie świetnie radzą bez czyjejkolwiek pomocy, w tym i mojej. Ja z kolei uważam, że mój wkład w dopiero co stworzone KLD jest niewspółmierny do pozycji, którą zajmuję. Murzyn zrobił swoje, murzyn może odejść. Na tamtym etapie mam też poczucie, że nasze warszawskie środowisko jest przez ekipę gdańską traktowane chłodno, a czasem wrogo.

Unia dawała wam godne warunki?

Bardzo dobre! Symboliczna scena: Donald przychodzi z negocjacji z bardzo dobrymi warunkami dla nas. Na kartce było napisane, jak ma wyglądać lista krajowa, bo wtedy jeszcze taka była. Było też konkretnie rozpisane, kto z nas w którym okręgu startuje. I z tego wynikało, że całe kierownictwo KLD spokojnie wchodzi do Sejmu. Nawet niepełniący żadnej funkcji Siemoniak wchodził. Więc nam się generalnie opcja porozumienia z Unią całkiem podobała, ale w tej sprawie z Donaldem nie było rozmowy. Po ostatnich negocjacjach miała miejsce scena, która przeszła do historii naszego małego środowiska. Uczestniczyli w niej Merkel, Tusk, Siemoniak i ja. Po rozmowach, które rozgrywały się w naszym biurze na Szpitalnej 8, w pokojach oddalonych o jakieś 10 metrów od nas, Donald z Merklem wrócili do tego naszego pokoju na końcu biura. Przy ścianie stała tam szafa pancerna. Tusk zrelacjonował, jak to wyglądało. Powiedział, że to są absolutnie ch..., że Kuroń nas obraża. I że „my, chłopcy z Gdańska, nie pozwolimy się tak traktować". Po czym Donald z Jackiem Merklem stanęli przy tej szafie pancernej, przybili sobie piątki i poszli zerwać koalicję. To jest jedna ze scen kultowych w historii środowiska. Ona była bardzo często w gorzkich żartach przywoływana – szczególnie w czasach późniejszej posuchy, gdy znaleźliśmy się na politycznym aucie. „Tylko nie stawajcie koło kasy pancernej" – tak wtedy żartowaliśmy.

Mocno Tusk wtedy ryzykował.

Bielecki uważał, że za mocno. Tusk, bardzo ostro odrzucając propozycję Bieleckiego, nie tylko przejmował realne przywództwo, lecz także brał na siebie wielkie ryzyko. Stawiał wszystko na jedną kartę pod hasłem: „Ja was doprowadzę do zwycięstwa w wyborach '93 roku. Idźcie za mną. Jesteśmy przygotowani. Jesteśmy świetni. Tylko Bielecki tego nie rozumie". Pamiętajmy jeszcze ówczesną atmosferę. Donald był cały czas „naszym młodym przywódcą". Co miało swoje przełożenie na „starszych". Gdy Lewandowski zabierał głos na jakichś naradach KLD-owskich i mówił o Tusku, było słychać w jego głosie nutę lekceważenia. Janusz mówił na przykład: „Nasz młody przywódca" – tu pauza na parsknięcie pod nosem – „Donald Tusk". Robił to wiele razy i nigdy tego nie mógł opanować. Wiele osób ze środowiska starego KLD doskonale to pamięta. Donald nie miał wtedy zagwarantowanej pozycji. On tę pozycję wywalczał sobie później. Krótko mówiąc, wtedy, w 1993 roku, Donald chciał pokazać, że dorósł i jest gotowy na przywództwo.

Dlaczego Geremek chciał koalicji z wami? Jego środowisko było raczej wobec was nieufne.

On moim zdaniem już wtedy, w 1993 roku, obmyślał „koalicję reformatorską", w której byłaby Unia ze środowiskiem liberałów i SLD. A po drugiej stronie Polska konserwatywna, czyli ZChN, PC, chłopi z PSL. Myślę, że Michnik też miał sporo do powiedzenia przy konstruowaniu takiej wizji – takiej, że dla Polski najlepsze będzie zbudowanie bloku liberalno-lewicowego z byłymi postkomunistami. Oczywiście, żebyś miał jasność, w rozmowach to się nie pojawiało. Ale Mazowiecki tak naprawdę był niechętny koalicji z nami głównie z tego powodu, że spiritus movens przedsięwzięcia był właśnie Geremek. Geremkowi się nie udało do tego doprowadzić, mimo że dawał Tuskowi bardzo dobre warunki.

OK, jesteśmy w trakcie kampanii. Kto przyprowadza agencję Saatchi & Saatchi do was?

Ktoś musiał ich przyprowadzić do Merkla, który był szefem kampanii. Nie wykluczam, że Marek Matraszek, który prowadził wtedy szeroką działalność biznesową i znał brytyjskich konserwatystów, dla których ta agencja pracowała.

Mówiłeś, że KLD miało w tamtej kampanii ogromne środki finansowe. Skąd?

Nie wiem. Mówiłem już, że na tamtym etapie relacje między mną i Donaldem były chłodniejsze. Wspominałem też, że o pewnych rzeczach środowisko gdańskie mówiło jedynie w swoim gronie. Prawdą jest, że na tę kampanię były gigantyczne pieniądze. To nie były setki tysięcy złotych, ale miliony dolarów.

A na tamtym etapie były jakieś regulacje dotyczące finansowania kampanii?

Nie, na tamtym etapie były cały czas cegiełki. To nadal było dzikie finansowanie kampanii.

To były pieniądze, które były związane z decyzjami podejmowanymi w czasie, gdy byliście w rządzie?

Nie wiem tego, nie byłem dopuszczany do takich spraw.

Dlaczego kampania, w którą włożono tyle pieniędzy, kończyła się dla was kompletną klęską?

Saatchi & Saatchi przysłało tu ludzi, którzy kompletnie nie znali polskich realiów. Gigantyczne pieniądze poszły na badania. I ci doradcy uznali, że Polacy, po pierwsze, potrzebują konkretnej zapowiedzi. Stąd hasło „Milion nowych miejsc pracy".

Pamiętam, że na billboardach dopisywano sprayem „dla mrówek".

Hasło było złe. Wpisywało się w kontekst dziwnych i nierealnych zapowiedzi Wałęsy, który obiecywał

100 milionów dla każdego. Po drugie, ci doradcy ocenili, że Polacy chcą być ludźmi sukcesu. Do dziś pamiętam tę argumentację: Jakie jest marzenie Polaków? Oczywiście nienawidzą tych biznesmenów, uważają, że doszli do pieniędzy nieuczciwie, ale tak naprawdę też chcą tacy być.

Przecież to całkowita pomyłka.
Ludzie chcieli uspokojenia, przewidywalności po trudnym okresie czterech lat reform.

Nie chcę z tym polemizować. Przedstawiam tylko punkt widzenia tych doradców z Saatchi & Saatchi, którzy inkasowali ogromne stawki. Kampania była kompletnie nieprzemyślana i w poprzek rzeczywistych nastrojów społecznych. No i do tego kompletnie nieadekwatna była forma tej kampanii. Pochody ze słoniami cyrkowymi, baloniki, chorągiewki. Kampanię prowadził wybitnie inteligentny Jacek Merkel. Aż dziwne, że tak go zaćmiło. Ja byłem odsunięty, zesłany na tzw. okręg drugi, czyli Warszawę 2, i generalnie zajmowałem się swoją kampanią. Z racji tego, że byliśmy w tym samym biurze na Szpitalnej, więc widziałem, jak to się rodzi. Natomiast nie tworzyłem tego. Wewnątrz było dużo nieufności do tych pomysłów, ale skoro Saatchi & Saatchi tak mówi? Oni mieli to podzielone na poszczególne dni i miejsca. I taki zagraniczny doradca mówił, że tego dnia ma być wydarzenie w Koninie, a następnego w Gorzowie. Czy on w ogóle miał pojęcie, gdzie jest Gorzów lub Konin? Jaka tam jest specyfika? Zachowywali się zgodnie ze schematem, który kiedyś wypróbowywali w Anglii – ale tu to nie działało. Nie było też nikogo, kto by był dopuszczony do kampanii i miał odwagę powiedzieć: „Co wy, k..., pier...cie?!".

Dziwne. Merkel ma opinię człowieka przenikliwego i bystrego. Ciekawe, że się nie połapał, że kampania jest nietrafiona.

O Jacku jestem jak najlepszego zdania. Natomiast wtedy był oczadziały, podobnie jak Donald. Kampania miała gigantyczny rozmach. Tyle że to się kompletnie minęło z elektoratem. Udało się namówić Lady Pank, żeby napisali piosenkę. Grafiki robił Edward Lutczyn. Dygresja. Wiesz, skąd wzięła się użyta potem przez Donalda nazwa „orlik" na boiska piłkarskie dla młodzieży?

Nie mam pojęcia.

To jest ciekawostka KLD-owska. Stąd, że w 1993 roku pojawiła się wymyślona przez Lutczyna i funkcjonująca w naszej grafice postać, która nazywała się „orlik liberał". I to był orzeł w koszulce z napisem. Nazwa „orlik", która funkcjonuje dzisiaj, nie wzięła się ot, tak. Dla środowiska KLD nazwa „orlik" ma specyficzne, jasne znaczenie i wiąże się z kampanią 1993 roku.

Poczekaj. Były jakieś sondaże, które pokazywały poziom poparcia. Chyba widzieliście, że to idzie w złą stronę?

Sondaże były kiepskie, ale Merkel i Tusk pocieszali, że my mamy ukryte poparcie. Ukryte, bo jest negatywna kampania przeciw nam i ludzie wstydzą się przyznać, że oddadzą na nas swój głos. Poza tym od pewnego momentu już nie było wyjścia. Rozmowy z Unią zerwane, hasło wyborcze zaprezentowane, klipy telewizyjne i billboardy również. Nerwowość była duża, bo z 9 procent poparcia przed kampanią mieliśmy wskoczyć na 15, a ocieraliśmy się o próg 5 procent! To się wszystko skończyło słynnym wieczorem wyborczym w pubie Harenda przy Kopernika. W zasadzie od przedpołudnia było wiadomo, że idzie fatalnie i przegramy. Dochodziły do nas przeciekami cząstkowe dane i nastrój był minorowy.

Powiedz o tamtej atmosferze w Harendzie. Tusk tam był?

Donald był z przerwą na jakieś studio wyborcze. Wtedy wieczory wyborcze wyglądały inaczej. Nie było transmisji ze sztabów, więc na więcej można było sobie pozwolić. Było mnóstwo jedzenia i alkoholu. Siedzieliśmy za stołami, jedliśmy, piliśmy wódkę i byliśmy w coraz gorszych nastrojach. Potem to się przerodziło w rozpacz, bo wynik był totalnym dnem. Przez chwilę wydawało się, że PC Kaczyńskich wchodzi. Takie podawano sondaże. W Harendzie pojawili się jacyś goście z PC i mówili: „Uczciwych weźmiemy, ale tych od Tuska nie weźmiemy". W KLD-owskim słowniku sformułowanie „uczciwych weźmiemy" ma swoje miejsce. To przywołanie tych, którzy składają ci wielkopańskie obietnice, a za chwilę sami toną.

Jak Tusk to przyjął?

Byliśmy w tak fatalnych nastrojach, że się po prostu rozjechaliśmy do domów i rozmowy zaczęły się w następnych dniach. Donald był w katastrofalnej kondycji. Wszystko się zawaliło. Byliśmy poza Sejmem, nie wiadomo, co z nami dalej będzie. Donald był osobiście za to odpowiedzialny i w normalnych warunkach powinien się podać do dymisji. Jacka Merkla przez długie tygodnie w ogóle nie widzieliśmy. Potem wrócił inny – złamany i z poczuciem winy. Prawda była taka, że gdybyśmy w działalność KLD włożyli połowę kwoty wpakowanej w tę kampanię, tobyśmy jako partia spokojnie funkcjonowali przez następne kilka lat. Donald, jak mówiłem, był w fatalnej dyspozycji. Aż się dziwię, jak w ogóle udało się go namówić na przyjazd do Warszawy, gdzie w biurze na Szpitalnej odbywały się całonocne seanse i wypłakiwania pod hasłem: „Wszystko przegrane! I co teraz z nami będzie?!".

Miał poczucie winy?

Dramatyczne! Mówił, że powinien podać się do dymisji i wycofać. Nie zrobił tego, bo my nie mieliśmy lepszego pomysłu na to, kto mógłby nas teraz poprowadzić. Nie chciał chodzić do mediów, nie zwoływał posiedzeń kierowniczych gremiów. Był w złej formie.

Rozumiem, że Tusk był w defensywie i wtedy naturalnie doszło do ocieplenia stosunków z tobą?

Tak właśnie się stało. To był renesans naszych kumpelskich relacji. Gadanie, picie, słuchanie i śpiewanie Kaczmarskiego. Donald był w kompletnej defensywie, dla nas wszystkich zresztą było to życiowo trudne. Dla mnie to jeszcze pół biedy. Na mnie to podziałało mobilizująco. Szybko napisałem pracę magisterską i obroniłem się. A Donald? Całkowita niewiadoma. Przecież pracy od Unii Demokratycznej wziąć nie może. Poszedł na utrzymanie Fundacji Liberałów, która była tratwą ratunkową środowiska gdańskiego. Po przegranych wyborach w 1993 roku następuje okres załamania. Merkel się w ogóle wycofuje, Bielecki szuka już sobie nowego zajęcia, a Donald jest w depresji. To był okres kompletnej klęski środowiskowej. Uważaliśmy, że jak powstanie w przyszłości obóz zjednoczonej prawicy, to nas tam nie będą chcieli, bo będą nas uważać za „aferałów", którzy im nie pasują i są jedynie obciążeniem. Jedyna perspektywa, która się rysowała, to łączenie się z Unią Demokratyczną.

Co Tuska zapewne wprowadzało w dodatkowy dygot, bo przed chwilą prężył przed Unią muskuły.

To prawda, ale nie było wyjścia. Dlatego do tych rozmów wydelegowano mnie. I tak pobici, pokonani, wypchnięci poza Sejm rozpoczęliśmy rozmowy z Unią Demokratyczną. One były jeszcze trudniejsze niż rozmowy przedwyborcze i znacznie mniej nam oferowano niż wiosną, gdy nasza pozycja negocjacyjna była dużo silniejsza. Założenie było takie, że do zjednoczenia ma dojść przed majem 1994 roku, bo na ten czas zaplanowane były wybory samorządowe.

Bielecki nie chciał wrócić na pierwszą linię? Nie chciał wykorzystać sytuacji, gdy koncepcja Tuska okazała się klapą?

Nie chciał. Też był załamany. „Nie chcieliście słuchać, to przegraliście" – mówił.

Po jakiego diabła Unia zaczyna te rozmowy z wami. Jesteście tonącymi rozbitkami!

Pamiętajmy o okolicznościach. Wynik wyborczy był miażdżący dla wszystkich, bo skala zwycięstwa komunistów i PSL – zwłaszcza jeśli patrzeć na liczbę zdobytych przez nich mandatów sejmowych – była niewyobrażalna. Były dwie – moim zdaniem – motywacje po stronie unijnej. Pierwsza, to jednak pewna doza sympatii do nas u części polityków Unii w stylu: „Tam są jednak jacyś ludzie myślący w podobny sposób. Warto ich przygarnąć. Warto ich nie gubić, żeby sobie na przykład nie poszli do prawicy".

A druga motywacja?

Politycy Unii myśleli, że uczynią ze swojej partii główne ugrupowanie opozycyjne. Uważali, że prawica przez lata będzie w rozsypce, lekceważyli możliwość powstania czegoś, co potem zostało nazwane AWS-em, nie wierzyli w szerokie, spinane przez „Solidarność", porozumienie na prawicy. Wobec dominacji SLD i PSL ludzie tacy jak Mazowiecki, ale też i Geremek, uznali, że trzeba pozbierać ten cały środek sceny. I budować przeciwwagę dla SLD. Zwracam uwagę, że spektrum ówczesnej Unii Demokratycznej było szerokie. Od Zofii Kuratowskiej po Jana Rokitę i klasycznego konserwatystę, jakim był Tadeusz Syryjczyk. Paradoksalnie, KLD znajdowało się w dość centralnym punkcie tego spektrum Unii. Nie było więc problemu ideowego. Rozmowy programowe były krótkie i proste.

Poczekaj, chyba jednak pewien problem był. Sam mówiłeś, że Kilian i Lewandowski mieli ogromne pretensje do Rokity i uważali go za człowieka, który wysyłał przeciw nim służby. Z kolei Tusk uważał się za człowieka lekceważonego przez Unię.

Dla samego Donalda to był gigantyczny problem. Tyle że trauma przegranych wyborów '93 bardzo wiele zmieniła. Nagle znaleźliśmy się na lodzie. Nie tylko bez jasnych perspektyw politycznych, lecz także z problemami dnia codziennego. Bez pracy i politycznej roli. Nagle okazało się, że nie ma darmowych biletów, żeby Donald albo ktoś inny mógł przyjechać do Warszawy. A pokój w sejmowym hotelu już nie czekał. Ta trauma po stronie KLD-owskiej była ogromna. I duże było przekonanie, że nie ma wyjścia.

Ktoś uważał inaczej?

Były nieliczne postawy pod hasłem: „Nie chcę z tą Unią mieć nic wspólnego". Taka była na przykład ocena Rafała Grupińskiego, który wtedy stopniowo odchodził od naszego środowiska i wiązał się z prawicową ekipą w TVP, czyli z pampersami. Większość uznała jednak, że samodzielnie nie damy rady. Mieliśmy jakąś pozycję w rządzie, gigantyczne pieniądze, Saatchi & Saatchi i mimo to wypadliśmy za burtę. A teraz nie mieliśmy pozycji w rządzie, wszystko wydaliśmy na wybory, Saatchi & Saatchi nie ma – więc tym bardziej samodzielnie nie mamy czego szukać. Mieliśmy poczucie, że jeśli my się nie zdecydujemy, to i tak część naszego liberalnego środowiska będzie do Unii przechodzić. Byliśmy tak naprawdę w sytuacji bez wyjścia.

Rozdział V

Powstanie Unii Wolności

Ktoś w Unii był do was szczególnie źle nastawiony?

Tu warto przypomnieć o paradoksach tej sytuacji i tego zjednoczeniowego procesu. Żeby było jak najśmieszniej – pierwszy propozycję zjednoczenia UD z KLD rzucił Władek Frasyniuk na posiedzeniu Rady Krajowej UD, na którym z powodu choroby nie było Mazowieckiego. Poparł go Rokita. To chyba pierwszy i ostatni raz, gdy w ważnej sprawie Władek i Janek mieli to samo zdanie. Mazowiecki był zły – głównie dlatego, że odbyło się to za jego plecami, ale rada przegłosowała w tej sprawie stanowisko i w sensie politycznym było już pozamiatane – UD dała sygnał, żeby się jednoczyć.

Później Mazowiecki był coraz bardziej „za", a Władek – jak to u Władka – nabierał coraz większego dystansu. Miał zastrzeżenia zwłaszcza do konkretów – parytety, Schetyna itp. Można wręcz powiedzieć, że w kierownictwie UD był w pewnym momencie najbardziej przeciwny zjednoczeniu. I tu Mazowiecki mu zawsze wytykał: „Przecież to był twój pomysł, Władku".

Frasyniuk nie miał problemu ze mną czy z Donaldem, był natomiast mocno skonfliktowany z Grzegorzem Schetyną. Bardzo nieufna wobec nas była frakcja Zofii Kuratowskiej, ale z jej częścią – Markiem Balickim i Krzysztofem Dołowym – miałem zawsze świetne porozumienie. Były też postawy przychylne. Na przykład Mazowieckiego. On czuł się w Unii oblężony. Oceniał, że

Geremek jako szef klubu parlamentarnego jest realnym sprawcą wydarzeń. W związku z tym on szukał rozrzedzenia siły Geremka, wyjścia poza schemat, że Unia to jest tylko ta stara KOR-owska drużyna. Bo to by oznaczało, że on jest symbolicznym, a nie realnym przywódcą. Wewnątrz Unii istniała nieufność, ale też jakiś element oczekiwania, że liberałowie wprowadzą pozytywny ferment, że coś się będzie działo.

Geremek chciał tego zjednoczenia?

Był nieufny. Uważał to za ryzykowne i część obaw mu się potem potwierdziła. Na przykład to, że Piskorski mu trochę klocków w Warszawie poprzestawia. Ja z nim o tym etapie później dość długo rozmawiałem. Przekonywał, że był zwolennikiem zjednoczenia. Z myślą, że gdy SLD powinie się noga, to ta powiększona Unia będzie wtedy głównym profitentem. Nie do końca tak się stało, ale jednak coś w tym było. W 1997 roku Unia Wolności zdobyła ponad 13 procent głosów i współtworzyła rząd.

Jaki był stosunek „Gazety Wyborczej" do tego jednoczenia się Unii Demokratycznej z liberałami?

„Gazetę" od początku charakteryzowała nieufność w stosunku do liberałów, ale nie było agresji. Agresja pojawiła się kilka miesięcy później. Na przykład agresja wobec mnie, gdy się pojawił konflikt z Geremkiem. Wtedy Adam Michnik miał bardzo dużą siłę sprawczą. U niego jedną z najważniejszych przesłanek dla wydawanych ocen nie były sprawy gospodarcze czy ustrojowe, ale stosunek do lustracji. Pamiętajmy, że mówimy o roku 1994, a więc lustracja sprzed dwóch lat jest jeszcze kwestią świeżą. I Adam miał zdefiniowanych przeciwników – tych wszystkich, którzy stali za lustracją 1992 roku. Z tego punktu widzenia my dla Adama byliśmy ewidentnie po właściwej stronie. Trochę gorsi, trochę jakby podejrzani, ale jednak po właściwej stronie barykady. „Zarzucają nam, że jesteśmy zamknięci i elitarni. Zanadto się rozpychają. Ale w sprawie lustracji są OK" – tak o nas myślał. Donald dla tego środowiska był w ogóle trochę takim gdańskim parweniuszem. Oni tak go traktowali. Zdolny, uśmiechnięty, ale cały czas chłopak – a nie zagrożenie dla nas. Prawda jest taka, że Unia miała poczucie wyższości. W Warszawie udało się nam te środowiska unijne zdominować, ale w innych miastach tak nie było. Nie było tak we Wrocławiu, nie było w Gdańsku. Zwrócę uwagę, że dwa lata po zjednoczeniu Donald nie wszedł nawet do 60-osobowej rady regionalnej Unii Wolności w Gdańsku! Ludzie z krakowskiej byłej UD mieli poczucie ogromnej wyższości wobec lokalnego środowiska KLD. W innych regionach było bardzo podobnie. Po tamtej stronie nie było obawy, że unici zostaną zdominowani przez środowisko liberałów. Układ we władzach był odzwierciedleniem wyniku wyborczego. W zarządzie miało być trzynaście osób: dziesięć z Unii i trzy od nas – Donald, Lewandowski i ja. Parytety, czyli pomysł, że skład Kongresu, Rady Krajowej i Zarządu będzie oparty na stosunku wyniku procentowego UD do wyniku procentowego KLD w wyborach '93 roku, zaproponował Andrzej Machowski – ówczesny sekretarz generalny UD. Mazowiecki pomysł poparł. Jak pamiętam, Frasyniuk, Geremek, Kuczyński i chyba większość ówczesnego zarządu, byli temu przeciwni – „O, bo to za dużo dajemy tym przegranym". Ale nikt nie potrafił zaproponować innego, mającego jakieś racjonalne uzasadnienie rozwiązania, i Mazowiecki namówił w końcu większość do poparcia tego rozwiązania. Gdy trwał proces zjednoczeniowy, Bielecki zapowiedział, że wyjeżdża do Londynu. Do pracy w EBOR. To spowodowało u Donalda autentyczną wściekłość, rozgoryczenie i duży zawód.

Dlaczego?

Bo nasz lider – czyli Bielecki – nas zostawia, jedzie zarabiać kasę, a my jesteśmy w tak trudnej sytuacji, w jakiej do tej pory nigdy nie byliśmy. Znowu pamiętajmy o kontekście. Szykujemy się do ciężkich miesięcy przed zjednoczeniem. Zmieniamy kierownictwo. Bielecki i ja zostajemy wiceprzewodniczącymi, a Schetyna sekretarzem. Nagle po tej zmianie Bielecki mówi, że wyjeżdża i że będzie do nas tylko wpadał. Tusk był zdruzgotany i zawiedziony. Zaczynamy negocjacje, w których uzgadniam z Ludką Wujec, Piotrem Nowiną-Konopką i Andrzejem Machowskim, jak ma w praktyce wyglądać zjednoczenie. Zostają ustalone parytety i kalendarz. Przy delegowaniu naszej trójki do zarządu nowo powstałej Unii Wolności doszło do małej wojenki. To był pierwszy moment, w którym Schetyna postanowił zadziałać samodzielnie i nielojalnie, mimo że byliśmy w bardzo dobrych relacjach. Grzegorz uknuł dosyć nieporadnie spisek i doprowadził do tego, że na radzie KLD zgłoszono jego kandydaturę do zarządu nowej partii. To było działanie przeciw mnie, ale ja to głosowanie wyraźnie wygrałem. Czułem się zawiedziony, ale starałem się go zrozumieć.

Dlaczego on to zrobił?

On miał poczucie, że na poziomie regionalnym nie poradzi sobie w konfrontacji z Frasyniukiem i musi się znaleźć w zarządzie, żeby wzmocnić swoją pozycję. I dobrze przewidywał, bo go Frasyniuk przez następne lata na Dolnym Śląsku gniótł. Z punktu widzenia naszych relacji to nie było jednak OK.

Kto wymyślił nazwę Unia Wolności?

Bardzo istotną rolę odegrał tu Aleksander Smolar. Władek Frasyniuk lansował nazwę „Partia Demokratyczna" i duża część starej Unii się z nim zgadzała. Na dwa miesiące przed zjazdem zjednoczeniowym było prawie pewne, że nazywać się będziemy „Partia Demokratyczna". I jest na to zabawny dowód. Ssaki mają czasem szczątkowe ogony albo jakiś organ, który już niczemu nie służy. I taką pamiątką po tym krótkim okresie, gdy ugrupowanie miało się nazywać „Partią Demokratyczną", jest nazwa młodzieżówki – Młodzi Demokraci. Przed zjednoczeniem starych, czyli nas, doszło do zjednoczenia młodych, czyli Młodych Liberałów z młodzieżówką Unii Demokratycznej. I przyjęto nazwę „Młodzi Demokraci", ponieważ spodziewano się, że będzie „Partia Demokratyczna". Czyli nie „Młoda Unia Wolności", tylko „Młodzi Demokraci". No i tak już zostało, potem ta nazwa nie była zmieniana po decyzji „starszych". Skąd Unia Wolności? Już na zjeździe zjednoczeniowym przyszedł do nas z tą propozycją Alik Smolar. W małym gronie szybko to przedyskutowaliśmy. Z naszej perspektywy ta nazwa była w zasadzie do przyjęcia.

Raczej nie przychodziliście z dogmatem, że słowo liberalizm ma być w nazwie?

Nie – chociażby dlatego że dopiero co dostaliśmy srogie lanie i mieliśmy poczucie, że ten liberalizm nie jest sztandarem, który w tej chwili należy wystawiać. Wszystkie inne sprawy były ustalone. Na przykład to, że jedynym wiceprzewodniczącym Mazowieckiego będzie Tusk, i to, kto będzie we władzach. Ten zjazd zjednoczeniowy i poprzedzający go okres nie przyniosły gigantycznych emocji. Emocje się zaczęły chwilkę później. Gdy weszliśmy do tego środowiska, zobaczyliśmy kłębowisko interesów i przeciąganie liny. Mazowiecki tak naprawdę był pozbawiony praktycznej władzy, bo rzeczywista władza była w kierownictwie klubu parlamentarnego, czyli w rękach Geremka. Mazowiecki próbował wykorzystać moment zjednoczenia do tego, żeby przywrócić władzę zarządowi partii. Po to, by zarząd partii odgrywał istotniejszą rolę niż prezydium klubu parlamentarnego.

Jak to robił?

Zaczął zwoływać zarządy. Trwały, jak to u Mazowieckiego, godzinami. Z tym się wiąże masa anegdot. Początek zarządu zawsze wyglądał w taki sam sposób. Zawsze z Donaldem się z tego śmialiśmy, bo zakładaliśmy się nawet – oczywiście w żartach – czy to będzie wyglądało tak samo za każdym razem. I tak było. Mazowiecki otwierał, robił jakieś słowo wstępne, przemawiał, opisywał sytuację. I najdalej w drugiej minucie jego przemówienia Geremek manifestacyjnie rozkładał gazetę, którą cały się zakrywał. Wszyscy się ramionami stukali i pokazywali na Geremka, który ostentacyjnie pokazywał swój brak zainteresowania.

Jak zapamiętałeś Mazowieckiego?

Jako pogodnego człowieka. Lubił żartować, uśmiechać się. Pamiętaj, że między nami była gigantyczna różnica wieku. Nie do uwierzenia dla osób, które go nie znały, ale gdy był w dobrym nastroju, stawał się duszą towarzystwa. On nie potrafił pewnych uczuć ukrywać. Mazowiecki i Geremek byli blisko, w wielu sprawach się zgadzali, ale często Geremek irytował Mazowieckiego. Wtedy cmokał, marszczył się, machał rękami i szukał u innych zrozumienia dla tej swojej frustracji.

Mówiłeś, że zaraz po zjednoczeniu zaczęło się twoje starcie z Geremkiem. Na czym polegało i jak przebiegało?

W Warszawie, zanim zjednoczenie zostało dopięte i tuż przed wyborami samorządowymi, udało nam się zrobić coś, co z naszej perspektywy było oczywiste, ale niezwykle wkurzające dla Geremka i tradycyjnego środowiska unijnego. A mianowicie skorzystać z rozbicia, które jest w Unii. Tych frakcji było tam kilka. Były głosowania, kto ma się znaleźć na listach wyborczych nowej partii i na którym miejscu. W przypadku KLD-owców nie dochodziło do dyskusji, bo był jeden kandydat na miejsce. Ale w przypadku unitów to było po kilka osób...

...i zaczęliście się sprzymierzać z frakcjami i lista przestała wyglądać tak, jak chciał profesor?

Dokładnie tak. Z punktu widzenia Geremka byliśmy żywiołem barbarzyńskim. Żywioł barbarzyński zawsze ma dwie cechy. Po pierwsze, jest zaskakująco brutalny wobec najeżdżanego ludu; po drugie, jest znacznie skuteczniejszy w praktyce. Barbarzyństwo – jak wiemy z historii – wcale nie oznacza niższego poziomu kulturowego. Tu raczej chodzi o dysonans zetknięcia się dwóch kultur. Zawsze było tak, że Geremek i jego otoczenie utrzymywali kontrolę nad tymi unijnymi frakcyjkami. Nagle okazało się, że te małe frakcje, jeśli zagłosują wspólnie z liberałami, to mają więcej niż frakcja Geremka. Profesor dostawał szału. Po latach opowiadaliśmy to sobie jako anegdoty i śmialiśmy się z tego, bo było przy tym mnóstwo nadymania się i groźnych min. Ale wtedy Geremek był autentycznie wstrząśnięty. Oczywiście lista składała się z unitów, ale w wielu przypadkach nie tych, na których stawiał Geremek. I nagle się okazało, że w różnych radach dzielnic i radzie miasta większość ma sojusz liberałów z konserwatystami unijnymi. I to oni mają decydujący głos. Był jeszcze jeden element sporu. Geremek obiecał mi, że analogicznie jak na poziomie krajowym, będzie jeden przewodniczący regionu i jeden wiceprzewodniczący. Czyli Geremek szefem, a ja jego zastępcą. Po czym po prostu to słowo złamał.

Bo?

Zapewne myślał, że taki młokos jak ja nie będzie jemu, profesorowi, dyktował warunków i po prostu – uznając to za fakt dokonany – powiedział, że na drugiego wiceszefa zaproponuje Marka Balickiego. Po to, żeby zadowolić lewicową frakcję Zofii Kuratowskiej. Dla jasności, ja Marka bardzo lubiłem, lubię do dziś i mamy świetne relacje. Więc to nie był jakiś mój konflikt z Markiem. Chodziło o to, że Geremek coś uzgodnił i potem się z tego wycofał. My, młode chłopaki – ja wtedy miałem 26 lat – pomyśleliśmy: „Co to ma być?! Tak się nie postępuje!". Dziś pewnie bym negocjował, zakulisowo rozmawiał, ale wtedy pomyślałem wraz z kolegami: „Nie ma mowy, pokażemy, że z nami tak nie wolno". Geremek został szefem niemal jednogłośnie z naszym poparciem, ale Balicki odpadł, bo przegrał głosowanie, i ja zostałem wiceszefem. I to jeszcze nie był koniec. Z sali na stanowisko wiceprzewodniczącej została zgłoszona Katarzyna Piekarska, dziś gwiazda SLD, a wtedy, co zabawne, należąca do prawicowej części Unii. I Kasia – oczywiście przy naszym poparciu – weszła zamiast Balickiego. Z reakcji Michnika, z którym potem rozmawiałem, wynikało, że nikt tak Geremkowi nie dokuczył. Profesor myślał, że ma naprzeciwko siebie jakąś bandę młokosów, którą z łatwością jest w stanie spacyfikować. Cały ten okres wspominam oczywiście z rozrzewnieniem, bo z czasem nasze relacje z Geremkiem się ustabilizowały, a potem były wręcz świetne, ale wtedy to była absolutna wojna. Geremek mówił o nas w słowach nieparlamentarnych i my o nim również. Powoli się ze sobą oswajaliśmy i nawzajem do siebie przekonywaliśmy.

To musiało mieć przełożenie na politykę krajową.

Oczywiście, że miało. W Unii o niczym innym się nie mówiło: „Wojna w Warszawie, ktoś się postawił Geremkowi, słyszeliście? Piskorski przegłosował Geremka. Geremek już nie ma większości w Warszawie. Piskorski ma większość w Warszawie. Who is f...g Piskorski? Co to jest w ogóle? A poza tym, co to w ogóle ma znaczyć? My się nie jednoczyliśmy z wami po to, żebyście wy mieli teraz większość".

Co na to Mazowiecki?

Mazowiecki był w siódmym niebie, że ktoś stworzył Geremkowi problem. Oczywiście wyrażał to w swoim stylu. Cmokał i mówił: „Uuu, to mamy problem. Tu trzeba, panie Pawle, może pojednawczo zadziałać". No nic tak Geremka nie wkurzało, jak to, że Mazowiecki chciał pojednawczo zadziałać wobec jego konfliktu z jakimiś młokosami. Zdobyłem mołojecką sławę, ale były też poważne minusy tej sytuacji. Największym minusem było to, że stałem się głównym wrogiem środowiska „Gazety Wyborczej", wedle zasady: „Naszego Geremka? Jak ty Bronka w taki sposób, to my ci pokażemy". No i to u Michnika się przełożyło na wiele lat naszej niechęci i jego różnych chamskich numerów w stosunku do mnie. Na przykład na mnóstwo tendencyjnych, nieprawdziwych publikacji na mój temat.

Ostatnio spotkałem jedną z osób kluczowych dla „Gazety" w latach 90. I wywiązała się dyskusja o tobie. Pełna nienawiść.

Stare pokolenie „Gazety Wyborczej" po prostu mnie nienawidzi. Co chwilę odczuwam to w ich tendencyjnych publikacjach. To jest też bardzo ciekawe, bo część tego środowiska – Ludka Wujec czy Alik Smolar – inaczej do tego podchodzi. Z Jackiem Kuroniem relacje też były dobre i on z dystansem patrzył na nasz ówczesny spór z Geremkiem.

Do jednej rzeczy chciałbym wrócić. Jak to po ludzku wyglądało po tej waszej KLD-owskiej porażce w '93 roku? Trzeba się było przecież zająć jakąś robotą. Co towarzystwo zamierzało robić?

Zacznijmy od Donalda. To jest okres, w którym on sobie wymyślił, że będzie wydawał albumy o Gdańsku. Po pierwsze, to było tak wymyślone, żeby Donald mógł sobie dorobić życiorysową rubryczkę: wydawca książek, twórca, autor. Po drugie, chodziło też o to, żeby zarobić. Wydawcą była Fundacja Liberałów, a umówione było to tak, że te albumy kupuje m.in. prezydent Gdańska Paweł Adamowicz – na przykład na prezenty. Donald w tamtym okresie, z tego co wiem, był po prostu pracownikiem Fundacji Liberałów. Ta Fundacja dysponowała funduszami i, najoględniej mówiąc, Donald głodem nie przymierał. Ale tu szczegółów nie podam, bo w sprawy Fundacji Liberałów, jak już parokrotnie powiedziałem, była wprowadzona mała grupka z Gdańska, i to była wiedza sekretna.

Miał mieszkanie w Warszawie?

Przez długi czas zatrzymywał się u mnie. Miał nawet swój pokój nazywany „donaldówką", pierwszy na lewo od drzwi w moim mieszkaniu. Potem wynajęli mu mieszkanie na Długiej, ale i tak stale się spotykaliśmy.

Jak to wyglądało, gdy Tusk pomieszkiwał u ciebie?

Było jak w rodzinie, więcej niż między przyjaciółmi. Wiedział, że ma swój pokój u nas. Przychodził wieczorem, ściskaliśmy się. Siadaliśmy w salonie, jedliśmy kolację, braliśmy jakiś alkohol i komentowaliśmy, jak minął dzień. Czasami robiliśmy jakąś poważniejszą naradę, co też wypada nam robić. To było wszystko bardzo naturalne. Nie chodziło o jakąś grzeczność. Po prostu byliśmy ze sobą zżyci. Rano Donald wstawał, jak był czas, razem jedliśmy śniadanie. I potem szliśmy do swoich zajęć.

Rok 1994, oprócz zjednoczenia z Unią, był też ważny ze względu na wybory samorządowe.

Bez wątpienia. A ich wynik w Warszawie był podwójnie ważny, bo tu nasza struktura została zdominowana przez sojusz liberałów i tej bardziej prawicowej części Unii.

Wbrew Geremkowi, jak mówiłeś.

Tak, ku jego wściekłości. Kłóciliśmy się bardzo. Były takie momenty, że on, widząc, że sprawy nie idą po jego myśli, zrywał posiedzenia. Ja coś proponowałem, a on mówił: „To ja w takim razie przerywam posiedzenie zarządu i nie będziemy tego głosować". To oczywiście przenosiło się na cały kraj. Mazowiecki się cieszył, liberałowie szeptali mi do ucha: „Nie daj się, tak trzymaj", a „Gazeta Wyborcza" aż kipiała i zmobilizowała pół redakcji, żeby coś na mnie znaleźć i mi przywalić. Wtedy w popularnym programie satyrycznym *Polskie zoo* Geremek występował jako kozioł. Było w tym coś trafionego. Nie chodzi oczywiście o powierzchowność, ale o takie zacięcie w charakterze. To był genialny facet, ale strasznie trudny. Ale było coś jeszcze. Geremek miał skłonność do ostrych, gwałtownych zmian kursu, które przynosiły mu efekt.

Zaproponował ci koniec wojny?

Tak. Nagle uznał, że takie przeciąganie liny nie ma sensu. I że on na tym traci – więc jak się kogoś nie da zabić, to trzeba pokochać. Nasza wojna zakończyła się tak gwałtownie jak deszcz monsunowy. Pstryk i już. Zaczęliśmy bardzo blisko i lojalnie kooperować w sprawie prezydentury Warszawy. Unia dostała dobry wynik i z rozbitą, podzieloną prawicą to się składało na większość. Składała się też inna większość – Unii i SLD. Geremek nie krył, że jemu bardziej pasuje ten drugi sojusz. Warszawa, z punktu widzenia Geremka czy Michnika, mogła być takim poligonem doświadczalnym. Poligonem dogadywania się z postkomunistyczną lewicą. Ale pewnych rzeczy Geremek nie mógł przeskoczyć.

Tego, że się chciałeś dogadywać z tą podzieloną prawicą?

Tak. Przyszedłem do Geremka z propozycją, żeby naszym kandydatem na prezydenta był Michał Boni. Michała znałem jeszcze z lat 80., gdy on działał w „Solidarności", a ja w NZS. Mimo że nie był specjalnie przebojowy, a potem dowiedzieliśmy się o jego agenturalnych problemach, zdawał się osobą mogącą połączyć prawicę i centrum. Potem był w KLD, a jednocześnie jawił się jako postać do zaakceptowania dla Geremka, chociażby ze względu na bliską współpracę z Jackiem Kuroniem. Rekomendowałem go profesorowi, choć ten nie był zachwycony. Tyle że sprawa szybko się wyjaśniła, bo SLD zaczęło w prosty sposób sabotować wybór Boniego. Nie przychodzili na posiedzenia i w ten sposób powodowali, że nie było niezbędnego kworum do podjęcia decyzji. A ówczesna ustawa to kworum określała na poziomie aż 2/3 składu rady. Istniała obawa, że SLD-owski rząd wprowadzi komisarza.

Jak się Geremek zachowywał w sprawie budowania tej koalicji z prawicą?

Niesłychanie lojalnie. Teoretycznie powinno mu zależeć na tym, żeby powinęła mi się noga – a tu nie! Pomagał. Potrafił zwrócić uwagę na jakiś detal, który stawał się przeszkodą. Podpowiadał, z kim i jak rozmawiać. To był naprawdę najwybitniejszy umysł polskiej polityki w tym czasie i bardzo wiele od niego się uczyłem. Jak wojowaliśmy – był nie do zniesienia. Jak się między nami przełamało, to stawał się mądrym i lojalnym sojusznikiem – nawet jak mu się porozumienie z prawicą nie podobało.

Dlaczego tego nie sekował? Chciał innej politycznej układanki?

Kwestia charakteru. Wolał z lewicą, ale gdy podjęliśmy decyzję, że próbujemy budować koalicję z prawicą, to postępował bardzo lojalnie. Ta koalicja nie wyszła z innego powodu. Z jednej strony SLD zapowiedziało, że stale będzie sabotować posiedzenia, z drugiej prawica była na tyle słaba i podzielona, że szybko się rozpadła.

Potem był epizod, w którym garstka prawicowych radnych z Julią Piterą na czele dogaduje się z SLD i wybierają na prezydenta Mieczysława Bareję. Zagrali wam na nosie!

Znów Geremek zachował się niesłychanie lojalnie, bo mógł to wykorzystać przeciw mnie, ale tego nie zrobił. A Pitera? Strasznie i za wszelką cenę chciała zaistnieć i być ważna, więc zdradziła swoich kolegów z prawicy i po cichutku dogadała się z SLD. Rozbijając porozumienie prawicowe z UW, przesądziła, że na długą metę rządzić możemy tylko my z SLD. Uważała, że zrobiła coś bardzo sprytnego, a w rzeczywistości została po prostu instrumentalnie wykorzystana przez SLD. Następnego dnia Jan Wieteska i inni decydenci z SLD przyszli do nas uśmiechnięci z komunikatem: „Pan Bareja nie jest wybrany na zawsze, więc się zastanówcie nad koalicją. A Pitera? Kto to jest Pitera?". Jednocześnie SLD w wyrachowany i zimny sposób, przy jej pomocy, bardzo sprytnie rozmontował i podzielił prawicę, czyli naszego byłego potencjalnego koalicjanta. Wyjścia były dwa – albo Warszawą rządzi jakaś egzotyczna koalicja SLD z częścią prawicy, albo poważną koalicję z Sojuszem robimy my.

Geremek nie uderzył w ciebie, bo miałeś duże poparcie w lokalnej strukturze. Chciał po prostu, byście w drugim rozdaniu poszli w koalicję z SLD.

Tak, ale przy tym pierwszym, prawicowym rozdaniu, jak już mówiłem, zachowywał się bardzo lojalnie. Wolał mieć silnego partnera, który panuje nad radnymi i strukturą, a który musi przyznać, że z prawicą się nie da, i przystaje na jego koncepcję. Miało to oczywiście olbrzymie symboliczne znaczenie w skali kraju. W Unii komunikat – „Geremek dogadał się z Piskorskim" – bardzo go umacniał i przywracał wrażenie, że znowu nad wszystkim panuje. Ponadto upadek możliwości koalicyjnej z prawicą i zwrot ku SLD miał fundamentalne znaczenie. Taka koalicja w stolicy uznawana była za zapowiedź rozwiązań ogólnopolskich. Mazowiecki był niepocieszony – zwłaszcza że upadała kandydatura Piotra Nowiny-Konopki, który po Bonim był naszym kandydatem. Zaczęliśmy rozmawiać z SLD na najwyższym szczeblu. Rozmawiał Geremek, rozmawiałem ja.

Z kim?

Z Kwaśniewskim. Jego specjalnie nie musieliśmy przekonywać, bo on był za koalicją z nami, a przeciw kompletnie chorej koalicji SLD z częścią prawicy. On też rozumiał, że to może być prefiguracja sojuszu na poziomie krajowym. Nam zależało na tym, żeby prezydentem miasta był człowiek od nas. To miało charakter symboliczny. Ja proponowałem profesora Jerzego Woźnickiego z Politechniki. Człowieka o bardzo silnej pozycji na uczelni, ale też po prostu świetnego faceta. Kiedyś przyszedł z ulicy do naszego biura i powiedział, że chce się zapisać do KLD. W naszym KLD-owskim gronie on był bardzo znaczącą postacią. Był też niezwykle ceniony przez Geremka. Drugą moją propozycją był Marcin Święcicki. On robi bardzo dobre pierwsze wrażenie. Świetnie nam się współpracowało, gdy w połowie lat 90. robiliśmy Ruch Obrony Podatnika. Niestety jak zaczniesz z nim bliżej współpracować – to jest katastrofa. Kompletnie niedecyzyjny, uciekający w jakieś detale, godzinami analizujący coś, co wymaga prostych przesądzeń. Jednocześnie człowiek, który chce być wysoko, chce zajmować stanowiska. Sam fakt, że on zgodził się zostać sekretarzem KC PZPR na trzy czy cztery miesiące przed rozwiązaniem partii, o czymś świadczy.

Co na to Geremek?

Chciał, żeby prezydentem Warszawy został Andrzej Wielowieyski, ale co do tej kandydatury nie było zgody wewnątrz samej Unii i Geremek to widział.

Dlaczego Wielowieyski budził opór?

Ta część, która w Unii Wolności była dalej od Geremka, uważała, że to będzie zaogniało wewnętrzną wojnę, a Wielowieyski z dostateczną energią już miasta nie poprowadzi. SLD poprosiło o dwie kandydatury. Daliśmy nazwiska Woźnickiego i Święcickiego. Ich odpowiedź była znamienna: „Woźnicki byłby lepszy, ale Święcicki jest dla nas symbolicznie super. W końcu były działacz PZPR zostaje prezydentem". Nie można im się dziwić, że woleli nas postawić w trudniejszej sytuacji. Podwójnie trudniejszej. Bo, po pierwsze, jak by na to nie patrzeć, to my rekomendujemy byłego sekretarza PZPR na prezydenta Warszawy. A po drugie, nasi rozmówcy z SLD, wybierając tę kandydaturę, jednocześnie nas ostrzegali, że go znają i spodziewają się, że funkcjonalnie to będą z nim problemy. My nie mieliśmy pola manewru, byliśmy w trudnej sytuacji negocjacyjnej. SLD przecież mogło teoretycznie sobie rządzić w Warszawie z częścią prawicy.

Udało się przeprowadzić Święcickiego. Geremek był zadowolony z koalicji?

Byłem na sali, gdy trwały wybory. On był „na telefonie". Gdy wybór się dokonał, zadzwoniłem do niego i pamiętam, że powiedział: „Nie sądziłem, panie Pawle, że to się powiedzie. Niech pan wpada, otworzymy jakąś butelkę". Z samym rządzeniem przez Święcickiego było już gorzej. Wymyślaliśmy jakieś dyrektoriaty, formy zbiorowego naciskania na niego, by podejmował decyzje. Wymyśliliśmy pełnomocników, którzy działali za niego. To było upiorne.

Jak to możliwe, że powstał tak dziwaczny, zawiły system samorządowy w Warszawie? Gmina Centrum, prezydent, rady dzielnic. Trudno było się w tym w ogóle połapać.

I było to kompletnie niefunkcjonalne. Ten system to robota Rokity. Koncepcja była teoretycznie wzorowana na Paryżu. Całkowicie nieadekwatnie. Paryż jest gigantyczną metropolią i rozwiązania stamtąd kompletnie nie pasowały do Warszawy. Gdy o tym później rozmawiałem z Rokitą, on część winy zrzucał na Michała Kuleszę. Michał, doskonały znawca samorządu i dobry kolega, już nie może się bronić i wyjaśnić, jak było. Do rozważenia jest to, czy Rokita w ogóle znał się na zarządzaniu, czy raczej było to pewnym mitem. Ustawa, jaką narzucili Warszawie, była kompletnie dysfunkcjonalna i zaplanowana bez wyobraźni. Niektórzy mówili nawet żartem, że Rokita jako krakowianin zrobił to Warszawie specjalnie.

Nie miałeś absmaku związanego z koalicją z SLD?

Chciałem innej, ale to się nie udało, i to nie z mojej winy. Ambicje i krętactwa takich osób jak Pitera rozbiły arytmetyczną możliwość koalicji centroprawicowej. To było przecież na prawicy dobrze zapamiętane. Te jej wolty spowodowały, że w 2001 roku nie przyjął jej PiS, do którego chciała się dostać. Na samorządową listę wyborczą AWS w 1998 roku wpisano ją tylko i wyłącznie dzięki Mariuszowi Kamińskiemu, bo przystąpiła do jego Ligi Republikańskiej. Swoją drogą w 2000 roku zrobiła znowu to samo – wbrew swoim kolegom zagłosowała z SLD przy wyborze prezydenta. Przez jej woltę upadła większość AWS i UW w Warszawie, co skończyło się rozpadem koalicji. Zrobiła to, mimo że Mariusz Kamiński osobiście w tej sprawie interweniował i prosił ją o ustalony w klubie sposób głosowania. Jeszcze będę w późniejszym czasie o tym opowiadał.

Ale jednak była nawet u Tuska ministrem do spraw walki z korupcją.

To tylko pokazuje wyjątkowy koniunkturalizm Donalda i to, jak zmieniła się PO. Wziął ją pod skrzydła w połowie lat dwutysięcznych tylko po to, by uderzała we mnie i moje warszawskie środowisko.

Ja rozumiem, że ty ją bardzo źle oceniasz...

...bo to jest osoba, która sprawia wrażenie błyskotliwej i elokwentnej, ale jak mocniej dociśniesz, to zobaczysz polityka niekompetentnego i – co trzeba specjalnie podkreślić – niesłusznie kreującego się na pogromczynię i specjalistkę od walki z korupcją. Najlepszy przykład to jej misja w czasie pierwszej kadencji Tuska, gdy była u Donalda pełnomocnikiem do zwalczania korupcji. Przecież to była kompletna klęska, z której został tylko słynny dorsz za 8 złotych. Wiele osób dawało się na to nabrać, również Donald. Jak zobaczył, jaka jest naprawdę, to już o żadnym ministrowaniu nie było mowy. Bogiem a prawdą to początek swojej rozpoznawalności zawdzięcza symbiozie z „Gazetą Stołeczną". Miała tam znajomych i oni wraz z nią wzajemnie „napędzali" sobie sprawy. Albo ona robiła jakąś konferencję prasową, a „Gazeta" przez następne dni to lansowała i nagłaśniała, albo odwrotnie – ukazywał się jakiś tekst, a Pitera sprawę podchwytywała i robiła jakąś inicjatywę. Gdyby to dotyczyło rzeczy konstruktywnych, akcji społecznych, inicjatyw, żeby coś zrobić czy sfinansować – to jej prawo korzystać z takiej symbiozy. Jednak w zasadzie bez wyjątku dotyczyło to rzekomego wykrycia jakiejś afery, nieprawidłowości, uchybienia. Potem okazywało się, że to wszystko oczywiście bzdury, że nie było tam żadnej afery, że sprawa wygląda zupełnie inaczej. Ale błoto już zostało rzucone. A tak naprawdę tej napompowanej przez „Gazetę Stołeczną" i rzekomo wielkiej pogromczyni korupcji nie można przypisać wykrycia choćby jednej afery! Na tym polu jej osiągnięcia są żadne. Ale jej pomówienia, którymi rzucała na prawo i lewo, wielu uczciwym ludziom zrobiły wiele złego.

Rozdział VI

Balcerowicz szefem partii

Przejdźmy to polityki ogólnokrajowej. Powiedz mi, jaki jest wasz stosunek do prezydentury Wałęsy wtedy, w 1994 roku?

To nie jest proste. Rządzą postkomuniści. Wałęsa jest legendą, byliśmy po jednej stronie. Ale rzeczy, które wtedy robi, są trudne do zaakceptowania. We wrześniu 1994 roku ma miejsce „obiad drawski", gdzie Wałęsa zachęca generałów do wypowiadania posłuszeństwa cywilnemu ministrowi obrony. „Falandyzuje" prawo, by umieścić Ryszarda Bendera w Krajowej Radzie Radiofonii i Telewizji. Jesienią 1994 roku Wałęsa przyjmuje zaproszenie klubu parlamentarnego UW. To ma być takie napominanie Wałęsy. Głosy przed posiedzeniem są dokładnie rozpisane. Jedna z ról zostaje oddana Tuskowi. Tu ważne są dwa słowa kontekstu – o tym, w jakiej wówczas sytuacji znajduje się Donald. Jest jedynym wiceprzewodniczącym u Mazowieckiego, ale jego rola polityczna jest żadna. Nie radzi sobie, jest bezsilny, nie ma go w parlamencie, na Pomorzu jest całkowicie zmarginalizowany. Jednocześnie zna ustalenia przyjęte na początku 1994 roku przy zjednoczeniu KLD i UW, że rok później mają się odbyć wybory wewnątrz partii. W tej sytuacji mamy spotkanie z Wałęsą na jesieni 1994 roku. Tusk jest między młotem a kowadłem. Jest zadeklarowanym wałęsistą, a partia przygotowała zebranie, na którym Lech Wałęsa ma zostać potępiony.

I co zrobił Tusk? Rozchorował się?

Nie. Przyszedł na spotkanie i dał bardzo mocno antywałęsowskie wystąpienie. Jedno z najostrzejszych. Zrobił to po to, by utrzymać się w partii. Unia przyjęła to bardzo dobrze.

Mazowiecki starał się budować Tuska, żeby ten był w jakiejś kontrze do Geremka?

Liczył na to, że Donald będzie się bardziej rozpychał i wytwarzał przeciwwagę dla środowiska KOR-owskiego. To się nie stało. Donald był zbyt słaby i pozbawiony instrumentów. Pamiętaj, że nas, liberałów, to już dużo nie było, a ci, którzy coś znaczyli, ostali się tylko w Warszawie. Geremek miał ogromną przewagę w klubie parlamentarnym, którego był szefem. W 1995 roku to środowisko post-KOR-owskie postawiło jasny postulat: Mazowiecki przestaje być przewodniczącym, zaś Jacek Kuroń będzie kandydatem Unii na prezydenta Polski. Środowisko Geremka starało się nas manifestacyjnie przekonać do tego, byśmy nie występowali przeciw kandydaturze Jacka na prezydenta. Ja z nim nie miałem żadnego problemu, znaliśmy się od dawna. To był też czas, jak już opisywałem, moim lepszych relacji z samym Geremkiem. W 1995 roku z inicjatywy Adama Michnika doszło do ciekawego spotkania. Z jednej strony Michnik i Kuroń, a z drugiej – Donald i ja. Gospodarzem spotkania był wzmiankowany już Jerzy Woźnicki, który dyskretnie, ale odgrywał niezwykle ważną rolę. To spotkanie było u niego w domu.

Piliście?

Alkoholu nie brakowało. Spotkanie kończyło się „misiami" i obcałowywaniem się z Michnikiem – co sobie z Donaldem potem często przypominaliśmy. A szczególnie często wtedy, gdy „Wyborcza" znów nas atakowała.

W trakcie spotkania oni nas przekonywali do swej koncepcji i do tego, byśmy wsparli Kuronia. Dla naszego liberalnego środowiska to był trudny czas. Rosło niezadowolenie z Donalda. Mniej więcej w tamtym okresie, gdy doszło do wspomnianego spotkania, między mną i Donaldem była różnica koncepcji. Przy czym byliśmy w bardzo przyjacielskich relacjach i to się nie przekładało na sprawy osobiste. Spotykaliśmy się przy winie, śpiewaliśmy razem „Epitafium dla Włodzimierza Wysockiego", a „po grani, po grani, po grani" stało się frazą używaną niemal codziennie. Dla nas była to ilustracja wyzwania, że nawet z najtrudniejszej sytuacji będziemy umieli wyjść, że jedziemy do przodu wszystkimi siłami, nie zważając na zagrożenia. A politycznie pojawiła się różnica. Na tamtym etapie środowisko post-KOR-owskie wymyśliło, żeby zamiast Mazowieckiego szefem partii został Balcerowicz. Ja upatrywałem w tym szansę, mimo iż postulat wychodził ze środowiska „starej" Unii. Balcerowicz to przecież reformy, liberalny nurt. Oceniałem, że to da świeży powiew i wzmocni nasz sposób myślenia. Post-KOR-owskie środowisko zapewne myślało, że będzie miało Balcerowicza pod swoją kuratelą i po swojej stronie. Nie docenili samodzielności nowego szefa, co się dość szybko potem pokazało.

Rozumiem, że Tuskowi pomysł z Balcerowiczem nie przypadł do gustu?

Nie przypadł. On się czuł w miarę bezpiecznie przy Mazowieckim, był jego jedynym wiceprzewodniczącym. Liczył, że to się utrzyma. Balcerowicz jest człowiekiem nastawionym technokratycznie. Można się było domyślać, że współpracowników będzie szukał wśród ludzi, którzy będą zaangażowani i pracowici. A Donald, mówiąc delikatnie, nie był znany z pracowitości. Druga linia podziału między mną a Donaldem dotyczyła kandydatury

Jacka Kuronia. Ja go znałem, lubiliśmy się, miałem liczne świadectwa sympatii Jacka w stosunku do mnie. Byłby dobrym prezydentem w havlowskim stylu. Dla mnie był do zaakceptowania. Z kolei dla Donalda, jak już mówiłem, Kuroń to był symbol tej „warszawki" – może nawet w jeszcze większym stopniu niż Michnik. Dla Donalda Jacek był nie do przyjęcia. Jego taktyka była więc taka: „Po cichu głosuję na Wałęsę, ale tego nie mówię głośno, bo mi to zaszkodzi w Unii". Oczywiście, formalnie, w unijnym głosowaniu Donald poparł Janusza Onyszkiewicza, który był kontrkandydatem Jacka wewnątrz Unii.

A jak Michnik i Kuroń w trakcie tego spotkania przekonywali Tuska i ciebie do własnych koncepcji?

Mówili, że partia musi wystawić własnego kandydata, co było rozsądne. Michnik przekonywał, że to musi być Jacek. Wystawianie Mazowieckiego nie ma sensu, bo wokół niego nie uda się zbudować dużego społecznego poparcia. Jeśli w 1990 roku nie wszedł do drugiej tury, to tym bardziej nie będzie na to szans pięć lat później. I dalej tłumaczyli, jak widzą przyszłą Unię. Od skrzydła prospołecznego, które symbolizuje Jacek, przez liberalizm światopoglądowy po skrzydło liberalne gospodarczo, na którym bylibyśmy my, czyli dawne KLD. Michnik z Kuroniem przekonywali, że to jest dobra koncepcja również dla nas jako środowiska.

Rozumiem, że byliście jako środowisko liberalne w sprawach taktyki podzieleni. I tak poszliście na kongres Unii. Tam, wbrew chęciom Tuska, szefem partii zostaje Balcerowicz.

Balcerowicz, którego wtedy znałem dość słabo, zaraz po wyborze nagle zgłasza się do mnie i proponuje mi, bym został sekretarzem generalnym Unii Wolności. „Stara" Unia blokuje ten pomysł. Mówi mu, że to dla nich nie do przyjęcia. Sekretarzem zostaje Grażyna Staniszewska, krew z krwi „starej" Unii. Jej zastępcą zostaje Mirosław Czech, osoba z tego samego środowiska. My, liberałowie, jesteśmy we władzach całkowicie zmarginalizowani. Byliśmy w totalnym dole. Poza Unią zaczął się tworzyć AWS, ale tam też nas nie chciano. Wtedy powstało kolejne sformułowanie, które na trwałe trafiło do naszego środowiskowego języka. Siedzieliśmy i marzyliśmy z Donaldem, że jeszcze kiedyś będziemy częścią „wielkiego układu, który jedzie". Bo „wielki układ, który jedzie" – to synonim mocnego ugrupowania, które ma wpływ na zmiany, a my na niego. Bez wątpienia wtedy byliśmy poza jakimkolwiek „wielkim układem, który jedzie". Mieliśmy do siebie sporo dystansu. „Kiedy »wielki układ, który jedzie«, już nadjedzie" – śmialiśmy się – „to ty, Donaldzie, będziesz wtedy co najwyżej przewodniczącym koła Gdańsk-Wrzeszcz". Bawiliśmy się kiedyś tym naszym czarnym humorem świetnie. Raz z Tomkiem Siemoniakiem przechodziliśmy koło Dworca Centralnego i zauważyliśmy maszynę, w której można było wydrukować wizytówki. Do dziś jedną taką mam: „Donald Tusk. Wielki Układ, Który Jedzie. Przewodniczący koła Gdańsk-Wrzeszcz".

Angażowałeś się w kampanię prezydencką Kuronia?

W jego sztabie wyborczym nie byłem. Sztabem dowodził Michał Boni, ale moje środowisko warszawskie bardzo silnie angażowało się po stronie Jacka. Przy realizowaniu kampanii, nie przy jej wymyślaniu. Koncepcyjnie oni od nas niczego nie chcieli, uważali, że sami to zrobią lepiej. Boni w szczególności uznał, że sam świetnie to wymyśli. Całe ich środowisko, czyli „Gazeta Wyborcza" i okolice, było w to zaangażowane.

Oni wymyślili Jackowi rebranding – przebrali go w garnitur i krawat. Jacek jeździł też na rowerze, by pokazać, że jest sprawny. To, jak wszyscy pamiętamy, źle się skończyło, bo spadł z roweru i się pokiereszował. Garnitur miał mu dodać powagi, a rower pokazać, że jest zdrowy. Ja uważałem, że to nie jest dobry trop, ale nic wtedy nie miałem do powiedzenia.

Dlaczego uważałeś, że to nie jest dobry trop?

Ja bym prowadził kampanię w stylu Václava Havla. Nie próbowałbym przekonywać, że Jacek będzie dobrze wyglądał w smokingu na balach. Szedłbym tropem, że głowa państwa wcale nie musi być nadęta i ubrana w pingwini frak. Że to może być ktoś wyluzowany. Ktoś, kto spotyka się z Rolling Stonesami i nie przemawia z wyżyn. Przebierając Jacka, stracono bardziej wyluzowany elektorat; stracono młodzież, która w dużej mierze nie poszła do tych wyborów. Późniejsze wyniki frekwencji pokazywały, że do urn poszły zmobilizowane elektoraty, w szczególności Kwaśniewskiego i Wałęsy. A młody elektorat nie odnalazł w przeistoczeniu Jacka dostatecznej motywacji.

Uważasz, że Kuroń mógł wygrać tamte wybory?

Nie, nie wygrałby. W 1995 roku rysował się tak silny podział, że nie było szans na zwycięstwo. Kwaśniewski tańczył disco polo, miał błękitne soczewki i uwiódł elektorat z małych miasteczek i wsi. A ten przebrany Jacek Kuroń nie uwiódł elektoratu wielkomiejskiego. Szans na zwycięstwo nie było. Dostał około 9 procent. Przy dobrej kampanii była moim zdaniem szansa na 15. To nie zmieniłoby rzeczywistości, ale byłoby budujące dla partii, bo gdyby Unia miała 15 procent w wyborach prezydenckich, to mogłaby dojść nawet do 20 w parlamentarnych.

Kuroń był zdeterminowany, przekonany do tego, że to jest dobre miejsce dla niego? Czy on chciał prezydentury?

Miał momenty wahań, ale był pod ogromną presją swojego środowiska. To w jakimś sensie była sytuacja bezalternatywna, bo wewnętrznymi kontrkandydatami byli Suchocka i Onyszkiewicz. Oboje bardzo lubię i szanuję, ale to nie byliby mocni kandydaci do fotela prezydenta. A atmosfera była taka, że Unia musi wystawić kandydata. Słuszne przekonanie, swoją drogą.

Jaki był Kuroń przy bliższym poznaniu?

O nim mogę mówić w superlatywach, choć w wielu sprawach się nie zgadzaliśmy. Uważałem, że idzie w stronę jakichś archaicznych, iluzorycznych rozwiązań. Michnik, Geremek i Kuroń to byli ludzie z trzech innych światów. Jacek skracał dystans. Spotykałeś go na ulicy i on mówił: „Wpadaj, pogadamy". Pił strasznie mocną herbatę. Miała moc więziennego czaju. Jak wypijałem u niego tę herbatę, potem chodziłem na rzęsach przez pół dnia. Kuroń potrafił słuchać, nie nadymał się. Po ludzku był normalny.

A jak Tusk patrzył na kandydaturę Kuronia?

Oficjalnie jej nie oprotestował, ale sam głosował na Wałęsę.

On ci powiedział, że głosował na Wałęsę w pierwszej turze?

Tak, absolutnie tak. Głosował na Wałęsę nawet w 2000 roku. My go namawialiśmy do poparcia Olechowskiego i wtedy padło to słynne zdanie, że on „nigdy na prezydenta nie poprze agenta".

Jak ty patrzyłeś na prezydenckie rozstrzygnięcie 1995 roku? Sześć lat po zmianie ustroju postkomuniści sięgnęli po pełnię władzy. Mieli rząd i prezydenta. Czy to nie był jakiś wstrząs?

Była to chwila symboliczna. Tylko pamiętaj, że to już nie jest taka czysta sytuacja, jak przy wyborach prezydenckich w 1990 roku. W 1995 roku to już nie jest Wałęsa, który promuje zmiany wolnorynkowe i preferuje liberałów. To jest Wałęsa idący w kierunku twardego ZChN-u, blisko niego jest Marek Jurek, którego swoją drogą bardzo lubię i cenię, jest Henryk Goryszewski. Nie ma już w jego otoczeniu postaci takich jak Jacek Merkel czy Krzysztof Pusz. A ci postkomuniści też są już inni niż w 1991 roku, gdy proponowali finlandyzację Polski. Ci z 1995 roku są już za wejściem Polski do NATO, za naszym członkostwem w Unii Europejskiej. I to jest zmiana, którą głównie niesie właśnie Kwaśniewski. Ja mam już wtedy za sobą doświadczenia z prawicą i z SLD w Warszawie, co też powoduje, że inaczej na to patrzę. Widzę, że ci SLD-owcy, w porównaniu z prawicą, są ludźmi znacznie bardziej przewidywalnymi i słownymi. Z samym Kwaśniewskim widziałem się na kilka dni przed pierwszą turą wyborów prezydenckich. To było na rodzinnej imprezie u wspólnych znajomych.

I co mówił?

Pytałem, jak mu idzie. Mówił, że fatalnie, bo tu ktoś coś zawalił, tam mu czegoś dobrze nie zorganizowali. Odpowiedziałem mu, że biorąc pod uwagę to, od czego zaczynał, to wyniki sondaży ma znakomite i to już jest zwycięstwo – nawet jeśli nie zostanie prezydentem. On wtedy stwierdził, że liczy się tylko wygrana i żaden inny wynik nie będzie dobry. I rzeczywiście było tak, że Kwaśniewski przechylił szalę zwycięstwa dopiero w ostatnim momencie. Tak naprawdę to Wałęsa sam sobie odebrał to zwycięstwo debatą telewizyjną.

Tuż po wygranych przez Kwaśniewskiego wyborach rozpoczął się ciekawy proces w SLD. Kwaśniewski odchodzi na funkcję, która wymaga większego dystansu do bieżącej polityki, a zwłaszcza – do polityki partyjnej. Na dodatek zabiera ze sobą grono ludzi, by go wspomagali w kancelarii. Wytwarza się luka, w którą wchodzi najsilniejszy. I to był wtedy Leszek Miller. W szybkim tempie zaczął przejmować kontrolę nad SLD. To naturalny proces, tak wielokrotnie bywało w historii. Ten proces doskonale sobie uświadamiał Donald, gdy 15 lat później, mówiąc o żyrandolach, zdecyduje o swoim niekandydowaniu w wyborach prezydenckich w 2010 roku. Obawiał się, i słusznie, że Platforma wpadnie w ręce Schetyny.

Druga kadencja pokaże jednak, że wpływy Kwaśniewskiego w SLD były dość silne.

To ahistoryczne stwierdzenie. Bo te wpływy odrodziły się w momencie erozji rządu Millera. Wcześniej Kwaśniewski miał dużo splendoru, prawo weta, ale realna władza była w rękach Leszka Millera. To on na przykład decydował, jak będą wyglądać listy wyborcze. Od końca 1995 do 2003 roku, czyli do afery Rywina, to był czas całkowitej dominacji Millera w SLD. On prowadził wtedy swoją absolutnie własną, niezależną od Kwaśniewskiego politykę. Również kadrową.

Jest jeszcze jedna ciekawa postać tamtego czasu. Waldemar Pawlak. Ma niewiele ponad 30 lat. W 1992 roku, po nocy teczek, dostaje propozycję powołania rządu. Przepada, ale już rok później zostaje szefem rządu. To był swoisty fenomen.

Znaliśmy się z Sejmu, nawet obok siebie siedzieliśmy. To ciekawa sprawa. Ludowcom udało się bezboleśnie przeistoczyć z PRL-owskiego ZSL-u w PSL. Weszli w przestrzeń z jednej strony zagospodarowaną przez SLD, z drugiej przez partie postsolidarnościowe. I byli do zaakceptowania przez jednych i drugich. Ze swoimi wadami, z różnymi populistycznymi postulatami w zakresie gospodarczym, ze swoją polityką kadrową. Za pierwszym razem, w 1992 roku, Pawlakowi nie udało się zbudować gabinetu. Drugie podejście miało ciekawy kontekst. Bo przecież w 1993 roku wybory wygrał wyraźnie Sojusz. Ale mimo to oddał fotel premiera Pawlakowi z PSL. Gdyby w 2001 roku, kiedy SLD ponownie wygrało, ktoś wyszedł z propozycją, by słabszy partner objął funkcję premiera, Sojusz odrzuciłby to ze wzgardą. Natomiast w '93 roku SLD, po dwuletniej kadencji pierwszego Sejmu, dopiero wydobywało się z kompletnej izolacji. SLD w pierwszej kadencji nie miał żadnych funkcji, nie prowadzono z nimi rozmów i nie zapraszano na spotkania – co najwyżej wysyłano kogoś, by wysondować, jak będą głosować. Byli otoczeni „kordonem sanitarnym" – tak jak potem Heider w Austrii. W takiej atmosferze, mimo przygniatającej wygranej, SLD-owcy zgodzili się na Pawlaka w fotelu premiera. Ale zaraz też zaczęli budować siłę, obsadzać stanowiska – krok po kroku szli do góry i zaczęli Pawlaka podkopywać. Powstawało u nich przekonanie, że Pawlak zaczyna być obciążeniem i – co ważniejsze – że już stać ich na własnego premiera.

Pawlak odchodzi w cieniu afery InterAms. Nepotyzm, kontrakty dla kolegów, w tle romans. Rzecz wylała się do prasy. Sprawa ciekawa, bo w InterAmsie pracował Marian Zacharski z wywiadu, który był zakolegowany z politykami

SLD, m.in. z Kwaśniewskim. To była zaplanowana akcja polityków SLD zmierzająca do obalenia premiera?

W 1994 roku miałem przekonanie, że Pawlak jest po prostu słaby i że dzieli nas chwila od tego, żeby on się wywrócił na którymś z kamieni. Gdy wybuchła afera, nie miałem wrażenia, że to wszystko jest uknute. Dziś jestem znacznie bardziej sceptyczny. Mam wrażenie, że sprawa była w dużym stopniu szyta przeciw Pawlakowi. I umówmy się, że SLD koalicyjnego premiera przed atakami jakoś zbyt silnie nie broniło.

Dlaczego Kwaśniewski nie został premierem po Pawlaku?

Szykował się już do wyborów prezydenckich i obawiał się, że premierostwo osłabi jego szanse. Miller jeszcze był niegotowy, Cimoszewicz był tylko jedną nogą w SLD, Borowskiemu środowisko SLD-owskie nigdy nie dowierzało. Padło więc na Oleksego, który był jednym z silniejszych graczy w SLD.

Skoro mówisz o wyborach prezydenckich, powiedz, jak wynik Kuronia został przyjęty wewnątrz Unii?

Liczono na dwucyfrowy wynik, a było 9 procent. Tam była w ogóle trudna sytuacja, bo jak pamiętasz, na skutek upadku na rowerze Jacek przestał prowadzić agitację. Za kampanię odpowiadał Michał Boni. Chodziło o to, żeby pokazać – oto liberał jest również z Kuroniem. Jednak środowisko „Gazety Wyborczej" i ta KOR-owska część Unii były rozczarowane, łagodnie mówiąc, niedostatecznymi zdolnościami organizacyjnymi Boniego.

Organizacja, kierowanie zespołem to nie są chyba najmocniejsze strony Boniego.

Nie są. Potem to było widać po jego działaniach w rządzie. Ale nie mieli nikogo innego. Paradoksalnie, po wyborach rozliczenia poszły w drugą stronę. Przeciw Rokicie. Janek przed wyborami zaangażował się w Inicjatywę 3/4 – czyli akcję, w której szło o to, by prezydentem nie został Kwaśniewski. Ta inicjatywa nie miała poparcia Unii. To, że niezadowolenie skupiało się na Rokicie, miało też swój dodatkowy bodziec w tym, że Balcerowicz miał wyjątkową trudność w nawiązaniu kontaktu z Rokitą. To są dwie osoby o trudnych charakterach. I też z powodów charakterologicznych się nie znosili. A przecież Rokita mógłby być sojusznikiem Balcerowicza w wielu kwestiach gospodarczych.

Byłeś świadkiem ostrych rozmów między nimi?

Wiele razy konfrontowali się bardzo ostro na zamkniętych posiedzeniach partyjnych. U Rokity moim zdaniem dojrzewało wtedy przekonanie, że ówczesna Unia – czyli połączenie Balcerowicza ze środowiskami KOR-owskimi – nie jest miejscem, gdzie mógłby znaleźć dla siebie jakieś pole do działania i awansu. Rokita przeżywał silną frustrację, bo dobrze pamiętał stosunkowo niedawny okres rządu Suchockiej, w którym on miał mocną pozycję i spory kawałek realnej władzy. W momencie, w którym to się skończyło, poszedł do klubu i nie odgrywał tam pierwszoplanowej roli. Był zagubiony. Szukał swojego miejsca. Nie miał środowiska i tak naprawdę takim quasi-środowiskiem był dla niego Bronisław Komorowski. Komorowski, oczywiście, nigdzie z Unii wychodzić nie chciał, ale gdyby Rokita się na to zdecydował, to on nie bardzo miał możliwość ruchu. Nie wykluczam, że Rokita całkiem świadomie prowokował Balcerowicza, by ten go wypchnął.

Po co?

Być może chodziło o to, żeby dorobić sobie argumentację. O to, żeby być zaakceptowanym przez tworzącą się prawicę. Pamiętaj, że po prawej stronie zaczyna się ruch. Mamy próby porozumienia, Konwent Świętej Katarzyny, w końcu Mariana Krzaklewskiego, który na swoim komputerze przelicza potencjał tych wszystkich partyjek i próbuje spinać. Tak więc Rokita wciąż prowokował, aż w końcu Balcerowicz, rozsierdzony taką postawą Rokity, postawił sprawę na Radzie Krajowej Unii w sposób zasadniczy – albo zmiana postawy Janka, albo pożegnanie Janka z partią. I wtedy miał miejsce istotny moment. Rokita sondował środowisko liberalne, czy wyjdziemy wspólnie z nim z Unii. Ja byłem zdecydowanie temu przeciwny.

Dlaczego?

Po pierwsze, dlatego że z Rokitą nigdy nie mieliśmy zdolności kreowania wspólnych celów. Kwestią na osobną rozmowę jest to, czy Janek z kimkolwiek miał zdolność zespołowego działania. Po drugie, oznaczałoby to dla mnie rozłam wszystkiego, co bieżąco osiągnąłem, czyli koalicji w Warszawie i pozycji w regionie.

Jaka była opinia Tuska?

Donald też mu odmówił. A mówimy o Donaldzie, który nie jest już wiceprzewodniczącym partii. Jest zdegradowany po tym, jak Mazowiecki przegrał wybory w partii. Z Rokitą wychodzi wąska grupa. Nie wyszedł z nim nikt z naszego liberalnego środowiska. Istotne znaczenie dla naszej decyzji miało też przekonanie, że postaci takie jak Donald będą nie do zaakceptowania dla tej właśnie rodzącej się prawicy. Bo o ile, od biedy, Rokita był dla nich jeszcze do przełknięcia, to „liberałowie-aferałowie" – już nie.

Jak na stanowisku szefa Unii działał Balcerowicz? To jest człowiek poukładany, nielubiący politykierstwa, tracenia czasu.

Balcerowicz funkcjonował zadaniowo. To jest bardzo dla niego charakterystyczne. Stawiał sobie kolejne cele – kampania Kuronia, załatwienie sprawy z Rokitą, wybory 1997 roku, przejście do etapu rządzenia i przeprowadzenia reform. Gdybyśmy w 1997 roku nie weszli do rządu, to – moim zdaniem – Balcerowicz natychmiast zrezygnowałby ze stanowiska szefa partii. Jemu nie odpowiadałoby trwanie na stanowisku lidera opozycyjnej partii w parlamencie.

To był dobry szef partii? To właściwe miejsce dla niego?

Dla Balcerowicza najlepsze miejsce to funkcje wykonawcze. Z całą pewnością. Ale po to, żeby być wicepremierem rządu i móc coś zmieniać, musiał być szefem partii. Miał coś, co dla środowiska osób ze starej Unii było nieosiągalne. Był zdolny do sięgania po nowych ludzi. Stare pokolenie czuło się zawiedzione, że nie może nim sterować. To był na pewno plus.

To nie było tak, że on był dla tej partii balastem? Balcerowicz jednak był politykiem niesłychanie niepopularnym w latach 90.

Gdybyśmy my, jako Unia Wolności, walczyli o 40 procent, to być może Balcerowicz nie byłby „door openerem" , czyli tym, kto otwiera drzwi do różnych domów na polskich wsiach i w miasteczkach. Ale my mieliśmy notowania na poziomie 10 procent. Przy takim wyniku Balcerowicz był idealnym konsolidatorem. Był świetną twarzą partii dla ludzi, którzy byli ambitni, chcieli wolnego rynku i reform. W 1997 roku pod wodzą Balcerowicza przekroczyliśmy w wyborach 13 procent, i to był znakomity wynik. Gdyby nie było Balcerowicza, to ta utrata wyrazistości, która potem się Unii przytrafiła, byłaby szybsza.

Napomknąłeś o Bronisławie Komorowskim. Jak go zapamiętałeś z tamtego okresu?

Bronek był wtedy osobą drugiego planu. Niezwykle sympatyczną i z którą mieliśmy od początku dobre relacje, ale nie wydawało się, że będzie kiedykolwiek jakimś liderem. W jego relacjach z Rokitą było tak, że to Janek inicjował wydarzenia i nadawał ton. Bronek, czasami narzekając na to, co robi Rokita, podążał w sposób dosyć bezalternatywny za nim. Próby rozmowy pod hasłem: „Bronku, no co ten Janek robi! Czy on inaczej nie może?!" – nigdy nie były skuteczne.

To człowiek, który przeszedł niejedną przemianę. Kiedyś był przeciw Okrągłemu Stołowi, potem związał się z Rokitą. Dziś jest piewcą dawnej Unii Wolności. Wokół niego są Wujec, Lityński. O co w tych przemianach chodzi?

Przemiany u niego się zdarzały. I wcześniej, i później. Na tamtym etapie był zadeklarowanym konserwatystą. Jego sojusz z Rokitą był nierozerwalny. Co ciekawe, takiej łączności nie miał na przykład z Tadeuszem Syryjczykiem, który też definiował się jako konserwatysta. Ten alians Komorowskiego i Rokity trwał dłuższy czas. I dawał Bronkowi jakieś profity – chociażby w postaci stanowisk rządowych w czasach AWS-owskich. Skąd to się wzięło? Tego nie wiem. Ale ten ścisły sojusz między nimi trwał do początków PO. W tym sojuszu zachowania Bronka były wyłącznie pochodną zachowania Rokity w różnych dziedzinach. Był uważany za naturalnego followera Rokity. Do tego stopnia, że nie trzeba było z Bronkiem przeprowadzać osobnej rozmowy. Wystarczyło, że porozmawiasz z Rokitą, i było wiadomo, że on zachowa się tak samo.

Co to znaczy, że był konserwatystą? To znaczy, że lubił polowania i hołdował tradycji?

No właśnie, to dobre pytanie, co to znaczy. Generalnie to była taka niesprecyzowana warstwa zaklęć. Bo przecież ostrego sporu ideowego wokół spraw typu in vitro czy związki partnerskie wtedy jeszcze nie było. Był już kompromis aborcyjny i z grubsza wszyscy uważali, że nie należy go naruszać. Można byłoby próbować to definiować poprzez stosunek do Kościoła, ale to też nie było jakimś żywym elementem dyskusji.

Końcówka 1995 roku przynosi sprawę Olina. To był ważny moment?

Oczywiście była to wielka i bardzo spektakularna rozróba. Politycznie jednak nie przeceniałbym tego wydarzenia. Ta sprawa nie zmieniła trendu. Ani z jej powodu SLD nie straciło władzy, ani też dzięki niej Wałęsa nie odzyskał wiarygodności. Z politycznego punktu widzenia dużo mocniejsza była późniejsza afera Rywina, która doprowadziła SLD do upadku. Afera Olina, patrząc na losy Polski, niczego nie zmieniła, nie odwlekła procesu integracji z NATO, nie zmieniła sceny politycznej, nie odwróciła nastrojów.

Rozdział VII

Wybory w 1997 roku

Wspomniałeś, że okres 1995–1996 był bardzo trudny dla waszego środowiska liberałów. Opowiedz o tym.

To był szczyt trudności. Jedynie w Warszawie i na Mazowszu trzymaliśmy się. W Gdańsku Donald kompletnie wypada z obiegu. Absolutnie się nie liczy. Grzesiek Schetyna we Wrocławiu zarabia pieniądze, bo tworzy Radio Eska. Potem przejmuje klub sportowy, ale politycznie jest w defensywie. W Krakowie nasze środowisko kompletnie rozłazi się w szwach. To samo w Poznaniu. W Łodzi pojedyncze osoby, jak Drzewiecki i Grabarczyk, są w stanie przetrwać. Dwa razy do roku spotykamy się w Warszawie i opowiadamy sobie, co u nas słychać. Nastrój jest minorowy. Inaczej to wygląda w młodzieżówce, czyli w Młodych Demokratach. Tam dominuje nasza, KLD-owska strona. I to w dużej części są zresztą ludzie, którzy dzisiaj są posłami.

Czyli kto?

Oprócz Sławomira Nowaka to na przykład Paweł Olszewski, Tomasz Lenz, Agnieszka Pomaska, Krzysztof Lisek.

A Tusk w tamtym okresie? Jak on się czuje? Jaka jest jego forma?

To była polityczna zapaść, która będzie trwała jeszcze długo. W sumie do końca lat 90. Mimo że od jesieni '97 roku dzięki Balcerowiczowi Tusk będzie miał ten swój pokoik w Senacie, gdzie palić się będzie cygara i popijać winko. Wydaje albumy i politycznie niewiele robi. W Unii nie ma pozycji, również w tej lokalnej, gdańskiej Unii. Mam wrażenie, że to jest taki przez niego „przebimbany" okres. Książki poważnej nie napisał, doktoratu nie zrobił. Od czasu do czasu wpada do Warszawy, ale politycznie nic z tego nie wynika. Pijemy alkohol, śpiewamy Kaczmarskiego, snujemy nieskonkretyzowane plany, dowcipkujemy w starym gronie. Potem śpi u mnie w „donaldówce". A od rana to samo.

Nie widać żadnych perspektyw dla niego.

Tak. Jeśli w '97 roku Balcerowicz nie podałby mu pomocnej dłoni i nie zrobił senatorem – i to wbrew gdańskiej Unii – pewnie o Donaldzie więcej byśmy już nie usłyszeli. Bo z listy poselskiej go wypchnięto. Nawet nie było nadziei na wejście z 30. miejsca, boby tego 30. miejsca w pomorskiej Unii Wolności też nie dostał. Ta „stara" Unia na Pomorzu, którą reprezentowała Olga Krzyżanowska, dogadała się jedynie z Januszem Lewandowskim. No, ale to był jednak były minister dwóch rządów. Natomiast Donald? Leń w krótkich spodenkach, który jest nie do zaakceptowania. Tak go tam traktowano.

Jak to możliwe? Spróbuj to wyjaśnić. Masz do czynienia z człowiekiem, który był liderem środowiska. Był wiceprzewodniczącym UW i nagle w tak dramatyczny sposób obsuwa się w otchłań.

Ciekawszym fenomenem jest dla mnie jego późniejsze odbicie w górę i to, co on przeciwko nam zrobił w Platformie – niż to, co się wtedy działo. Ale, wracając do pytania – wtedy w środowisku „starej" Unii Donald niespecjalnie był poważany. Te jego cechy, które potem pozwoliły mu rozwinąć skrzydła – na przykład świetna komunikacja z salą, umiejętność szybkiego nawiązania kontaktu z ludźmi, medialność – to wszystko na polityków „starej" Unii nie działało. Takie triki nie robiły na nich wrażenia. Był w kropce. W środowisku prawicowym nie miał czego szukać. Środowisko lewicowe w ogóle było dla niego poza jakimkolwiek zakresem wyobraźni. A środowisko unijne go nie chciało. I jednocześnie nie miał żadnej własnej siły. Nie potrafił zadbać o ludzi, nie potrafił też regionalnie zbudować takiej pozycji, jaką chociażby udało nam się zbudować w Warszawie. I tak naprawdę zbieg okoliczności, czyli to podanie ręki przez Balcerowicza, sprawiło, że wrócił na powierzchnię.

Dlaczego Balcerowicz postanowił podać mu rękę?

Wynikało to z wewnętrznego przekonania Balcerowicza, że środowisko liberałów nie powinno w Unii zaniknąć. W Unii był bardzo silny nurt prospołeczny, z takimi postaciami jak Kuroń czy Lityński. Balcerowicz chciał mieć wewnątrz również inny, liberalny nurt. Jest jeszcze jeden aspekt. Tusk nigdy nie był ulubieńcem Balcerowicza, ale widział, w jak trudnej sytuacji znalazł się Donald. I jego gest był też wyrazem zwykłej przyzwoitości.

Rozumiem, że ty z Balcerowiczem miałeś lepszą chemię?

Tak, to prawda. Wyrazem tego było to, że w styczniu '97 roku Balcerowicz przeforsował mnie, przy dużych wewnętrznych oporach Unii, na szefa zbliżającej się kampanii do Sejmu. „Stara" Unia obudowuje mnie różnymi zespołami strategicznymi, żeby mnie pilnować. Mieliśmy też amerykańskich doradców w tej kampanii. Pomysł jest taki, żeby budować kampanię dla elektoratu zadowolonego z 7 lat przemian, z tego, co robił Balcerowicz.

Wybór ciebie na szefa kampanii budził sprzeciw?

Tak. Było niezadowolenie, że nagle wchodzi tu Piskorski, silnie identyfikowany ze środowiskiem liberałów, mający swoją pozycję w Warszawie i ma być szefem kampanii. Były gesty nieprzyjazne. Przykład? Proszę bardzo. Wtedy jeszcze funkcjonowała lista krajowa i ja w projektowanym jej kształcie miałem wysokie miejsce. No to starzy unici zapowiedzieli w kuluarach, że złożą wniosek o wykreślenie mnie z tej listy. Uprzedziłem ten ruch i sam zrezygnowałem – zakładając, że i tak muszę dostać się z okręgu. Dostałem za to oklaski na radzie – nawet od tych ze „starej" Unii. Ale summa summarum były to nieprzyjemne incydenty. Balcerowicz bardzo się jednak upierał, żebym to ja był frontmanem – tym, który prowadzi kampanię.

I co, unici patrzyli ci na ręce w kampanii?

Mirosław Czech, który był w tym środowisku ważną postacią, został osadzony jako nadzorca. Patrzył, co ja robię, sygnalizował swoim, jak coś się działo nie po ich myśli. I jak się coś takiego działo, to wtedy Balcerowicz miał telefon od Geremka z tekstem w rodzaju „że my byśmy to inaczej zrobili". Masę drobnych i większych bojów musiałem przechodzić w związku z tą sytuacją.

Pamiętasz hasło wyborcze?

„Mądry wybór, lepsze życie" – i jego używaliśmy wraz ze zwrotem „Drugi plan Balcerowicza".

Mieliście konsultantów z Ameryki. Co to byli za ludzie?

Bardzo rozsądna ekipa z Nowego Jorku. Kancelaria nazywała się Shepardson Stern Kaminsky. Środowisko „starej" Unii załatwiło ich jakimiś swoimi kanałami. To byli ludzie, którzy pracowali przy kampaniach na całym świecie. Przesympatyczni i rozsądni. Rok 1997 to jest ostatni czas, w którym ci zagraniczni fachowcy jeszcze odkrywali dla nas coś nowego. Potem, w 2001 roku, robiłem kampanię wyborczą i w zasadzie wszystkie te triki już znałem.

A więc kwestie związane ze sposobami badania, interpretacją fokusów, przepływami elektoratów, zdolnością dotarcia do wyborców. W 2001 roku wszystko to już wiedzieliśmy. Obecność tych Amerykanów była mi na rękę, bo oni w większości spraw się ze mną zgadzali i byli świetnym argumentem w pacyfikowaniu interwencji „starych".

Na przykład w czym?

Na przykład w tym, że trzeba w klipach pokazywać Balcerowicza, a nie 20 różnych postaci. Na przykład w tym, że muszą być pozytywne skojarzenia kierowane do zadowolonego elektoratu dużych miast. Jak mamy lidera o tak charakterystycznym profilu jak Leszek, to nie można było robić kampanii w kolizji z nim. Nie można takiego pozytywnego, prorozwojowego przekazu osłabiać prospołecznym użalaniem się nad grupami, którym ostatnio się pogorszyło. Wsparcie Amerykanów było dla mnie pomocne, bo, po pierwsze, politycy „starej" Unii chcieli mocno akcentować sprawy kolidujące z wizerunkiem lidera, i, po drugie, chcieli występować w reklamówkach telewizyjnych. By ich trochę uspokoić, dać sobie czas, a im satysfakcję, zrobiliśmy wielkie sesje nagrań ze wszystkimi liderami Unii. Przygotowywali się, wykuwali na pamięć, my szukaliśmy plenerów, nagrywaliśmy ich z całym nabożeństwem, pokazywaliśmy im rezultaty. Podziałało jak sesja terapeutyczna. Przestali się czepiać, a my pokazywaliśmy i tak to, co chcieliśmy.

Pomagałeś Tuskowi w tej kampanii? Bał się? Jakie były jego oceny tego, czy ma szansę dostać się do Senatu?

Był bardzo zdeterminowany. Był wystawiony wbrew całej pomorskiej Unii i nie mógł liczyć na ich pomoc. Większość kampanii zależała od niego i jego znajomych. Gdy robiliśmy profile ogólnokrajowe i za tym klipy telewizyjne, to każdemu liderowi przydzieliliśmy coś, o czym ma mówić.

I on akurat wtedy, co potem było przez kilka lat przez nas żartem przywoływane, mówił o zwalczaniu mafii. Występował z kijem bejsbolowym na tle komendy policji w Pruszkowie. I stukając tym kijem, mówił, że wyplenimy mafię i tutaj trzeba przywrócić praworządność. Niestety – ten film gdzieś zaginął. Ile się dało Donaldowi pomóc, tyle mu się pomagało. Ale tak naprawdę to on musiał zrobić tę agitację tam na miejscu. Ta kampania w ogóle była ciekawa, bo przewinęło się masę fajnych ludzi. Piosenkę nagrał dla nas specjalnie Jacek Kaczmarski, którego uwielbialiśmy, ale z którym wtedy dopiero nawiązałem bliższe, kumpelskie kontakty. A Witold Bereś i Jerzy Skoczylas pisali dla nas teksty.

Jakie teksty?

Teksty do publikacji, stanowiska, wystąpienia. Bereś to w ogóle cała legenda tej kampanii. Liczba anegdot, które się z nim kojarzą – głównie z naszych wyjazdów na sesje wyjazdowe do Krakowa – jest ogromna. On tam był absolutnym królem życia. Ta kampania 1997 roku była twórczym konglomeratem nowoczesnego rytmu ze starą etosowością. Mieliśmy masę „popieraczy". Do głosowania na nas zachęcali między innymi Marek Kondrat, Piotr Machalica i Zbigniew Zamachowski. I wykręciliśmy wynik 13,7 procent. To zostało przez wszystkich uznane za sukces.

Balcerowicz startował na Śląsku. Trochę nienaturalne dla niego miejsce. Nie obawialiście się tego?

Była duża obawa, jak go ten Śląsk przyjmie, ale dostał świetny wynik. Sytuacja była taka, że w Warszawie na jedynce musiał być Geremek. To było oczywiste. W Krakowie też mieliśmy silną obsadę. Na Śląsku kandydatury były słabsze i Balcerowicz podjął wyzwanie. Śląsk to nie tylko elektorat kopalniany, lecz także duża klasa średnia, inteligencja i do nich przekaz Balcerowicza trafiał. Bardzo pomógł też Kazimierz Kutz otwarcie nas popierający. Jeśli chodzi o środowisko liberalne, to oprócz Donalda, który wywalczył mandat senatora, do Sejmu udało się wejść dosłownie kilku osobom, w tym mnie i Grzegorzowi Schetynie z Wrocławia. Oczywiście Frasyniuk w pełni panował nad układaniem wrocławskiej listy, ale w ten proces zaangażował się Balcerowicz z przesłaniem: „Nie wycinajmy zupełnie liberałów!". I w końcu udaje się go wcisnąć na listę. Grzesiek, dzięki własnym możliwościom finansowym, mandat wywalczył. Do Sejmu wchodzi też Mirek Drzewiecki – on też miał własne duże zaplecze finansowe, co dało mu możliwość zrobienia widocznej kampanii. W nowym Sejmie jest jeszcze Lewandowski, ale on jest chciany i lubiany w „starej" Unii. I jest też Michał Boni, niby z KLD, ale w sumie osoba całkowicie już przejęta przez „starą" Unię.

Kto konkretnie z tej Unii tak gniótł Tuska w Gdańsku?

Olga Krzyżanowska była tam szefową i miała ogromną nieufność do Donalda, ale tak naprawdę całe to środowisko było do niego nastawione sceptycznie. W Słupsku był Jan Król. Też niechętny Donaldowi. I niechętny całemu naszemu środowisku.

A dlaczego Lewandowski był dla nich do zaakceptowania, a Tusk nie był? Co to za różnica?

Po pierwsze oni uważali Lewandowskiego za polityka „merytorycznego", czyli postrzegali go jako niegroźnego. Bo zajmuje się prywatyzacją, gospodarką, a nie rozgrywkami politycznymi. A ten Donald – tak uważali – jest od rozgrywek. I Piskorski też jest od rozgrywek. Po drugie, Lewandowski był taki „nieaspirujący". Nie interesowało go na przykład występowanie w grze o stanowisko szefa regionu. Nie rozpychał się, nie był groźny przy partyjnych rozgrywkach – jednym słowem: nie był polityczną konkurencją. Lewandowski i Boni zostali zaakceptowani przez Unię jako tzw. „dobrzy liberałowie".

Wy w tamtym okresie jeździliście do Londynu, do Bieleckiego?

Nie, nie było tak, żebyśmy nieustająco jeździli, ale z Bieleckim mamy wtedy stały kontakt. Ja u Bieleckiego w domu spędziłem część wakacji w '96 roku. Bielecki wyjechał na swoje wakacje, a ja i moja żona pojechaliśmy do niego do Londynu. Relacje były cały czas bardzo serdeczne. Opowiadał, co robi, oprowadzał po biurach. Ale to był inny świat. My mamy swoje zmartwienia. Przygotowania do kampanii, jakieś tam problemy samorządowe, a Bielecki jest w wielkiej instytucji, w wielkim świecie. Spotykamy się, kiedy wpada do Polski, ale nie uczestniczy w żadnych bieżących rzeczach.

A w tych strategicznych?

W tych tak. Siada z nami, myśli, analizuje...

Powiedz o jeszcze jednej rzeczy. Widać, że z biegiem czasu w środowisku Unii następowała coraz większa akceptacja dla Kwaśniewskiego...

Zdecydowanie. Ten proces postępuje. I to nie tylko w „starej" Unii, ale też w środowisku liberalnym. Kwaśniewski ma wpadki, ale z naszego punktu widzenia nie robi nic złego. I taki proces oswajania się z Kwaśniewskim jest powszechny. Do tej postępującej zmiany naszego stosunku do Kwaśniewskiego przyczynia się na pewno wspólna praca nad konstytucją, a także następujące po niej referendum konstytucyjne, w którym Unia jest po tej samej stronie co on.

Rozdział VIII

Koalicja z AWS

Wynik wyborów 1997 roku wzmacnia twoją pozycję w Unii.

Wynik jest satysfakcjonujący. Dostajemy ponad 13 procent głosów i możemy tworzyć rząd z AWS. Po drugie, jestem szefem udanej kampanii wyborczej. Donald dostaje się do Senatu i wtedy zaczyna się epoka „kanciapy" Donalda, czyli gabinetu wicemarszałka Senatu. Tam się najczęściej gromadziliśmy. To był malutki pokoik z sekretariatem na drugim piętrze w siedzibie Senatu. Tam był nasz przyczółek. Donald to miejsce w Senacie i ten fotel zawdzięcza Balcerowiczowi. Nigdy się z tego długu nie wypłacił. Ja z kolei zostaję wiceszefem klubu i to jest nagroda właśnie za udaną kampanię. Wchodzę do zarządu partii, biorę udział w rozmowach na temat tworzenia rządu. Jestem w samym środku najważniejszych wydarzeń. Coś w rodzaju niespodziewanego zderzenia z rzeczywistością zdaje się przeżywać „stara" Unia, gdyż jej środowisko chyba dopiero teraz zaczyna sobie przypominać i uświadamiać, jak bardzo Leszek Balcerowicz jest niezależny i samodzielny. Okazuje się bowiem, że ekipa Geremka nie ma aż takiego wpływu na tworzenie rządu, jak by chciała.

Czym to się objawia?

Na przykład tym, że na rozmowy o budowaniu koalicji chodzi wąskie grono ludzi – za każdym razem wskazane przez Balcerowicza. Stałymi postaciami są dwie osoby – Tadeusz Syryjczyk i ja. I to będzie tworzyło napięcie między środowiskiem Balcerowicza i Geremka. Napięcie, które będzie rosło wraz z upływem czasu. Co do samej koalicji, to od początku byliśmy za tym, żeby ją robić z AWS-em. Podobał nam się Buzek. Miał ładną kartę opozycyjną, był racjonalny. Nie był typem roszczeniowo nastawionego związkowca.

Dlaczego Krzaklewski nie chciał być premierem?

Uważał, że kręgosłupem AWS jest „Solidarność". Nie mógłby być jednocześnie szefem związku i premierem. Chciał utrzymać to co najważniejsze w swoich rękach. Wtedy była trochę inna sytuacja niż teraz. Dominowało myślenie, że premier jest zderzakiem, który można wymienić. Sam AWS to był bardzo ciekawy żywioł polityczny. Małe prawicowe partyjki, które stawiały swoje postulaty, i Marian Krzaklewski, który musiał to brać pod uwagę, negocjować i politycznie ugniatać. To były takie małe lenna, z którymi zawsze są problemy, ale takie lenna nigdy nie są samodzielne i nie tworzą głównego nurtu.

Było środowisko związkowe, które odgrywało najsilniejszą rolę.

Tak, i był Krzaklewski, który miał zdolność i cierpliwość, żeby to całe towarzystwo zebrać i ze sobą dogadać. Bardzo silną pozycję po tamtej stronie miał Janusz Tomaszewski. To z nim się negocjowało w kuluarach. W sprawie stanowisk, ważnych głosowań, koalicji samorządowych. On był tym, który trzymał w rękach całą tę AWS-owską strukturę.

Rozumiesz fenomen tej postaci? To nie był człowiek, który wcześniej funkcjonował w polityce.

Tomaszewski potrafił utrzymać i „dogadać" wewnętrznie ogromną organizację, jaką była „Solidarność". Oczywiście nie występował wcześniej na pierwszym planie, ale w „Solidarności" był najbliższym współpracownikiem Krzaklewskiego. Wykonywał tę całą robotę, która dawała napęd tej kilkusettysięcznej organizacji. My tego z zewnątrz nie widzieliśmy, ale to właśnie była praca Tomaszewskiego. Polegała między innymi na jeżdżeniu po kraju, dogadywaniu się z działaczami, rozumieniu ich potrzeb, trzymaniu spraw finansowych. Potem ta jego rola została przeniesiona z pola związkowego na polityczne. Ale mechanizm działania był ten sam. Co ciekawe, Tomaszewski nie był dogmatyczny. Potrafił ustępować. Swoją drogą, gdyby Tomaszewski nie został „odstrzelony" papierami lustracyjnymi, to w 2000 roku – tak myślę – koalicja AWS-UW nie rozpadłaby się. Uważam, że z nim co do dalszej współpracy można by się było dogadać.

Kto jeszcze był tam istotny?

Jacek Rybicki i Kazimierz Janiak – to z tej ekipy związkowej. Wojciech Arkuszewski, który występował w imieniu Buzka w wielu sprawach. Osobny i ważny byt to Wiesław Walendziak i ekipa pampersów. Oni byli istotni z punktu widzenia medialnego, telewizyjnego. Ekipa pampersów prowadziła świadomą politykę personalną. Nawzajem się wspierali. Opowiadali, że następnym premierem będzie właśnie Wiesiek Walendziak. Pompowali go politycznie.

Mówiłeś o ekipie, która chodziła na negocjacje koalicyjne. Nie było w niej Geremka?

Przy części rozmów był, ale przy najbardziej istotnych – nie.

Ciekawe. Dlaczego?

To nie była kwestia otwartej rywalizacji między Balcerowiczem a Geremkiem. Chyba bardziej próba pokazywania przez Balcerowicza, że teraz to on jest liderem. Ale – żeby było jasne – Geremek zachowywał się bardzo lojalnie. Balcerowicz miał oczywiście swoje priorytety przy negocjacjach koalicyjnych i one dotyczyły kwestii wprowadzania reform – co akurat na plus odróżnia go na przykład od dzisiejszego Tuska. Tyle że zawiązywanie koalicji to nie tylko program i reformy, ale też gra personaliów. Miejsca w urzędach wojewódzkich, ministerstwach, spółkach Skarbu Państwa. Balcerowicz w ogóle nie chciał o tym rozmawiać. I politycy AWS momentalnie wyczuli, że mogą to wykorzystywać. Zresztą te negocjacje koalicyjne na najwyższym szczeblu miały swoisty przebieg. Odbywały się w rezydencji premiera na Parkowej i toczyły się w obecności Buzka, ale negocjacje prowadzili Balcerowicz i Krzaklewski oraz ich współpracownicy. Buzek nie miał tu podmiotowej roli. Jak mówiłem, Balcerowicza sprawy personalne nie interesowały, więc ton w tej dziedzinie nadawała AWS. A my, co zabawne, z braku możliwości, zaczęliśmy czynić z tego cnotę.

Rozumiem, że to wywoływało frustrację w waszych szeregach.

O, tak – głównie w partyjnych dołach. Ludzie oczekiwali wpływów i stanowisk. Przy obsadzie stanowisk rządowych doszło do dwóch istotnych z naszego punktu widzenia zgrzytów. Jasne i niepodlegające dyskusji było to, że Balcerowicz będzie wicepremierem i ministrem finansów, zaś Geremek szefem dyplomacji. Jacek

Merkel był naszym kandydatem na ministra transportu. Wejście KLD-owskiego liberała do rządu było dla naszego środowiska ważne. I dosłownie w ostatnim momencie zostało oprotestowane przez AWS. Powoływali się na informacje ze służb specjalnych. A chodzić miało o interesy Jacka na Bliskim Wschodzie. Balcerowicz chciał Jacka bronić, ale potem uznał, że kandydatura jest nie do obrony. Jednocześnie chciał załatwić sprawę w sposób jak najbardziej bezbolesny dla Jacka, czyli tak, by opinia publiczna nie dowiedziała się, że jego kandydatura została oprotestowana. Ale i tak było to dla Merkla i dla naszego liberalnego środowiska bardzo bolesne. Dla mnie również, bo Merkla bardzo ceniłem i cenię do dzisiaj. Uważam Jacka za niezwykle inteligentnego i przyzwoitego człowieka, który nigdy nie brał udziału w niegodnych zakulisowych gierkach.

A drugi zgrzyt?

Iwona Śledzińska-Katarasińska została zaproponowana przez środowisko „starej" Unii na fotel ministra kultury. I bardzo szybko wyciągnięto jej antysemickie teksty z 1968 roku. Reakcja „starej" Unii była taka, że Iwona była potem jedną z pierwszych osób, które z nami wyszły do Platformy. Na miejsce Merkla i Katarasińskiej weszli znalezieni w ostatniej chwili kandydaci, którzy byli dla partii postaciami bezwartościowymi.

Odpowiedz, jak wyglądała współpraca z AWS-owskim żywiołem, który był plątaniną interesów.

Ten rząd ostro zabrał się do roboty. Miał ogromne zapędy reformatorskie i to jest rzecz godna pochwały. Sama współpraca z AWS? Odbywały się spotkania koalicyjne u Buzka na Parkowej. Poświęcone były przeróżnym tematom. Na przykład kwestii odwojowania mediów publicznych z rąk byłej już koalicji SLD-PSL. Obie strony uważały to za ważne, ale ostatecznie nigdy tych mediów odwojować się nie udało.

Jak w tym wszystkim odnajdywał się Tusk? Ty jesteś wiceszefem klubu, jesteś we władzach partii, bierzesz udział w koalicyjnych naradach. Co na to Tusk? Przecież jeszcze niedawno to on był ważniejszy.

W tej nowej sytuacji dawna KLD-owska pragmatyka powoli przestawała być istotna. I tak Donald nie mógł narzekać, bo Balcerowicz poszedł i „podyktował" kolegom z AWS, że Donald ma być wicemarszałkiem Senatu. To nie poprawiło oczywiście znacząco politycznej pozycji Donalda, ale miał przynajmniej zapewnioną infrastrukturę – gabinet, samochód z kierowcą, sekretarkę. Prawda była taka, że jeśli jacyś liberałowie chcieli się skomunikować z władzami partii, to mogli to zrobić przeze mnie. Bo to ja miałem bieżący kontakt z Balcerowiczem i z kierownictwem Unii. Donald kilka lat później, gdy na mnie poszedł atak za tzw. „aferę mostową", przy wódeczce opowiadał mi o drugiej połowie lat 90. i tonem pocieszenia mówił, że był na mnie wkurzony, bo wtedy szedłem do góry, byłem ciągle w mediach. I poklepując po plecach, tłumaczył, że miał wtedy ciężki czas i się z tego podniósł, i że ze mną będzie tak samo. Ale w sensie towarzyskim ciągle było OK. To właśnie w drugiej połowie lat 90. zaczęła się wytwarzać ta gabinetowa subkultura, czyli winko i cygarko.

U Tuska w gabinecie wicemarszałka Senatu?

Tak. Po śniadaniu w hotelu sejmowym nasze „chłopaki" – czyli Donald, Grzesiek Schetyna, Mirek Drzewiecki – zalegali w tym gabinecie. Czas im schodził na oglądaniu telewizji, paleniu cygar, popijaniu winka. A ja tak naprawdę nie miałem czasu, by tam przesiadywać. Byłem oczywiście dostarczycielem kluczowych wiadomości, bo znajdowałem się – inaczej niż oni – w centrum najważniejszych wydarzeń. Ale wpadałem góra na godzinę, dwie. Wypalałem swoje cygaro, wypijałem kieliszek wina i leciałem do następnych zajęć. A oni zostawali. Potem, gdy zostałem prezydentem Warszawy, tego czasu miałem jeszcze mniej. Przy czym wtedy moc sprawcza tego, co działo się w tym gabineciku, była naprawdę niewielka.

Jak te nasiadówki wyglądały?

To była pochodna charakteru, natury Tuska. Ja mam inny styl. U mnie jest godzina intensywnej narady i potem przechodzimy na luźniejsze tematy albo rozchodzimy się do zajęć. Z Tuskiem jest inaczej. U niego to jest wolno płynący strumień różnych myśli, wydarzeń, dygresji. Oczywiście zdarzały się też spotkania tematyczne – na przykład poświęcone mediom publicznym.

Mediom?

Tak, bo gdy wspólnie z AWS-em nie udawało nam się załatwić tej sprawy, to po cichu negocjowaliśmy w tej sprawie z lewicą. Pamiętam spotkanie notabene w Magdalence, w którym Tusk brał udział. Był tam też Schetyna. Ono było poświęcone udziałowi naszego środowiska w mediach publicznych. To były negocjacje z Robertem Kwiatkowskim, Włodzimierzem Czarzastym i Markiem Siwcem, którzy na tamtym etapie byli ludźmi Kwaśniewskiego. Te kontakty były kontynuowane. Wiedzieliśmy, że rozmawiamy z ludźmi, którzy – używając określenia, które wtedy jeszcze nie było w użyciu – są „grupą trzymającą nad tym władzę".

I dzięki tym kontaktom, parę lat później, na początku 2002 roku, błąkający się bez pracy Sławomir Nowak został wiceprezesem Radia Gdańsk. W tym samym czasie i też w efekcie tych rozmów Tomek Siemoniak – ówcześnie wiceprezydent Warszawy – objął funkcję wiceprezesa zarządu Polskiego Radia. Wtedy takie zakulisowe rozmowy były jedyną drogą, by w mediach publicznych w pełni opanowanych przez lewicę zrobić jakiś wyłom i wsadzić nogę między drzwi. Więc takie rozmowy prowadziliśmy. Wiele osób, w tym Donald, nie chcą dziś tego pamiętać, a tak właśnie było.

Wróćmy do waszej koalicji z AWS. Jak układały się relacje Balcerowicza z Krzaklewskim? Krzaklewski to związek, etatyzm, głęboka religijność. Inny świat niż Balcerowicz, który nie jest łatwy we współpracy.

Chemii między nimi nie było. Ja bardzo Balcerowicza lubię i dobrze mi się z nim pracowało, ale to jest człowiek, który ma naturalną tendencję do narzucania swojego zdania. Nieraz obśmiewał różne pomysły, z którymi Krzaklewski wychodził. Takim klasycznym przykładem jest kwestia winiet samochodowych, która wciąż wracała w argumentacji szefa AWS. Oto ma miejsce spotkanie w jakichś fundamentalnych sprawach, Balcerowicz planuje wielkie posunięcia i strategiczne ruchy, a Krzaklewski, w połowie spotkania, znów wraca do winiet. Takich starć było sporo. Z biegiem czasu Balcerowicz był coraz silniej poirytowany. Ale w 1998 roku tak jeszcze nie było. Balcerowicz stał na stanowisku, że – no cóż – partnerzy z AWS mają słabości, są niepoukładani, ale generalnie nie jest źle, bo są przekonani, że reformy są potrzebne. Ja ten pogląd podzielałem. Uważałem, że reformatorska koalicja jest wartością. Ten

AWS był jak taka wielka tratwa, z której co chwila odpada jakiś kawałek, coś trzeba przywiązać sznurkiem, przytrzymać nogą, ale generalnie płynie to we właściwą stronę.

A jak oceniasz Buzka? To jest polityk próbujący wybijać się na niepodległość spod skrzydeł Krzaklewskiego?

Polityk niesamodzielny. Jego postawa wynikała z przyzwoitości rozumianej w następujący sposób: „Skoro dostałem szansę od Krzaklewskiego, to muszę pozostać wobec niego lojalny".

Ten nastrój dobrej współpracy między Unią i AWS dość szybko się zmienia.

Pod koniec 1998 roku Balcerowicz ma wystąpienie na wewnętrznym spotkaniu Unii. Co ciekawe, dobrze ocenia jedynie reformę ubezpieczeniową, powołującą OFE. Uważa natomiast, że powstało zbyt wiele województw i zbyt wiele powiatów, i że będą to podmioty zbyt słabe. Obwinia za to polityków AWS. I uważa, że sprawy przestają iść we właściwym kierunku, bo AWS-owski żywioł zaczyna hamować reformatorskie zabiegi. Jest jeszcze jeden ważny proces. W samej Unii zaczyna narastać niezadowolenie ze sposobu, w jaki Balcerowicz prowadzi sprawy rządowe. Nasila się poczucie, że to jest autorska wizja Balcerowicza i partia z tej obecności w koalicji ma niewiele. W listopadzie 1998 roku ja udzielam wywiadu „Rzeczpospolitej". Jego główna myśl jest taka, że jeśli nie damy nowego impulsu tej koalicji, to ona się rozpadnie, pęknie w szwach. Jaki nowy impuls miałem na myśli? Na przykład wspólny z AWS występ w wyborach samorządowych. Politycy „starej" Unii składają wniosek o odwołanie mnie ze stanowiska wiceszefa klubu. Mimo oporów Balcerowicza moje odwołanie zostaje przegłosowane. To jest pretekst do pokazania Balcerowiczowi, że nie ma większości.

Kto był motorem odebrania ci tego stanowiska?

Lityński, Frasyniuk, Staniszewska. Część Unii odtrąbiła, że Piskorski chce nas sprzedać AWS-owi, że to będzie oznaczać koniec istnienia partii. Pełna histeria. Ja po prostu kalkulowałem, że warto utrzymywać tę koalicję i ten rząd, który prowadzi reformy. Oceniałem, a kulisy znałem doskonale, że bez takiego zbliżenia ta koalicja się rozpadnie – co zresztą się stało. Jeśli już szukać podtekstu, to chyba w czymś innym. Już wtedy duża część polityków Unii miała inne zdanie w sprawie absolutnie zasadniczej. Uważali bowiem, że dużo lepszy byłby rząd z SLD niż z AWS. Niewspółmierność kontrataku za ten wywiad była ogromna, miała też wyraźnie antybalcerowiczowski charakter. Usunięcie ze stanowiska wiceszefa klubu oznacza, że tracę też miejsce w zarządzie partii. Jestem oczywiście szefem regionu UW i wtedy, na początku 1999 roku, w moim środowisku pada pomysł...

Żebyś powalczył o prezydenturę Warszawy.

Tak. I co ciekawe, „starej" Unii ten pomysł też się podoba, bo z Marcina Święcickiego nikt nie miał pożytku. Nawet oni uważali go za polityka wahliwego, nieumiejącego podejmować decyzji. „Stara" Unia myślała wtedy takim schematem – OK, niech sobie ten Piskorski idzie do samorządu, przynajmniej zejdzie z pierwszej linii w polityce krajowej i nie będzie mieszał. AWS ten pomysł również przyjmuje z zadowoleniem. Znamy się, jesteśmy koalicyjnymi partnerami. Zostaję wybrany przy wsparciu UW, AWS-u i SLD. Wyłamuje się tylko pięciu radnych AWS związanych z radnym Tyszkiewiczem.

Cały 1999 rok to dla mnie bardzo dobry czas. Porządkuję sprawy po Święcickim, pokazuję wieloletni plan inwestycyjny dla Warszawy, ogłaszam „Kontrakt dla Warszawy", zmieniam plan budowy II linii metra na ten, który obowiązuje dziś, inwestycje ruszają jak nigdy dotąd, walczę też, aby demonstracje Leppera nie zakłócały życia miasta. Mam wysokie 70-procentowe poparcie w sondażach popularności, a pod koniec roku dostaję nagrodę Kisiela w kategorii polityk. Obok mnie statuetkę dostaje Jan Nowak-Jeziorański. Byłem naprawdę wzruszony. Wszystko wydawało się zmierzać w dobrą stronę. Nawet „stara" Unia uważała mnie za świetnego prezydenta, a współpraca i z AWS , i z lewicą była świetna. Wtedy z naszego środowiska liberalnego odnoszę największe sukcesy. Bo w Polsce, poza Warszawą, środowisko liberalne jest niestety w formie przetrwalnikowej. Siłą rzeczy wycofuję się z pierwszej linii polityki ogólnokrajowej, ale spotykam się z Balcerowiczem. Z tego, co mówi, widzę, że sprawy wyglądają coraz gorzej i jest coraz mniej szans na przepychanie reformatorskich projektów. W lutym 2000 roku dochodzi do wydarzenia, które ktoś potem określił jako moment zwrotny w polskiej polityce.

Chodzi o głosowanie nad ponownym wyborem ciebie na prezydenta Warszawy?

Tak. To było związane ze zmianami ustrojowymi, czyli rozdzieleniem funkcji prezydenta od burmistrza Gminy Centrum. Ustaliliśmy z AWS, że skoro mi tak dobrze idzie, to powinienem pozostać prezydentem, a oni obsadzą funkcję burmistrza w Centrum. Miał nim zostać Andrzej Szklarski. Ówczesny szef AWS w regionie Andrzej Smirnow, przy wsparciu Buzka i Krzaklewskiego, dyscyplinował radnych i wszystko zdawało się być załatwione. Potem dopiero dowiedziałem się, że radna

Pitera zażądała wtedy, by za swoje głosowanie otrzymała stanowisko wiceprezydenta, a gdy jej odmówiono – zagroziła wyłamaniem się. Interweniował nawet Mariusz Kamiński, któremu zawdzięczała to, że w ogóle znalazła się na listach. Być może kierownictwo AWS sądziło, że wyłamie się tylko ona i że nie wpłynie to na rezultat. W każdym razie nas nie poinformowali, że jest jakiś problem. Byliśmy zatem przekonani, że głosowanie wygramy. Jednocześnie AWS, zacietrzewione i chcące dorobić sobie jakąś ideologię, wymogło na nas wypchnięcie SLD z zarządów, co oznaczało oczywiście przejście SLD do otwartej opozycji. Prawdopodobnie wtedy SLD powtórzył manewr sprzed sześciu lat i znowu pozyskał Julię Piterę. Gdy doszło do głosowania, okazało się, że wraz z trójką czy czwórką radnych AWS Pitera wyłamuje się i dochodzi do sytuacji, w której do ponownego wyboru mnie na prezydenta Warszawy zabrakło jednego głosu. Następuje kryzys, rozpada się koalicja AWS-UW w Warszawie, bo nie mamy już większości. I powtarza się sytuacja sprzed sześciu lat. Znowu przychodzą uśmiechnięci działacze SLD i ponownie mówią: „A kto to jest Pitera?". Po czym proponują jedyną możliwą arytmetycznie koalicję ich z nami. Zostaję ponownie wybrany na prezydenta – tym razem głosami SLD i UW – ale w Gminie Centrum AWS i jej przewodniczący rady zaczynają sabotować obrady, aby nie dopuścić do wyboru SLD-owskiego burmistrza. Dalsze wydarzenia druzgocą ówczesny układ polityczny w kraju. To jeden z ważniejszych punktów zwrotnych. W Gminie Centrum wprowadzony zostaje komisarz, w proteście Unia zrywa koalicję, Balcerowicz bez funkcji rządowych postanawia odejść z Unii, Geremek szykuje się do następstwa, a liberałowie wystawiają Tuska. A to w dalszej konsekwencji prowadzi do powstania PO, rozpadu AWS, powstania PiS, upadku

Unii Wolności. W finale urodzi się polityczna scena, którą mamy do dziś.

Poczekaj, poczekaj. Rozpędzasz się. Czuję w głosie, że za to, co stało się w Warszawie, obwiniasz AWS, a zrobiła to Julia Pitera z grupką osób.

Oczywiście – to zrobiła Pitera. Po raz kolejny zresztą dając się niemiłosiernie wykorzystać przez SLD, który traktował ją tylko jako instrument do skłonienia nas do zmiany koalicji. No ale nie zmieniało to sytuacji, że AWS stracił radnych, a przez to możliwość stworzenia z nami większościowej koalicji. Od tego momentu politycy AWS starali się rozpaczliwie ratować sytuację. Andrzej Smirnow, główny rozgrywający AWS w tej sprawie, miał poczucie winy. Utyskiwał, że powinien był zaproponować Piterze stanowisko wiceprezydenta miasta. Ale oprócz lamentu proponowane scenariusze były coraz bardziej fantastyczne. Miałem zostać na chwilę burmistrzem Gminy Centrum, a w mieście mieliśmy doprowadzić do wyborów, w których byłbym wspólnym kandydatem AWS i UW na prezydenta stolicy. Buzek do mnie telefonował i namawiał na ten wariant. Była to jednak rozpaczliwa próba zablokowania nieuchronnego. Ten scenariusz mógł się zawalić i na etapie głosowania w Gminie Centrum, gdzie przecież była grupa radnych wroga wobec mnie, a zebrana wokół Bogdana Tyszkiewicza, i na sprawach formalnych. Wreszcie – co by powiedzieli mieszkańcy Warszawy na takie manipulacje? Z ówczesnym AWS nie dało się już niczego ustalić.

Gdyż?

Gdyż, po pierwsze, żywioł AWS-owski był już wtedy skrajnie podzielony i mało przewidywalny. Nawet

Buzek i Krzaklewski nie mogli już, co przed chwilą widzieliśmy, niczego skutecznie zagwarantować. Po drugie, nie było pewności, czy wyborów nie wygra SLD zwyżkujące w sondażach i coraz pewniejsze przejęcia władzy w kraju. Zdecydowałem się na ten drugi wariant, czyli rządzenie z SLD. Rozstrzygająca była niepewność dotycząca przyszłości rozchwianego AWS-u. Nie mogłem budować zaplecza w radzie na grupie, która każdego dnia mogła się rozsypać. Układ z SLD był następujący – ja jestem prezydentem, a Jan Wieteska z SLD zostanie burmistrzem Gminy Centrum. Pierwsza część planu zostaje wypełniona, ale AWS próbuje kruczkami prawnymi sabotować wybór Wieteski. Przewodniczący rady Gminy Centrum z AWS przestaje przychodzić, a AWS-owcy zapowiadają, że w Gminie Centrum zostanie powołany komisarz.

Jak reagują liderzy Unii?

Bardzo lojalnie. Późną nocą Syryjczyk spotyka się z Buzkiem. To jest ostatni moment, gdy Buzek może, łamiąc naszym zdaniem prawo, wprowadzić tego komisarza. Premier zapowiada, że żadnego komisarza nie będzie, gdyż zależy mu na spokoju i na utrzymaniu ogólnokrajowej koalicji z Unią. Idziemy spać w przekonaniu, że sprawa jest pozytywnie załatwiona. Budzimy się i przychodzi wiadomość, że pięć minut przed północą Buzek podpisał wprowadzenie zarządu komisarycznego w Gminie Centrum.

Co go skłoniło do zmiany stanowiska?

Potem okazało się, że późną nocą Marian Krzaklewski, Andrzej Smirnow i Andrzej Anusz przekonali Buzka, że jeśli nie wprowadzi komisarza, to pęknie klub AWS. W każdym razie tak na niego nacisnęli, że zmienił zdanie, mimo że chwilę wcześniej złożył obietnicę Syryjczykowi.

I zaczęła się rozróba na cały kraj.

Dokładnie tak. Oni tym komisarzem mianowali Andrzeja Hermana. Wszystko odbywa się w atmosferze konfrontacji. Są ochroniarze, przepychanki pod urzędami dzielnicowymi w gminie, zapowiedzi szukania kwitów i tropienia nieprawidłowości. Tak zwana „jazda bez trzymanki" w najgorszym możliwym stylu.

Co na to Balcerowicz?

Balcerowicz widzi w tym użyteczny oręż przeciwko AWS. Dochodzi do przesilenia. I wtedy politycy AWS się przestraszyli; uznali, że to idzie w złą stronę. W Warszawie odwołali z funkcji komisarza Andrzeja Hermana i mianowali bardziej znanego Józefa Płoskonkę, człowieka znacznie bardziej koncyliacyjnego. Krzaklewski próbował ratować koalicję i proponował Balcerowiczowi zmianę premiera. Taką, by Buzka zastąpić Grabowskim.

Chodzi o Bogusława Grabowskiego?

Tak, znanego głównie z Rady Polityki Pieniężnej. On w tamtym czasie był jednym z głównych ekonomistów po stronie AWS. To była poważna propozycja. W Unii skłaniał się ku niej Geremek i jego środowisko, które nie było chętne do wychodzenia z rządu. Nie był oczywiście zainteresowany opuszczaniem stanowiska szefa MSZ. Dla Geremka było istotne ukaranie AWS za bezprawną akcję przeciw swojemu koalicjantowi i przywrócenie naszej pozycji w Warszawie. Tym by się zadowolił.

A Balcerowicz?

On miał inne priorytety. Dla niego sprawą drugorzędną było to, czy premierem będzie Buzek, czy też Grabowski. Dla niego było istotne, czy może przepchnąć kolejne reformy, a tu wciąż był blokowany przez Krzaklewskiego. AWS szybko zrozumiał, że Balcerowicz nie jest skłonny do negocjowania personalnych roszad w rządzie. I AWS się z tej propozycji zamiany Buzka na Grabowskiego wycofał.

Rozdział IX

Rozpad koalicji

Rozpad koalicji stawał się oczywisty.

Tak. AWS starał się jeszcze rozgrywać Unię wewnętrznie. Gdy UW podjęła decyzję o wyjściu, AWS stwierdził, że „mimo iż się tutaj, na górze, rozchodzimy, to ciągle liczy na rozsądek polityków Unii". Propozycja z ich strony była mniej więcej taka, że ich nowi ministrowie nie będą wrodzy wobec UW, a nasi wicewojewodowie – traktowali to jako taki dobry gest z ich strony – nie będą musieli odchodzić ze stanowisk. Terenowi unijnemu to było na rękę, bo chociaż władza wicewojewodów była niewielka, to stanowisko z perspektywy lokalnej – prestiżowe. Ta część Unii, której patronował Mirosław Czech jako sekretarz generalny, była bardzo chętna na taką propozycję i dawała się rozgrywać. Balcerowiczowi opadły ręce.

Politycznie dziwna postawa. Albo – albo: nie można być trochę w ciąży. Geremek wykazywał się nielojalnością wobec Balcerowicza. Czy AWS próbował prowadzić z nim osobne rozmowy?

Do Geremka wysyłane były sygnały z AWS z przesłaniem: „Panie profesorze, gdyby pan stał na czele, a nie ten dogmatyk Balcerowicz, to łatwiej byłoby nam się dogadać". Ale Geremek był zbyt doświadczony, ale też lojalny, żeby się na to nabierać. Wiedział, że wbrew Balcerowiczowi nie da się w tym rządzie pozostać. Geremek nie był jakimś gorącym zwolennikiem tej koalicji, gotowym oddawać życie za związek z AWS. On też uważał, że dłuższe pozostawanie w rządzie jest kłopotem, tylko te kłopoty widział gdzie indziej niż Balcerowicz.

Balcerowicz gdzie je widział?

Mówił, że im dłużej będziemy pozostawać w tym gnijącym rządzie, tym większa odpowiedzialność za gnicie będzie szła na nasze konto. My musimy – tak to widział Balcerowicz – pokazać się w nowatorskiej, reformatorskiej formule i z takimi hasłami iść na wybory. Geremek widział to inaczej. Uważał, że trzeba zdefiniować unijny elektorat i należy – to był według niego priorytet – wykonywać gesty pod adresem tych właśnie wyborców. Przy czym Geremek miał zupełnie inny obraz tego elektoratu niż Balcerowicz. Balcerowicz uważał, że nasz elektorat to są ludzie zadowoleni z reform, samodzielni, w dużej mierze wykonujący wolne zawody, też jakaś część tzw. budżetówki, ale ta, która dobrze ocenia zmiany. Taka, która może sama nie skorzystała na zmianach, ale uznaje, że to, co się stało, jest dobre dla Polski.

A Geremek?

Oceniał, że ta grupa jest inna. Nie tylko on, ale wiele takich osób, jak Aleksander Smolar, Janek Lityński, Władysław Frasyniuk, uważali, że trzeba odwołać się do etosu. Do inteligencji, do budżetówki. Że jest już czas na to, by te środowiska zaczęły korzystać z owoców przemian. Podejście Balcerowicza, ale też i nasze liberalne, było takie: mamy grupę zadowolonych i na nią się orientujemy, do niej adresujmy nasze przesłanie. Podejście Geremka było inne: orientujemy się na grupę naszych tradycyjnych wyborców, głównie na inteligencję – a że ona w dużej mierze jest z reform niezadowolona, to my musimy kierunek reform zmienić tak, by oni, ludzie tradycyjnie utożsamiani z tzw. inteligencją, mogli być zadowoleni.

Dość zasadniczy rozjazd koncepcji.

To prawda. Dla nas, liberałów, te zapowiedzi Geremka oznaczały, że mamy skręcać w kierunku socjalnym, że mamy składać obietnice budżetówce. Przy Balcerowiczu tacy ludzie jak Donald czy ja zawsze mieliśmy gwarancję, że Unia będzie szła w kierunku liberalnym. Zatem taka zmiana, jaką widać było w podejściu Geremka, miałaby dla nas poważne konsekwencje. Patrząc na wybory: nawet jeśli jesteśmy na listach, to nie możemy przyciągnąć liberalnego elektoratu, bo każdy widzi, że partia ma inny program. I nasz elektorat idzie na przykład do SKL-u, a my – jako liberałowie – budżetowo-socjalnemu elektoratowi Unii nie jesteśmy do niczego potrzebni.

Zaczyna to pękać w szwach.

I u nas, i w AWS. Krzaklewski, który widział, że słabością jego ugrupowania są wewnętrzne spory, próbował zareagować. Powołał Ruch Społeczny AWS, który miał być sercem nowej formuły politycznej. Konsolidacja trzonu AWS spowodowała, że środowiska peryferyjne, jak PC, SKL, ZChN czy Liga Republikańska, poczuły się tym zagrożone. Nie byli zapraszani, nie akceptowali tego, że jakiś pan Józek zostaje prezesem spółki tylko dlatego, że jest kumplem z RS AWS. Ten proces konsolidacji AWS spowodował, że jego obrzeża coraz bardziej się od AWS odklejały. Można do tego dołożyć błąd, który z perspektywy późniejszych losów AWS popełnił Buzek. Chodzi o mianowanie Lecha Kaczyńskiego ministrem sprawiedliwości. Lech Kaczyński obejmował ten urząd z ideologią i hasłami, które potem się wynaturzyły, ale na tamtym etapie i nam się podobały. Deklarował bezwzględną walkę z nadużyciami, korupcją, bezkarnością przestępców. Przestępczość była wtedy bardzo uciążliwym zjawiskiem. Ta mafia wylewała się na ulice, jakieś potężne „karki" opanowywały restauracje. Ci ludzie byli bezkarni.

Wokół ciebie była szeptanka, że masz jakieś kontakty z takim środowiskiem.

To jeden z najbardziej kłamliwych i obrzydliwych zarzutów, które przeciw mnie kierowano. To jednocześnie świetna ilustracja, jak działała IV Rzeczpospolita, a potem jej resztki chętnie wykorzystywane również za czasów PO. Na początku lat dwutysięcznych byłem nieraz kontrolowany i sprawdzany. Dotyczyło to zarówno moich spraw prywatnych, majątku i wcześniej prowadzonych działań gospodarczych, jak i decyzji z czasów, gdy pełniłem funkcje publiczne, a zwłaszcza gdy sprawowałem urząd prezydenta Warszawy. Nie mam o to żadnych pretensji. Polityk powinien być w każdej chwili na to gotowy i musi zdawać sobie sprawę, że podlega ostrzejszym standardom jawności. Jednak istnieje wyraźna granica między standardowymi procedurami kontrolnymi a jawnym linczem, w ramach którego ma miejsce nadużywanie całego instrumentarium służb państwowych i rzucanie bezpodstawnych fałszywych oskarżeń. Taka forma „sprawdzania" czy „kontrolowania" obywatela staje się oskarżeniem bez konieczności pokazywania żadnych dowodów. Takie skandaliczne praktyki zaczęły się, kiedy władzę objął PiS. Ich ofiarą stało się wiele osób, które dopiero dzisiaj, po tylu latach doczekują się przywrócenia dobrego imienia i pełnego sądowego uwolnienia od jakichkolwiek zarzutów. W tym kontekście mogę choćby wymienić Wojciecha Kozaka, mojego następcę na stanowisku prezydenta Warszawy, który na wyrok uniewinniający czekał 9 lat, czy Aleksandra Brodę, b. generalnego konserwatora zabytków, który na swoje uniewinnienie musiał czekać aż 13 lat.

Czołowi politycy PiS, niepotrafiący zrobić nic dobrego i konstruktywnego, skupili się na stworzeniu sobie wyimaginowanych wrogów, z którymi mogliby się potem bohatersko rozprawiać. Takim klasycznym wymyślonym wrogiem stał się „układ", a jego ilustracją m.in. „układ warszawski". Rzucono wszystkie możliwe siły na to, aby udowodnić jakieś nieprawidłowości, a zajmujący się tym ludzie często chwytali się haniebnych i krzywdzących metod, tłumacząc sobie, że to w szlachetnym celu – więc wszystko im wolno. Wielu ludzi trafiało do aresztów wydobywczych, wielu było niesprawiedliwie oskarżanych, co łamało ich życie, wielu wykluczano z publicznej aktywności tylko dlatego, że byli niewygodni.

I tak też zrobiono z tobą?

Wobec mnie zastosowano wówczas wyjątkowo obrzydliwą metodę powolnego linczowania – bez możliwości skutecznej obrony. CBA i prokuratura rozpoczęły kolejne postępowanie sprawdzające wobec mnie – ale tym razem, zamiast normalnie przypisać tym czynnościom własną sygnaturę, dopisano tę sprawę do sygnatury DS 60/02, czyli wątku finansowego mafii pruszkowskiej! Przez długi czas nawet o tym nie wiedziałem. Dowiedziałem się dopiero wtedy, kiedy – co zresztą było na pewno zasadniczym celem tej akcji – zaczęły się kontrolowane przez nich przecieki do mediów. I nagle ja zacząłem dowiadywać się z gazet – a gazety te, rzecz jasna, czytała cała Polska – że jestem kontrolowany w związku ze śledztwem prowadzonym w sprawie mafii pruszkowskiej, co jednoznacznie sugerowało wszystkim jakieś moje z tą mafią powiązania. Nietrudno sobie wyobrazić, jak ja musiałem się wtedy czuć. Wściekły i bezradny zacząłem dowiadywać się, o co chodzi, pytać, dlaczego to robią?! Przecież nigdy nie miałem najmniejszego nawet kontaktu z tymi bandytami. Skąd się zatem brały te fałszywe oskarżenia?!

A jakiś lepik sklejający cię z tą sprawą?

Po jakimś czasie dowiedziałem się, że to chodzi o Bogdana Tyszkiewicza. Tego człowieka poznałem w 1994 roku i został wtedy naszym radnym w ramach parytetu przysługującego Unii Demokratycznej, do której należał. Wydawało się, że wszystko jest OK. Przedsiębiorca, prezes Izby Przedsiębiorców, wszędzie znany i wszystkich znający. Była nawet opinia, że to on kiedyś pomógł zorganizować się kupcom i restauratorom ze Starówki przeciw fali wymuszeń mafijnych z początku lat 90. Został przewodniczącym rady Gminy Centrum, kiedy prezydentem był Marcin Święcicki, i nic nie wskazywało na kłopoty. Potem jednak zaczęły się pierwsze informacje i przestrogi, żeby specjalnie mu nie ufać. Pamiętam zwłaszcza, jak kiedyś Geremek wspomniał mi, że wokół tego człowieka są jakieś podejrzenia i żeby trzymać się z daleka. W tym czasie Tyszkiewicz pozbawiony awansów w UW i wyczuwający naszą nieufność obraził się i wyniósł do tworzącego się właśnie AWS. Zaczęło się nawet mówić, że z ich ramienia aspirować może do funkcji prezydenta Warszawy. To jednak okazało się raczej megalomanią. Gdy zaczęliśmy rozmawiać z AWS o koalicji po wyborach samorządowych w 1998 roku, to popierała go tylko frakcja Macieja Jankowskiego. Reszta go odrzucała. Przestał być, również naszymi głosami, przewodniczącym rady Gminy Centrum i robił wszystko, co mógł, bym nie został jako kandydat koalicji UW-AWS prezydentem Warszawy. Jak już nic innego się nie dało zrobić, to z kilkoma radnymi zgłosił Macieja Jankowskiego na prezydenta – i to były jedyne głosy, które na mnie nie padły. Byliśmy od tego czasu w otwartej wojnie, a on był persona non grata w moim otoczeniu.

Gdzie w tym wszystkim mafia?

Pozbawiony pozycji i wpływów degenerował się podobno w następnych latach w jakiś straszny sposób.

Docierały do nas informacje o alkoholu, narkotykach, jakichś rozróbach, potem o złym towarzystwie, w którym zaczął się pokazywać. Gdy kiedyś spotkałem go na radzie Centrum, nie mogłem go poznać. Czarna rozpięta koszula, spod której wyłaniały się złote łańcuchy i opalenizna z solarium. A na głowie włosy do tyłu i na żel. Karykatura „chłopaka z miasta" – jakby żywcem wyjęta z filmów Olafa Lubaszenki. W późniejszym czasie było podobno jeszcze gorzej. Otwarte kontakty z mafią, powoływanie się na wpływy i pod tym pozorem wyłudzanie jakichś pieniędzy. Tworzył podobno jakieś legendy, że widywał się ze mną przy okazji meczów hokejowych – choć ja nigdy na żadnym meczu hokejowym nie byłem. Miał opowiadać, że do mnie dzwonił – choć ja, co wszyscy wiedzieli, telefonów od niego i tak bym nie odbierał. Po latach, kiedy już nie byłem prezydentem, podobno zatrzymała go policja i aby „opłacić" swoje wypuszczenie, zaczął zmyślać jakieś historie, w których było wymieniane moje nazwisko. Potem zginął z ręki jakiegoś swojego kolegi. Tragiczna postać. To posłużyło tym draniom z PiS za pretekst do wpisania mnie w śledztwo w sprawie mafii pruszkowskiej!

I co było dalej?

Co mogłem zrobić? Protestowałem, pisałem pisma, składałem oświadczenia. „Chcecie mnie sprawdzać, analizować pod lupą każdą zawartą przeze mnie transakcję, każdą wydaną przeze mnie decyzję – proszę bardzo!" – mówiłem. – „Ja nie mam nic do ukrycia. Ale jakim prawem robicie to pod sygnaturą śledztwa dotyczącego mafii pruszkowskiej?".

Co na to prokuratura?

Prokuratorzy mnie przepraszali, mówili, że wiedzą, że oczywiście nie miałem najmniejszego nawet kontaktu z mafią, że to śledztwo przecież szybko się skończy, ale że taka jest decyzja ich zwierzchników – więc oni tej sygnatury zmienić nie mogą. Ale w tym samym czasie, z inspiracji tych samych prokuratorów, non stop wypuszczane były do mediów przecieki o tej przypisanej do mnie sygnaturze „pruszkowskiej". Intencja tego była czytelna – chodziło o „zainfekowanie" opinii publicznej sugestią, że „z tym Piskorskim musi być coś nie tak, skoro obejmuje go śledztwo w sprawie mafii". A o to, żeby ta „infekcja" była jak najszersza, dbali już tacy pracownicy aparatu propagandy – bo trudno tu mówić o dziennikarzach – jak na przykład Anita Gargas czy Dorota Kania. Nie muszę też dodawać, że gdy z tych spraw nic nie zostało, gdy wszystkie wątki zostały umorzone, gdy dla wszystkich, a zwłaszcza dla prokuratury, było oczywiste, że mój jedyny kontakt z mafią polega na tym, iż mam w domu wszystkie części „Ojca chrzestnego" Francisa Forda Coppoli – to przywołane wyżej panie, jak i paru innych usłużnych wobec PiS propagandzistów, tę niewygodną dla nich prawdę przemilczało.

To było skrajne zaszczucie. Na przykład do banków prokuratura wysłała pismo, którego sens był mniej więcej taki: „Paweł Piskorski i jego rodzina są badani w sprawie dotyczącej zorganizowanej grupy przestępczej o charakterze zbrojnym. Prosimy o ujawnianie, czy w państwa banku kiedykolwiek miały miejsce jakiekolwiek transakcje wykonywane przez Pawła Piskorskiego i jego rodzinę". Te pisma są w aktach śledztwa, które zostały mi potem wydane. Sądzę, że służyło im to ponadto do bardzo praktycznych celów inwigilacyjnych. Bo jaki sąd odmówi na przykład zgody na podsłuch czy kontrolę korespondencji, jeśli sprawa dotyczy zorganizowanej grupy przestępczej o charakterze zbrojnym? A jestem pewny, że przez lata byłem podsłuchiwany i inwigilowany. Mam zresztą wrażenie, że nie zakończyło się to z odejściem PiS od władzy.

Trudno myśleć inaczej, skoro moi dawni koledzy z PO tylko się z tych moich kłopotów cieszyli. A niekiedy można było odnieść wrażenie, że je wręcz podsycali.

Wróćmy do roku 2000. Lech Kaczyński ze swoim programem trafił we właściwy moment.

Powiedziałbym inaczej. Buzek wykazał się kompletnym brakiem wyobraźni. Gdyby powołał jakiegoś nobliwego profesora, nie powstałby PiS, bo przecież napędem do jego powołania było ministrowanie Lecha Kaczyńskiego.

Kto podsunął Buzkowi Lecha Kaczyńskiego?

Teresa Kamińska. Mówiła, że z Jarkiem to pewnie ciężko byłoby się dogadać, ale z Leszkiem zawsze się porozumiemy.

Opowiadałeś o procesie wewnątrz AWS. A co się dzieje w Unii po wyjściu z koalicji?

Balcerowicz zapowiada, że chce odejść z szefostwa partii. Chce, bo to nie jest funkcja dla niego. Co innego rząd, reformowanie kraju, ale polityka partyjna to nie jego pasja. I zaczynają się negocjacje pomiędzy AWS a UW w sprawie fotela prezesa NBP dla Balcerowicza. Tam jeszcze siedzi Hanna Gronkiewicz-Waltz. Dla niej zostaje przygotowane miejsce w EBOR w Londynie i zwalnia się stanowisko dla Balcerowicza.

Jakie to ma znaczenie dla partii i dla waszej grupy wewnątrz?

To zapowiada kryzys w UW. Ale Balcerowicz już się tym nie przejmuje, traci zainteresowanie partią. Nie zmniejsza się przez to moja sympatia dla niego, ale z Balcerowicza już nie ma wtedy żadnego pożytku. W partii przeważa pogląd, że partia powinna dokonać odwrotu z kierunku balcerowiczowskiego i że powinna skierować się w stronę etosu Unii Demokratycznej, z większym udziałem pamięci o Jacku Kuroniu. Z większym udziałem takich postaci jak Lityński czy Frasyniuk.

Dla waszej ekipy to marne wieści.

I zaczyna nam się mówić, że nie bardzo tutaj pasujemy. Mnie to tak bardzo nie boli, bo ja jestem prezydentem Warszawy. I to bardzo popularnym prezydentem. I na dodatek mam poparcie w regionie, i to nawet u takich etosowców jak Ludka Wujec. Ale wśród nas, w środowisku liberałów, narasta przekonanie, że musimy wystawić kontrkandydata, bo Geremek nieuchronnie idzie w kierunku przywództwa. Kongres zostaje wyznaczony na grudzień 2000 roku. Więc my, liberałowie – są też przedstawiciele regionów – spotykamy się tam, gdzie zawsze, czyli w restauracji San Antonio na Senatorskiej. I tam dochodzi do historycznej dla nas debaty. Po długiej analizie dochodzimy do zgodnego wniosku, że musimy wystawić kontrkandydata.

Tuska.

To nie takie proste. Pamiętajmy znowu o tamtym czasie. Problem z Donaldem był taki, że wcale nie był wtedy takim oczywistym kontrkandydatem Geremka. Przed tymi rozmowami nie mamy z Donaldem ustaleń, z czym chcemy wyjść z tego spotkania. Cezary Grabarczyk, który zawsze się charakteryzował pewną niezależnością myślenia, powiedział tam, że naturalnym kontrkandydatem dla Geremka, mającym większe szanse na zwycięstwo, jestem ja. Donald za tę wypowiedź przez kilka lat na niego krzywo patrzył i mu docinał. Atmosfera była taka, że mogło w naszym środowisku dojść do podziału – chyba że wyszlibyśmy z ustaleniem, że to ja mam stanąć przeciw Geremkowi.

Nie chciałeś?

Nie chciałem. Nie tylko z lojalności do Donalda. Nie tylko z sympatii dla Geremka, z którym znowu miałem świetne relacje. Miałem swoją Warszawę i uważałem, że nie można tego narażać. Sądziłem, że Donald powinien wyjść z cienia i powrócić do pierwszego szeregu, w którym już dawno nie był. Była też inna, chłodniejsza kalkulacja z mojej strony. Ja wiem, że jeśli Donald stanie przeciwko Geremkowi, to ja się w tę kampanię włączę i pomogę – a to może być kluczowe dla wyniku. Natomiast jeśli ja zostanę kandydatem, to nie mam pewności, że Donald się włączy w kampanię, bo – jak to już nieraz bywało — może się zapaść w Gdańsku i zostanę „na spalonym". Jest jeszcze inny powód, dla którego nie chcę się z Geremkiem zetrzeć. To bowiem oznaczałoby wojnę z mediami progeremkowskimi, czyli przede wszystkim z „Gazetą Wyborczą", która i tak bardzo często, przy wielu sprawach w Warszawie, zachowywała się w stosunku do mnie nie fair. Pisała nieprawdziwe rzeczy, eksponowała zupełne drobiazgi, które urastały do pozorów skandalu. Im nie było wszystko jedno, kto dostaje baty, a kto pochwały.

Ale dlaczego? Przecież mówiłeś, że miałeś dobre układy z Geremkiem i poparcie w regionie!

Ale to się nigdy nie przekładało na relacje z „Gazetą". Donald ryzykował znacznie mniej. On tylko mógł na tym zyskać, wypłynąć. Bo wtedy był tylko wicemarszałkiem Senatu i miał słabą pozycję w partii.

Tusk miał ochotę stanąć do pojedynku z Geremkiem?

Upatrywał w tym swoją szansę. Na początku 2000 roku Donald zorganizował na 10. rocznicę powołania KLD imprezę w Dworze Artusa w Gdańsku. Tam pojawiły się hasła wyeliminowania klasy próżniaczej, co się z Donaldem potem silnie kojarzyło. To tam nawoływano do kontynuacji reform, likwidacji immunitetów, bezpośrednich wyborów wójtów i burmistrzów. Donald zorganizował to własnymi środkami, bez wsparcia z Warszawy. W sumie tam było około 300 osób i to odbiło się jakimś echem. To była zapowiedź, że Donald się budzi z uśpienia i ma ochotę wrócić do głównego nurtu. Te hasła wybiegały poza program Unii Wolności, w której byliśmy. Hasła kontestujące klasę polityczną i jej przywileje, były po części również antyunijne, bo to Unia uważała się za zdrowy establishment, a odbieranie immunitetów za bzdurę, bo w każdym porządnym kraju jest immunitet. I te hasła, ostro reformatorskie, były przez Unię źle odebrane.

Wróćmy do tego spotkania liberałów w knajpie San Antonio na Senatorskiej. Grabarczyk proponuje ciebie, ty nie chcesz, na czym w końcu staje?

To spotkanie w szerszym gronie, latem 2000, kończy się konkluzją, że musimy wystawić kandydata, ale bez wskazania, kto nim ma być. Po czym we dwóch zamykamy się z Donaldem. Powiedziałem mu, że niezależnie od tego, co usłyszał na tym spotkaniu, ja namawiam go do kandydowania na przewodniczącego. I dosyć otwarcie wyłożyłem mu te argumenty, o których wspomniałem. Przecież widziałem, że ma na to ochotę. Miałem wrażenie, że on to przyjął bardzo dobrze. Kiedyś jeszcze o tym rozmawialiśmy, wspominaliśmy i powiedział, że to był dobry gest z mojej strony. Mogłem przecież tym grać, przeciągać, negocjować, a tu wszystko okazało się natychmiast jasne i oczywiste z mojej strony.

Co do strategii wystawiania kandydata przeciw Geremkowi nie miałeś uwag? Przecież byłeś

kojarzony z Tuskiem i mogłeś się spodziewać, że dostaniesz po tyłku od środowiska „starej" Unii.

Nie było alternatywy. Albo inaczej. Była, ale nie do przyjęcia. Chcieli nas, liberałów, podbierać pojedynczo. Pamiętam rozmowę z Geremkiem, było to w jego pokoju przewodniczącego sejmowej komisji spraw zagranicznych, na którą mnie zaprosił. Wiadomo już było, że Donald będzie kandydował na szefa UW. I Geremek wyłożył mi credo: w Unii musi dojść do poważnych zmian, do odzyskania tradycyjnego elektoratu unijnego. Mówił, że oznacza to, iż ten wątek liberalny musi być słabszy, bo następnych wyborów na wątku balcerowiczowskim, ale bez Balcerowicza, nie wygramy. Powiedział mi, że muszę to zrozumieć, że nastroje wewnątrzunijne idą w tym kierunku.

Jak jeszcze argumentował?

Odrzucał rozmowę o całym środowisku liberałów. I podkreślał, że ja jestem młodym człowiekiem, że osiągnąłem już wiele, że przede mną jest przyszłość – ale muszę zrozumieć, że nie mogę rozmawiać z nim jako reprezentant środowiska. Geremek mówił także, że to nie Donald jest głównym problemem, bo on nic nie zrobi, ale że ja mam u siebie takich „gości" jak Schetyna, którzy bardzo źle się przysługują wizerunkowi unijnemu.

Jak to – źle?

Myślę, że Geremek opierał się na sygnałach od Frasyniuka o biznesach Schetyny we Wrocławiu. Za chwilę zresztą Schetyna, ku wściekłości Frasyniuka, w związku ze zjazdem krajowym będzie pompował partyjne koła na Dolnym Śląsku. Grzegorz napompował struktury jakimiś emerytami, którzy nawet nie wiedzieli, że stali się członkami partii. Frasyniuk zrobił z tego raban, bo cała machina Unii służyć miała temu, by wybrać Geremka. Następnie

Mirosław Czech, który był sekretarzem generalnym, wysłał kontrolę na Dolny Śląsk, w wyniku czego te wszystkie koła Schetyny zostały rozwiązane albo zawieszone. W związku z czym my byliśmy pewni, że Schetyna zostanie „zamordowany" całkowicie. Nie mogliśmy liczyć na żadne głosy z Dolnego Śląska na Tuska, bo wiedzieliśmy, że sto procent przywiezie Frasyniuk. A po drugie, nie mogliśmy liczyć na to, że w wyniku wewnątrzpartyjnych procedur wyborczych na Dolnym Śląsku Schetyna kiedykolwiek znajdzie się jeszcze na liście. I uznaliśmy wtedy, że jeśli problemu Schetyny i innych podobnych mu osób nie będziemy stawiać jako naszej kwestii podstawowej dla naszego środowiska, to stara Unia będzie nas plasterkować i wycinać. Grzegorz był bardzo wdzięczny za takie stawianie sprawy, ale potem dość szybko o tym zapomniał.

A po co Geremek wzywa cię na rozmowy, skoro już wie, że wasze środowisko wystawi kontrkandydata? Czy ty rozważałeś, by przejść do obozu „starej" Unii, do stajni Geremka?

Sam fakt odbywania rozmów nie był zaskakujący. Ja z Geremkiem często rozmawiałem. Czy chciałem do nich przejść? Absolutnie nie. Po pierwsze, ten obóz był kształtowany przeciwko mnie i nam, liberałom. Po drugie, wiedziałem, że będą próby indywidualnych rozmów z nami. Drugą osobą, z którą też miały miejsce takie rozmowy, był Janusz Lewandowski, znajdujący się na pograniczu środowisk. Michał Boni już wtedy nie był z naszym środowiskiem. Cała ta akcja była oczywistą próbą podzielenia nas. Rozmowy odbywały się pod hasłem: „Pan jest wspaniały, ale pana koledzy są nie do przyjęcia – i niech pan ich najlepiej zostawi". To urągało naszemu mołojeckiemu honorowi!

Bielecki uczestniczy w tym procesie?

Bielecki funkcjonuje dochodząco. To nie jest jeszcze moment, w którym Bielecki jest aktywny. Ten moment nastąpi późną jesienią 2000 roku i w następnych miesiącach. Bielecki jest jednym z pięciu prawdziwych ojców założycieli Platformy. Bo w tych kluczowych rozmowach, które doprowadziły do zbudowania PO, brali udział Maciej Płażyński, Donald Tusk, Andrzej Olechowski, Jan Krzysztof Bielecki i ja. Miałem kluczowe zadanie, bo „spinałem" nielubiących się Olechowskiego i Tuska, ale rola Bieleckiego też była istotna. Był dodatkowym gwarantem, że środowisko liberałów będzie to traktowało poważnie. O tym jeszcze będziemy szerzej sobie opowiadać.

Jest jakaś wewnętrzna kampania o fotel szefa Unii?

O tak, i jest to kampania dużo bardziej demokratyczna niż na przykład dziś w PO. We wszystkich regionach odbywały się zjazdy, gdzie Donald mógł występować i przekonywać ludzi do siebie. Na Mazowszu, dzięki mnie i moim współpracownikom, Tusk miał 80-procentowe poparcie, choć była to rodzima organizacja Geremka. I to miało swoje odwzorowanie w liczbie delegatów na zjazd ogólnokrajowy. Tylko pojedyncze osoby, jak Róża Woźniakowska-Thun, były bardzo wrogo wobec Tuska nastawione. Na mazowiecki zjazd Donald nie przyjechał, bo wiedział, że tu wynik będzie przesądzony na jego korzyść. Geremek nie przyszedł z tego samego powodu. W zdobywanie poparcia dla Donalda bardzo się zaangażowałem i przyniosło to szybki efekt. Od pewnego momentu zaczęto to uważać za inicjatywę poważną, zespołową, a nie popis dawnego polityka z Gdańska. Zaczęli nas popierać ludzie z Unii, którzy wcześniej nie byli w KLD. Klasyczny przykład to Iwona Śledzińska-Katarasińska z Łodzi.

O co wam chodziło? O zrobienie dobrego wyniku, ocalenie środowiska czy szykowaliście się do wyjścia z Unii Wolności?

Wyjścia wtedy nie zakładaliśmy. Do ostatniego momentu zakładaliśmy dwa cele. Po pierwsze, chodziło nam o integrację środowiska. A po drugie, o pokazanie wyniku. Finalnie Donald miał ponad 40 procent poparcia. To była rewelacja. „Gazeta Wyborcza" w trakcie tej kampanii ruszyła z nagonką. Była to cała seria tekstów. Jeden z nich pod tytułem „Piranie w żółtych krawatach". To były opowieści o młodym środowisku KLD, które niszczy stare autorytety, a samo jest podejrzane. Mimo to myśleliśmy, że jak zdobędziemy 25 procent, to „stara" Unia będzie musiała się zastanowić i nas uszanować. Uznaliśmy, że 25 procent będzie fenomenalnym wynikiem, a skończyło się powyżej 40!

Jak udało się wam wykręcić taki wynik? Nie mieliście przecież 40-procentowego zaplecza w partii?

Sami byliśmy zaskoczeni skalą, bo przecież w sumie byliśmy wewnątrz Unii środowiskiem śladowym. Oni – ci ze „starej" Unii – byli pewni swego i mało dynamiczni. Dziś trochę trudno wczuć się w tamtą atmosferę, ale dla wielu fakt, że ja się w to zaangażowałem – a byłem symbolem skuteczności – było sygnałem, że warto w to wejść. W ostatnim momencie, gdy się podliczaliśmy, wychodziło nam, że będziemy mieć 35–37 procent. A zdobyliśmy ponad 40.

Były jakieś faule, brudy w tej kampanii?

Była ta akcja w „Gazecie" z bezpardonowymi atakami na nas.

A z waszej strony?

Haki na Geremka? Absolutnie nie. My mieliśmy argumenty. Mówiliśmy, że przywództwo Geremka to anachroniczny pomysł na partię. Że to pomysł, by odwoływać się do wyimaginowanej grupy społecznej, która miała może 10 lat temu wspólne interesy socjalne i społeczne, ale dziś już tego spoiwa nie ma. Że to przeszłość. Mówiliśmy, że to droga ku absolutnej marginalizacji partii, do zejścia z politycznej sceny. Przekonywaliśmy, że wspólne słuchanie piosenek Agnieszki Osieckiej, co zresztą sami czyniliśmy z przyjemnością, wspominanie Jacka Kuronia i Karta nauczyciela to nie jest ani dobry program dla partii, ani też wyznacznik postępu. To był konflikt ideowy, który trwał w Unii od dawna, a który my w 1997 roku wygraliśmy. Pamiętam te rozmowy, gdy ludzie ze „starej" Unii optowali bez przerwy za tym, by odwoływać się do starego elektoratu, pielęgnować go. My z Leszkiem Balcerowiczem uważaliśmy, że trzeba to przedefiniować. Po odejściu Balcerowicza bardzo się wzmocniła grupa, która twierdziła, że powinniśmy wrócić do idei „starej" Unii.

A jaki był Tusk w tej wewnętrznej kampanii?

Świetny. Te cechy zostały u niego. Donald bardzo się zmobilizował. Ożywił się, czuł się w tym znakomicie. Był świetny w komunikacji, jeździł, przekonywał ludzi. Ja Geremka darzę w moich wspomnieniach wielką estymą i olbrzymią sympatią. Ale przy wszystkich swoich genialnych cechach – miał słabości. Gdy przyjeżdżał na spotkania, mówił nieporywająco, głosił mądre, choć według nas anachroniczne rzeczy – i wyjeżdżał. Nie rozmawiał z ludźmi, nie schodził „do dołów". Kiedy Donald przyjeżdżał, był jak brat łata, doskonale się komunikował, świetnie mówił, żartował, potrafił mieć dystans do siebie. Po spotkaniu nie wyjeżdżał, tylko rozmawiał z ludźmi, pił piwo, przekonywał. Myślę, że jego potencjał w tej kampanii był tak duży także dlatego, że on przez parę lat tkwił w nieróbstwie. To dawało efekty. Fenomenalne zdolności Donalda przynosiły nam wyraźne efekty.

Kto był w czołówce tego projektu: ty, Drzewiecki, Schetyna, Grabarczyk...

Tak. Stare KLD. Ja i cała ekipa warszawska, z Łodzi Grabarczyk i Drzewiecki, z Wrocławia Protasiewicz i Schetyna, z Gdańsk wahliwy Lewandowski i doraźnie obecny Bielecki, ale też sprawny Lisek i Nowak. Z Poznania była słaba ekipa – Piotr Nycz, który nie odgrywał istotnej roli, i Filip Kaczmarek. W Krakowie był Andrzej Długosz, który był jedną z tych osób opisywanych przez „Gazetę Wyborczą" jako pirania w żółtym krawacie. Różne, pojedynczo pozbierane osoby z całego kraju, no i nasi Młodzi Demokraci. Ale gdyby tak pozbierać tylko ten KLD-owski twardy rdzeń, to by nie wystarczyło nawet na 10-procentowy wynik na zjeździe. A myśmy uzyskali o wiele większe poparcie. W znaczącej części ci, co nas poparli, byli ludźmi ze „starej" Unii, których byliśmy w stanie do nas przekonać, albo byli to ludzie z nowego naboru. Ważne, by podkreślić, że my nie myśleliśmy wtedy o opuszczeniu Unii. Trwa konsolidacja AWS-u. I jesteśmy przekonani, że na osoby, które mogliśmy uznawać za partnerów – czyli na Płażyńskiego, Rokitę, Komorowskiego – raczej nie możemy liczyć. Bo oni byli wtedy w ten proces AWS-owskich przemian zaangażowani. Z naszej strony nie jest to więc budowanie wyjścia. Jest to próba zbudowania pozycji wewnątrz Unii, próba wymuszenia na „starej" Unii, by uszanowała naszą pozycję w partii.

Rozdział X

Wybory prezydenckie w 2000 roku

Ta cała gra zbiega się z wyborami prezydenckimi 2000 roku. Startuje Olechowski i ma świetny wynik.

Tak, wybory prezydenckie były bardzo ważnym aspektem tej rozgrywki. Unia musi podjąć decyzje, kogo wystawić w wyborach prezydenckich. I mamy absolutny klincz. I to podwójny. Bo nie tylko w całej Unii, ale też w naszym w środowisku liberałów. Nie jesteśmy w stanie, mimo że razem działamy na rzecz wyniku Donalda, ustalić wspólnego stanowiska. Dominującą postawą jest poparcie dla Andrzeja Olechowskiego. To jest postawa moja, mojego środowiska w Warszawie, które zaangażuje się w kampanię Andrzeja. Schetyna też uważa, że należy poprzeć Olechowskiego. Młodzieżówka unijna, pod wodzą Sławomira Nowaka, Sławomira Potapowicza i Jana Artymowskiego, wspiera jego kampanię.

Poza Tuskiem.

Donald publicznie wypowiada zdanie – które Olechowski potem mu będzie długo pamiętał – że on, Donald Tusk, nigdy nie odda głosu na agenta, i zachęca do głosowania na Lecha Wałęsę, co w naszym środowisku było uważane za gdańskie dziwactwo.

Wałęsa dostał w 2000 roku mikroskopijne poparcie.

Tak. A Donald kampanii Olechowskiego w żaden sposób nie wsparł.

Dlaczego?

Oni nigdy nie mieli dobrej komunikacji. Ale było coś jeszcze, czyli polityczne kalkulacje. Mamy jesień 2000 roku. Zbliżamy się do wyborów prezydenckich, w których startuje Olechowski. Siedzimy i główkujemy w naszej liberalnej grupce, co w przyszłości się wydarzy. Pracujemy na rzecz Donalda, chcemy, żeby wynik był jak najlepszy i żeby „stara" Unia nas uszanowała. Ale nie mamy żadnej pewności, że tak będzie. Przecież Unia może się nas, wichrzycieli, pozbyć. Dlaczegoż by nie? Jednocześnie widzimy, że Olechowski, co prawda, nie do końca odpowiada nam swoim życiorysem, ale bardzo odpowiada nam swoimi poglądami. A człowieka, który dzierżył naszą liberalną chorągiew – czyli Leszka Balcerowicza – już obok nas nie ma. Bo odszedł z polityki. I teraz tę największą liberalną chorągiew dzierży Olechowski. Jest naszym naturalnym, jeśli nie liderem, to bliskim partnerem. Łączy nas tak duża wspólnota poglądów, że na pewno się dogadamy. Dodatkowo ci, którzy znają Olechowskiego osobiście, w tym i ja, wiedzą, że to jest w porządku facet, bez odlotów, lojalny i rzetelny, z którym można się porozumieć. I wiemy też, że on sam nie wyklucza współpracy z nami. Ba, byłoby mu nawet bardzo miło, jeślibyśmy taką współpracę z nim nawiązali.

Tusk obawia się konkurencji?

Jeśli wtedy zadałbyś nam pytanie, co zrobimy, gdy Unia nas wyrzuci, to większość odpowiedzi sprowadzałaby się do tego, że pójdziemy do Olechowskiego. Taka była wtedy wśród nas atmosfera. Była tak wszechogarniająca, że oczywiście Donald ją doskonale wyczuwał. Wtedy nie myśleliśmy, że stworzymy z kilku środowisk coś nowego. Mówiliśmy – pójdziemy do Olechowskiego. Bardzo wyraźnie ujmował to Schetyna. Przekonywał, że my sami partii nie zbudujemy, że trzeba zostać zapleczem Olechowskiego. Donald zdecydowanie to wykluczał. Uważał, że to jest facet, z którym nie będzie mógł się porozumieć. Widział w nim też rywala do tego, kto trzyma sztandar liberalny. Uważał, że musi być jak najsilniejszy, żeby mu „wojsko" nie przeszło do innego obozu.

Skąd ty znałeś Olechowskiego?

Poznaliśmy się gdzieś w połowie lat 90. w Warszawie, na pewno jeszcze przed moją prezydenturą. I potem widywaliśmy się przy różnych okazjach. Nie byliśmy wtedy jeszcze na „ty". Spotykaliśmy się przy okazji ponownego wejścia Balcerowicza do polityki w 1997 roku. Olechowski jest jedną z osób wspierających Balcerowicza w kampanii. Ja byłem odpowiedzialny za całość kampanii, w tym za reklamówki. Dużo czasu spędziłem z Olechowskim, nagrywając filmiki, których reżyserem był notabene Janek Kidawa-Błoński. Wtedy poznałem Małgosię, jego żonę, i wciągnąłem ją do samorządu warszawskiego. To był jej początek w polityce.

Jak to jest w ogóle możliwe, że taka partia jak Unia Wolności nie wystawia własnego kandydata na prezydenta w 2000 roku?

Słusznie, że wracamy do tego wątku, bo jest ważny. Zatem jest klincz. Po pierwsze taki, że liberałowie opowiadają się za Olechowskim, ale bez Donalda, co jest pewnym kłopotem, bo Donald jest przez nas wystawiany na lidera. Po drugie, jest kompletna zawierucha wewnątrz całej Unii. Jest w niej silna tendencja, żeby poprzeć Olechowskiego, ale pod warunkiem że on się nam „nie zerwie". Takie było stanowisko Geremka. Według formuły: „Dobrze, możemy poprzeć Olechowskiego, ale pod warunkiem że będzie naszym kandydatem". Olechowski rozsądnie uważa, że będzie miał lepszy wynik, jak nie będzie kandydatem tylko jednego środowiska; woli być kandydatem wielu środowisk. A Geremek, krótko mówiąc, zamierzał go okiełznać. Chodziło o to, by Olechowski po kampanii nie założył swojej partii. Geremek chciał, by Olechowski kandydował jako kandydat UW, który po wyborach wstąpił do partii. Na takich warunkach – zdaniem Geremka – moglibyśmy jako Unia Olechowskiego poprzeć. Decydującym momentem było posiedzenie Rady Krajowej wczesną jesienią 2000 roku w jakimś ośrodku wypoczynkowym pod Warszawą. I tam się rozpętała prawdziwa awantura. Poparcie Olechowskiego położył właściwie Borusewicz, który powiedział, że na tego... – tu pozwolę sobie na cenzurę, by uszu nie ranić – nigdy nie zagłosuje, bo wie o nim więcej niż my. A Borusewicz był wtedy wiceministrem spraw wewnętrznych. I dalej mówił, że Olechowskiego nie można poprzeć, bo się skompromitujemy, gdyż są rzeczy, których sobie nawet nie jesteśmy w stanie wyobrazić. Po takim głosie Unia zdecydowała się na kompletnie samobójczą decyzję o niewystawieniu kandydata. Inni kandydaci, którzy wchodzili w grę, byli albo „wyjechani" – jak Hanna Suchocka w Watykanie, albo za mało popularni – jak Janusz Onyszkiewicz, albo w żaden sposób niepalący się do kandydowania – jak Władysław Frasyniuk.

Dlaczego Frasyniuk nie chciał kandydować?

Mówił, że jest przedsiębiorcą. W związku z tym – twierdził – może być politykiem, ale na prezydenta to się nie nadaje. Z dużą swadą opowiadał, że ma taką naturę, że tu kogoś ofuknie, tam odburknie, że nie zniesie tych wszystkich uroczystości. Że ten urząd to nie dla niego. Realna alternatywa to było albo poparcie Olechowskiego, albo niewystawienie kandydata. Oczywiście, my, liberałowie, głosowaliśmy – choć bez Donalda – za poparciem Olechowskiego. Natomiast emocjonalne wystąpienie Borusewicza z jednej strony i postawa Geremka, który upierał się, by Olechowski był kandydatem partyjnym, z drugiej – spowodowały, że Unia swego kandydata nie miała. Niewystawienie kandydata było gestem samobójczym, bo elektorat Unii poszedł głosować na Olechowskiego, a następnie, za Olechowskim poszedł do Platformy.

Niewystawienie przez Unię własnego kandydata nie było przypadkiem cichym wsparciem dla walczącego o drugą kadencję Kwaśniewskiego?

O tym, że Kwaśniewski to wygra, byli przekonani wszyscy. Ale o tym, żeby poprzeć Kwaśniewskiego, mówiono tylko szeptem w kuluarach. Głośno ta propozycja nie była przedstawiona. To był czas, gdy Miller jest już szefem SLD, a Sojuszowi poparcie rośnie. Kwaśniewski idzie po drugą kadencję, a SLD idzie po zwycięstwo. Poparcie Kwaśniewskiego jest więc również samobójcze. Na pewno było też obecne takie myślenie, że Unia, z tym swoim prospołecznym, etosowym programem, może być dobrym partnerem w przyszłej koalicji dla rosnącego SLD. Ale nie doszło do momentu „sprawdzam”, bo wszystko się zmieniło i Unia w wyborach 2001 roku nie weszła do parlamentu.

Kto robi kampanię Olechowskiego?

Szczerze mówiąc, mało wiem na ten temat. Nie wiem dokładnie, jak wyglądał sztab. Ja byłem osobą wspierającą. Nie byłem w sztabie. Jako prezydent Warszawy miałem swoją masę roboty. To, co z tego się urodziło i co Olechowski zapowiedział jeszcze przed wyborami, to ruch Obywatele dla Rzeczpospolitej. Tam zgromadziła się mieszanka z różnych środowisk: część to ludzie z Unii, którzy mimo decyzji partii zaangażowali się w kampanię, część była z AWS, a część to ludzie wcześniej niezrzeszeni. I sporo znanych nazwisk jako osoby wspierające – aktorzy, celebryci. Zapytani, kogo popierają, wskazywali na Olechowskiego. Nie czuli przy tym konfliktu z Unią.

Mamy listopad 2000 roku. Olechowski dostaje 19 procent w wyborach.

Fenomenalny wynik. Ma drugie miejsce. Marian Krzaklewski przegrywa. To jest katastrofa dla AWS, gdzie się pogłębiają procesy degeneracji. Wielu już zaczyna się zastanawiać – co będzie po AWS? Sytuacja jest niesłychanie dynamiczna. Tuż przed zjazdem unijnym mamy sytuację, w której Olechowski ma świetny wynik i większość ludzi z naszych środowisk już się orientuje na Olechowskiego. Poważne pytanie jest takie – czy Olechowski będzie tworzył partię? Na razie zachęca do wspierania ruchu Obywatele dla Rzeczpospolitej. Ale jest pytanie, co będzie dalej.

Są jeszcze jakieś próby rozmów między liberałami i trzonem Unii?

Przed grudniowym zjazdem Unii ma miejsce ważne wydarzenie. Spotykam się z Geremkiem, bo byłem właściwie jedyną osobą z naszego środowiska, która mogła się z nim komunikować. Geremek z Tuskiem już nie rozmawiał. Mówię Geremkowi, że poparcie kongresu dla nas będzie na poziomie jednej trzeciej i trzeba to jakoś poukładać, bo bez sensu iść na zjazd, a potem się wycinać przy wyborze rady krajowej. Geremek mówi, że na pewno tyle nie będziemy mieć. I że Mirek Czech to policzył i wychodzi 85 procent poparcia dla nich. „Kompletnie, panie Pawle, mylicie się w swoich obliczeniach" – stwierdził i dodał, że to, co mówię, to dyrdymały, to jedynie pozycja negocjacyjna. Ale na koniec powiedział, że w zasadzie nie ma nic przeciwko ułożeniu rady w proporcji do uzyskanych głosów. I że jeżeli chcemy mieć te swoje 15 procent składu rady, to OK, ale się nie podejmuje rozmowy. „Trzeba gadać z Czechem, bo to on pisze skład przyszłej rady krajowej" – powiedział.

Poszedłeś do Czecha?

Chyba dwa dni później spotkałem się z Mirkiem Czechem. Mówi mi, że nie ma o czym rozmawiać i w sumie spotyka się ze mną tylko grzecznościowo. Oni – twierdził Czech – mają wygrany zjazd z przewagą 85–90 procent. I nie zamierzają się z nami układać przy wyborze rady krajowej, bo się zachowaliśmy jak ostatnie... – tu znowu, by nie ranić uszu, włączę cenzurę – i naraziliśmy na szwank autorytet wielkiego Bronisława Geremka oraz jedność Unii. I teraz musimy za to zapłacić. Nie ma pola do porozumienia, nie chcemy z wami gadać. Czyli sytuacja była dla nas jasna. „Stara" Unia idzie na zjazd, żeby nas wyciąć w pień.

Powiedziałeś o tym Tuskowi?

Tylko jemu i Schetynie. Reszta nie wiedziała. Nie chcieliśmy osłabiać morale ludzi przed starciem. Mamy ostatni dzień przed zjazdem i znów kolejny wredny artykuł w „Gazecie Wyborczej", kolejny paszkwil o nas. Burzliwy dwudniowy zjazd, wystąpienia obu kandydatów, głosowanie i absolutny szok. My mamy 42–45 procent poparcia, powyżej naszych oczekiwań, nie mówiąc już o szacunkach Czecha. Geremek wygrywa, ale widzę, że jest w szoku. Stara się zachowywać normalnie, składa gratulacje przeciwnikowi, ale mówi słabo. Ludzie ze „starej" Unii mają na sali ściągi, jak głosować, żeby przy wyborze rady krajowej wycinać liberałów. Są rozdawane przed głosowaniem i widzimy, że to idzie na całkowitą konfrontację. Moim zdaniem to była manipulacja Czecha, bo Geremek był zbyt rozsądny, żeby przy proporcjach 60–40 wycinać całą drugą stronę. Geremkowi zabrakło wyobraźni, bo powinien wycofać te ściągi, wcisnąć hamulce, przedłużyć zjazd i zmusić do negocjowania jakiejś uzgodnionej listy rady krajowej. Ale Geremek zamyka oczy. Czech przeprowadza swoje. Niemal w pień zostajemy wycięci.

Wszyscy?

Wszyscy, oprócz Jacka Merkla. Dwie osoby, jako szefowie regionów, wchodzą do rady z klucza, czyli ja i Janusz Lewandowski. I chyba jeszcze czwarty był Tusk. Ale wszyscy pozostali są poza. Atmosfera jest jednoznaczna. Czujemy, że nas już w Unii nie ma.

Opowiedz o atmosferze. Jak przyjęliście te rozstrzygnięcia? Pamiętasz tamten moment?

Pamiętam to doskonale. To było jasne, że z Unii Wolności nas wyproszono. Wynik Tuska to było czterdzieści parę procent, a Geremka pięćdziesiąt kilka. Powinniśmy mieć w radzie krajowej odpowiadającą tej proporcji liczbę reprezentantów, a wszedł Tusk, Merkel i z klucza Lewandowski oraz ja. Inni zostali wycięci w pień. Gdy wychodziliśmy z kongresu, to moim zdaniem Geremek już sobie zdawał sprawę, że nas – środowiska KLD – już w Unii Wolności nie ma. I że tego już się nie da posklejać.

Nie było próby?

Był ruch na sali. Michał Boni, jak sądzę posłany przez Geremka, próbował prowadzić rozmowy. Chodziło o powołanie zespołu, w którym miał być Merkel. I ten zespół miał rozmawiać, czy nie dokooptować kilku osób ze środowiska liberałów do władz Unii. Tyle że te propozycje same w sobie były obraźliwe. Gdybyśmy mieli 15 procent, to można byłoby się zastanawiać, ale my mieliśmy czterdzieści kilka i zostaliśmy całkowicie wycięci. I Geremek, jako człowiek wybitnie inteligentny, musiał zdawać sobie sprawę z tego, że sprawy zaszły za daleko.

Kogo obarczasz za to winą?

Głównym sprawcą był Mirosław Czech. To było jego dzieło. To jest jego, człowieka inteligentnego i doświadczonego, straszna skucha. To on koniec końców pogrzebał Unię Wolności. Potem żartowano, że Czech był szóstym ojcem założycielem PO. Bardzo inteligentny człowiek i taka katastrofalnie zła ocena sytuacji. Przekonał Geremka do jakichś kuriozalnych wyliczeń. Że niby my mamy 10–15 procent poparcia, nie mamy wyjścia i będziemy musieli się podporządkować. Krótko mówiąc: „Damy im klapsa, a gdy się podporządkują, to tych, którzy będą wierniejsi, weźmiemy do siebie". To był katastrofalny błąd z ich strony. Nie do naprawienia. Stronnicy Geremka, którzy w odróżnieniu od niego nic jeszcze nie rozumieli, triumfowali. Były zabawy i fetowanie. My byliśmy wkurzeni i rozżaleni, ale zmobilizowani i zintegrowani.

Rozdział XI

Powstanie Platformy Obywatelskiej

Nie mieliście poczucia siły?
Wykręciliście dobry wynik dla Tuska!

Poczucie siły było relatywne. De facto wyproszono nas z partii. Było nas wielu i czuliśmy, że potraktowano nas głęboko nie fair. Kongres odbywał się tuż przed Bożym Narodzeniem 2000 roku. Nie robiliśmy konferencji, nie udzielaliśmy wywiadów. Ale natychmiast przystąpiliśmy do pracy z Donaldem. Sprawdzającej. Donald miał sprawdzić, czy Maciej Płażyński jest gotowy, żeby zrobić w polityce coś nowego. Miał pozycję, był marszałkiem Sejmu, charakteryzowało go umiarkowanie i spokój. Donald oczywiście znacznie lepiej znał Płażyńskiego niż ja, więc został oddelegowany na odcinek „Maciej Płażyński".

Ty zostałeś oddelegowany na odcinek „Andrzej Olechowski".

Na odcinek politycznie znacznie ważniejszy. Bo nowe ugrupowanie mogło powstać tylko na bazie dobrego wyniku Olechowskiego w wyborach prezydenckich i jego popularności. I oczywiście było ryzyko, z którego Donald zdawał sobie sprawę, że jeśli my nie zrobimy czegoś wspólnie z Olechowskim, to Olechowski zrobi to bez nas. Czyli – wystąpi z jakąś inicjatywą, a duża część naszego środowiska pójdzie pracować dla niego.

I jak szło Tuskowi z przekonywaniem Płażyńskiego?

Donald się z nim widział dwa, trzy razy w Gdańsku. Płażyński był zainteresowany nowym projektem. Ale potem się nagle wycofał.

Dlaczego?

Moim zdaniem Marian Krzaklewski musiał dowiedzieć się o tych naszych flirtach z Płażyńskim i pod koniec 2000 roku postanowił przyspieszyć zawarcie później często obśmiewanego kompromisu. Nie wiem, czy pamiętasz, ale było takie wielkie zdjęcie w „Gazecie Wyborczej": Krzaklewski, Buzek, Rokita i Płażyński trzymają się za ręce. To porozumienie miało pokazywać, że AWS jest skonsolidowana i nie ma pola do wyciągania stamtąd ludzi. Zachowania Macieja Płażyńskiego i SKL-u były istotne, bo to był jedyny wolnorynkowy komponent w AWS. Tyle że ten SKL był wewnętrznie rozdarty. Główna oś sporu szła między Balazsem a Rokitą. Balazs był otwarty, chętny do współdziałania, a Rokita, chyba z przekory do Balazsa, był przeciw porozumieniu z nami. To się potem oczywiście politycznie poodwracało, ale wtedy sytuacja była dokładnie taka.

Czyli byliście w potrzasku.

Tak, było kiepsko. W Wigilię albo dzień przed nią zadzwonił do mnie z Gdańska Donald. Robiłem akurat przedświąteczne zakupy w empiku. Dziki tłum dookoła, próbuję znaleźć jakieś spokojniejsze miejsce między półkami. I Donald mówi, że wszystko się spieprzyło, bo Płażyński odmówił i nie ma szans na porozumienie. Powiedział, żebym ucałował rodzinę, życzył wszystkiego najlepszego i pożegnaliśmy się w minorowych nastrojach. Potem kilka razy sobie z Donaldem przywoływaliśmy tamtą rozmowę – pamiętną, bo wydawało nam się wtedy, że ostatecznie wypadliśmy z trasy, a wyścig mknie bez nas.

Dlaczego aż tak pesymistycznie?

Bo to oznaczałoby, że nie jesteśmy w stanie niczego stworzyć. Że nie jesteśmy spiritus movens inicjatywy i najwyżej możemy dołączyć do przedsięwzięcia Olechowskiego.

Z twojej perspektywy pół biedy.

Z mojej jeszcze tak, ale dla Donalda to dramat, bo jeszcze przed chwilą mówił, że Olechowski ubek, na którego on nigdy nie zagłosuje! Przychodzą święta Bożego Narodzenia i parę dni po nich Donald znów do mnie dzwoni. „Coś się odblokowało – mówi. – Umawiam się z Maćkiem. Znowu chyba coś w tym AWS-ie zaczyna się rozwalać, bo Maciek jest gotowy do rozmowy". I jeszcze przed sylwestrem Donald jedzie do Płażyńskiego i sygnał z tej rozmowy jest pozytywny.

Ale chyba ważniejszy jest ten drugi odcinek związany z przekonaniem Olechowskiego?

Zgoda. Maciej Płażyński jest postacią ważną, symboliczną dla środowiska konserwatystów, dla umiarkowanej prawicy AWS-owskiej. Ale Olechowski ma mocniejsze karty niż my wszyscy do kupy wzięci. Ma 20 procent poparcia z niedawnych wyborów, wtedy jest wielkim Olechowskim. Jego postawa jest kluczowa. I problem jest w kilku wymiarach. Po pierwsze, Olechowski ma olbrzymią rezerwę do Donalda. Ona wynika z tego, że Donald dystansował się od niego w niedawnej kampanii prezydenckiej. Po drugie, z opinii, które zbierał Olechowski, wynikało, że Donald absolutnie nie jest osobą godną zaufania.

Dlaczego?

Tusk miał taką opinię. Olechowski wyrabiał sobie opinię na podstawie tego, co ludzie opowiadali mu o Tusku. A opowiadali mu, że jest człowiekiem kompletnie niesłownym, leniwym, skłonnym do spisków. Gdybym wtedy mógł przewidzieć, że to bardziej rozmówcy Olechowskiego mają rację, a nie ja, gwarantujący za jego słowność i honorowość, to pewnie inaczej bym odpowiedział na sondowanie mnie, czy nie możemy zrobić tego samego, ale bez „pana Donalda". Takiej zdolności przewidywania nie miałem. Gwarantowałem za Donalda na naszą zgubę, ale Olechowski nadal pozostawał nieufny.

Ale z tobą Olechowski podejmuje rozmowy.

Tak. My mamy świetne relacje. I w sensie ideowym nie ma żadnego kłopotu, bo deklaracje Olechowskiego z kampanii prezydenckiej 2000 roku liberałom odpowiadają. Jest problem organizacyjny. Powołanie nowej partii to gigantyczny wysiłek.

Rozumiem, że to twoje zadanie.

Moje zaangażowanie ma być gwarantem tego, że to pojedzie. Nie ma co tutaj przesadzać ze skromnością – wtedy było takie przekonanie, że oczywiście jest trzech tenorów, ale jak ja się w to nie zaangażuję, to nic z tego nie będzie. Wszyscy wiedzieli, że żeby coś z tego wyszło, to ja muszę to pociągnąć organizacyjnie. Olechowski otrzymał ode mnie deklarację, że ja mocno w ten projekt wchodzę. Z mojej strony taka deklaracja wcale nie była sprawą prostą.

Bo?

Bo jestem prezydentem stolicy. A to są dodatkowe ogromne obowiązki. Wreszcie muszę się liczyć z tym, że to się może dla mnie skończyć odwołaniem ze stanowiska prezydenta Warszawy. Bo nie wiadomo było, czy nasze wyjście z Unii nie spowoduje, że radni zaczną mnie odwoływać, co zresztą się stało, tylko że nieskutecznie. Musiałem brać pod uwagę, że wejście w ten projekt może oznaczać utratę ważnego stanowiska publicznego.

Zanim idziesz do Olechowskiego na negocjacje, zapewne dyskutujesz z Tuskiem. Jaki macie pomysł, polityczny plan?

Sytuacja była taka – musimy stworzyć nowy projekt, bo w Unii nie przetrwamy. Może być tak, że będziemy – Donald i ja – ostatnimi plasterkami salami do odcięcia. Bo wszyscy inni zostaną odcięci wcześniej i jako środowisko nie przetrwamy. Wiedzieliśmy też, że wielu z naszego środowiska, jeśli my czegoś nie zrobimy, pójdzie do Olechowskiego. I w takim nie najlepszym punkcie startowym zaczynaliśmy. Zastanawialiśmy się, jak ta nowa formacja ma wyglądać. Najlepiej, żeby nie była tylko prostym zapleczem Olechowskiego. Żeby nie było tak, że my się po prostu zbiorowo zapisujemy do jego Obywateli dla Rzeczpospolitej. Chcieliśmy, żeby Olechowski był jednym z filarów, a nie jedynym przywódcą. Oczywiście musieliśmy sobie zdawać sprawę z realiów. Niezależnie od mojej wysokiej wtedy pozycji politycznej, niezależnie od dobrego wyniku Donalda na Kongresie Unii, karty w ręce miał Olechowski. Donald jednak te wewnętrzne wybory w Unii przegrał, nie był wiceszefem UW. Był raptem wicemarszałkiem Senatu, a i to w błyskawiczny sposób mógł stracić. Jego pozycja mogła się gwałtownie pogorszyć w nadchodzących tygodniach. Oczywiście zdawaliśmy sobie z Donaldem sprawę, że Olechowski będzie najważniejszym podmiotem tej koalicji. Nam chodziło o to, żeby nie był filarem jedynym. By byli jeszcze konserwatyści od Płażyńskiego i my jako ogniwo spinające to wszystko, bo Olechowski z Płażyńskim sami by się nie dogadali.

Nie ma co, sprytnie to sobie wymyśliliście.

My mieliśmy być pomostem, środowiskiem scalającym te grupy. Olechowski, jak mówiłem, był nieufny, ale on też napotykał na własne ograniczenia. Tworzył po wyborach ruch Obywatele dla Rzeczpospolitej. To byli ludzie z komitetów wyborczych Olechowskiego, którzy nie chcieli się rozchodzić, ale nie bardzo mieli się jak spotykać. Nie mieli jasnego celu i nie bardzo wiedzieli, z kim zawierać polityczne sojusze. Byli wśród nich oczywiście ludzie ze środowiska liberałów, którzy naturalnie ciążyli w kierunku porozumienia z nami.

A jakie rozwiązania miał Olechowski?

Miał propozycję od Unii Wolności. Propozycję, by się do nich zapisał. Jednak publiczne wypychanie środowiska liberalnego z Unii Olechowski ocenił jako sytuację bardzo znamienną. Dającą do myślenia. Poza tym żywa była jeszcze pamięć historii Balcerowicza, który wchodzi do Unii na zaproszenie tej post-ROAD-owskiej części, przez pewien czas odgrywa tam istotną rolę, po czym zostaje wypluty. Olechowski bał się takiej sytuacji. Zwłaszcza że mu nikt nie proponował przewodniczenia partii. A Olechowskim nie targają wtedy takie pośpieszne ambicje w stylu „chcę zostać posłem". Senatorem też nie chciał być. On chciał wystartować w wyborach 2005 roku, gdy już nie będzie Kwaśniewskiego, i zostać prezydentem Rzeczypospolitej.

Czyli oferta Unii po prostu nie jest dla niego atrakcyjna.

W żadnym stopniu. W tej sytuacji kluczowe jest to, żeby przezwyciężyć nieufność Olechowskiego do Tuska.

Bo to, że Donald nie ufał Olechowskiemu, nie miało znaczenia, bo to my byliśmy stroną aplikującą.

I co zrobiłeś?

Doprowadziłem do spotkania w gronie czterech osób: Olechowski, Tusk, Bielecki i ja. Tak naprawdę założycielami Platformy było pięć osób. Bo do tego jeszcze dochodzi Maciej Płażyński. Wracając do tego spotkania – śmiało można je nazwać spotkaniem założycielskim – widać, że Olechowski z Bieleckim mają relacje poprawne, ale wcale nie ciepłe. To są relacje przepełnione też jakimś rodzajem nieufności, więc to nie jest tak, że Bielecki bardzo tu pomaga. Ale Bielecki jest rodzajem dodatkowej legitymacji. Chodziło o to, żeby to środowisko gdańskie maksymalnie silnym głosem zadeklarowało, że chce z Olechowskim porozumienia i budowania wspólnej partii. I że w pewnym sensie mu jakieś rzeczy gwarantuje. W niepisany sposób, bo nikt żadnego porozumienia czy paktu nie spisywał.

Jak to niepisane porozumienie wyglądało?

Maciej Płażyński jako najsłabszy podmiot, dysponujący bardzo niewielkim zapleczem, miał być przez nas lewarowany po to, żeby pozyskać część elektoratu AWS-owskiego. Maciek – mówię to z wielką do niego sympatią – odgrywał trochę taką rolę jak Ringo Starr w Beatlesach. Miał poczucie, że ma najmniejszą siłę polityczną i najmniejsze zaplecze. To było podszyte obawą, że zapisuje się do klubu liberałów od Olechowskiego, Piskorskiego i Tuska. I że w tym środowisku on i jego grupa rozpłyną się lub będą kwiatkiem do kożucha. Było więc jasne, że Płażyński musi zostać przewodniczącym nowego ugrupowania. Olechowski z kolei miał być naszą główną twarzą, bo na jego wizerunku i wyniku to budowaliśmy. I – tak to wtedy zakładaliśmy – będzie naszym kandydatem w przyszłych wyborach prezydenckich w 2005 roku. Tusk miał to wszystko spinać, a Piskorski zorganizować. Taki był podział zadań.

A gdzie było to spotkanie – twoje, Tuska, Olechowskiego i Bieleckiego?

W tej samej restauracji, czyli w San Antonio na Senatorskiej. Piątego styczna po południu. Tylko tym razem nie w podziemiach, lecz w salce na górze. Tak więc jest to restauracja wielce zasłużona dla Platformy Obywatelskiej. Leży bardzo blisko Ratusza, więc dla mnie to było wygodne.

I jak to spotkanie przebiegło?

Tusk i Bielecki, z moją pomocą, przekonywali Olechowskiego, że warto iść razem i współpracować. Po tym spotkaniu Olechowski jeszcze wziął mnie za rękę i zapytał: „Panie Pawle (na „ty" przeszliśmy dopiero w maju), czy za tego Tuska może pan gwarantować? Czy to jest człowiek słowny i czy nie złamie obietnic?". Odpowiedziałem: „Panie Andrzeju, absolutnie gwarantuję. To jest człowiek, z którym można się porozumieć. Znam go od tylu lat. To człowiek z charakterem, na pewno złożonych obietnic nie złamie".

Chyba Olechowski ci to potem wypominał?

Wypominał mi tę rozmowę wiele razy! Mówił, że gdyby nie te słowa, Platforma by nie powstała. A jakby powstała, to bez Tuska. Być może Olechowski stworzyłby ugrupowanie na bazie dobrego wyniku z wyborów prezydenckich, wyłuskując do tego projektu poszczególnych liberałów. Ale tak się nie stało. Historia potoczyła się inaczej. Bo ja, jak pierwszy lepszy naiwniak, zagwarantowałem, że Donald jest słowny i dotrzymuje obietnic. Finalne spotkanie, tuż przed ogłoszeniem decyzji, odbyło się w Senacie u Donalda, 10 stycznia o 16.30. Trzech tenorów i ja. Sytuacja była dość niewygodna. Olechowski z Płażyńskim praktycznie się nie znają. Między Tuskiem a Olechowskim trudno mówić o zaufaniu. No ale dla nas, liberałów, to jest wielka szansa na wyjście z pata, więc to my inicjujemy działania. Ustalamy, że organizujemy pierwszą konferencję dla dziennikarzy. Bo już wtedy nacisk mediów był spory i dalsze uniki nie były już możliwe. I pierwszą konferencję robimy dzień później w Sheratonie. To był czwartek, 11 stycznia 2001 roku, o 11.30. Na tej konferencji zapowiadamy stworzenie nowej inicjatywy politycznej.

Ale nie partii.

Olechowski kładzie mocny nacisk na to, żeby to nie była partia, tylko ruch obywatelski, który ma przełamywać wady partyjnej polityki. Stąd na pierwszym etapie dużo było mowy o antypartyjniactwie i eliminowaniu klasy próżniaczej. Dziennikarzy jest od groma, sala jest pełna. Widzimy, że to jest coś, co wzbudza ogromne zainteresowanie. Olechowski, Tusk i Płażyński stoją obok siebie w pierwszym szeregu. Od tamtego momentu zaczyna się używać określenia „trzej tenorzy".

Macie już nazwę?

Jeszcze nie. Nazwa rodzi się między pierwszą a drugą konferencją. Konkretnie, na spotkaniu w moim biurze w Al. Ujazdowskich 16 stycznia o 16.00. Intensywnie pracujemy wtedy nad dwiema rzeczami – właśnie nad nazwą i deklaracją ideową.

Skąd nazwa Platforma Obywatelska?

Olechowski nalegał na to, żeby to była Platforma. On, człowiek światowy, ma w głowie więcej odniesień do angielskiego znaczenia słowa „platform" – co po prostu oznacza przestrzeń, na której coś się odbywa. Nam się to nie podobało. Po polsku „platforma" jest kolejowa lub jest miejscem, gdzie coś się składuje. Olechowski proponował, żeby to była nazwa „Platforma 2001". My mówiliśmy o ruchu obywatelskim, o partii obywatelskiej. Słowo „partia" zostało bardzo szybko wykluczone z dalszej dyskusji. Bo skoro nie rejestrujemy się jako partia, startujemy jako komitet wyborczy i podkreślamy apartyjny charakter, to partii w nazwie być nie może. I stanęło na kompromisie. Od Olechowskiego została wzięta „Platforma". Od nas – „Obywatelska", na co Olechowski ostatecznie się zgodził. I na następnej konferencji prasowej w piątek 19 stycznia o 10.00 została zaprezentowana nazwa i pierwsza deklaracja programowa. I pojechało. Od tego momentu była już Platforma.

Zaraz, zaraz. Były jeszcze zaszłości.
Byliście przecież w UW!

To było szczególnie istotne w moim środowisku warszawskim. No bo to my byliśmy regionem Unii Wolności, dominowaliśmy. Poza moim środowiskiem warszawska Unia Wolności to był margines. Zostawialiśmy organizację ludziom, którzy stanowili wcześniej jej 10–15 procent. Deklarację o wystąpieniu złożyliśmy na zarządzie regionu UW 15 stycznia wieczorem. Wtedy razem ze mną, mimo wielkich obaw i długiego zastanawiania się, wystąpiła z UW między innymi Ewa Kopacz. No i całe to środowisko, oczywiście włącznie z moimi najbliższymi współpracownikami takimi jak Tomek Siemoniak czy Wojtek Kozak.

Kto przekonał Kopacz, żeby przyszła do Platformy?

Oczywiście ja. Po drugiej stronie – żeby została – przekonywał ją Geremek. Ewa dzwoniła do mnie z informacją, że Geremek do niej dzwonił i że długo ją przekonywał, żeby ona została. A ja mówiłem: „Ewuniu, nie martw się, będzie dobrze".

Kim ona wtedy była?

Moim zastępcą. Naszą radną w sejmiku.

Jakie były jej dylematy? Chciała zostać w Unii?

Bała się, bo skakaliśmy na głęboką wodę, ale z drugiej strony to była jakaś szansa. Twierdziła, że Geremek jej obiecywał, że będzie liderem Unii Wolności i listy w Radomiu. Wcześniej nigdy nie mogła tego osiągnąć, bo tam zawsze się ktoś inny znajdował. W tej nowej formacji takiej pewności też nie było i ja o Ewę musiałem stoczyć bardzo silny bój wewnątrz PO, żeby wywalczyć dla niej pozycję.

Jednak kilka osób w Unii wtedy zostało. Między innymi Michał Boni.

Michał Boni został wyznaczony na szefa regionu Unii Wolności za mnie. I wtedy zachowywał się bardzo nie w porządku, za co później mnie przepraszał. Na przykład „Gazecie Wyborczej", która oczywiście ryczała na nas pełnym głosem, opowiadał, że wynieśliśmy się z biura nawet z faksami, które nie należały do nas, co oczywiście było kompletną bzdurą. Michał wtedy w ogóle dużo głupich rzeczy naopowiadał. Radni, którzy zostają w UW – a zostaje m.in. Marcin Święcicki – składają wniosek o odwołanie mnie ze stanowiska prezydenta miasta. No i chwilę potem – tu, by wyczerpać wątek warszawski, wybiegam trochę do przodu – oni bardzo intensywnie próbowali rozmawiać i z SLD, i z AWS-em, żeby mnie odwołać. To ich zdaniem miało podciąć skrzydła powstającej Platformie. To byłaby pierwsza poważna porażka i dowód, że ten Piskorski nie jest taki niepokonany. Unia Wolności wykazała tutaj bardzo dużo energii i inwencji. Na ogół zresztą robili to ludźmi, którzy dzisiaj są już w Platformie, co też jest bardzo charakterystyczne. I ta próba odwołania mnie spełzła na niczym. Zabrakło jednego głosu.

OK. Tusk, Olechowski, Płażyński dają twarze, ale zdaje się, że to ty masz zbudować nowe ugrupowanie.

To było jasne od początku. Donald to jasno mówił, że ja muszę to ogarnąć i być szefem kampanii wyborczej do Sejmu w 2001 roku. Maciej Płażyński nie był tym zachwycony, ale przyjął to do wiadomości. Dla Olechowskiego to była oczywistość. 20 stycznia o 16.00 w moim biurze pierwszy raz zbiera się sztab wyborczy, w którym byli ludzie współpracujący ze mną w przeszłości. Tomek Siemoniak w tym sztabie obejmuje media elektroniczne, czyli telewizję i radio. Głównym reżyserem, tak samo jak w poprzedniej kampanii, jest Janek Kidawa-Błoński. Ma dla nas kręcić reklamówki. Ewa Magiera i Łukasz Abgarowicz mają odpowiadać za kontakty z regionami. To akurat było bardzo istotne, o czym za chwilę będę mówił, bo ta tworząca się Platforma jest plątaniną różnych interesów, kłótni i sporów. Jako konsultanci, uczestniczący stale w sztabie i dyskutujący nad strategią, są jeszcze Bartek Sienkiewicz, Włodek Retelski, Maciek Grabowski i Tomek Masny. Pełnomocnikiem finansowym, który ma opanować kampanię w warunkach nowej ordynacji, zostaje genialny Piotr Krośnicki. Tworzymy moim zdaniem najlepszy wtedy sztab wyborczy, który ma do okiełznania dramatyczną trudność polegającą na tym, że wchodzi nowa ustawa dotycząca...

...finansowania kampanii wyborczych.

Dokładnie, a my podejmujemy świadomą decyzję, której – otwarcie to mówię – byłem głównym przeciwnikiem, żeby startować jako komitet wyborców, a nie jako partia polityczna. Szczególnie Donald na to nalegał i chciał, żeby przekuć to w oręż, że my nie weźmiemy dotacji partyjnej z budżetu. Likwidacja dotacji budżetowych dla partii politycznych staje się jednym z pierwszym postulatów PO.

Cudownie! A skąd kasa na założenie PO, na kampanię?

I to jest ból głowy. Bo jeśli przegramy i na dodatek źle rozliczymy wydatki kampanijne, to nie dostaniemy żadnego zwrotu. Postanawiamy na kampanię wyborczą wziąć kredyt bankowy. Biorą go prywatne osoby – Olechowski, ja, Donald, Maciej Płażyński i jeszcze piąta osoba, której nie pamiętam. Wzięliśmy 5 mln kredytu. Byliśmy trochę przerażeni. Najbardziej Olechowski.

Najbogatszy z was. Dlaczego?

Bo tam nie było spłaty proporcjonalnej, tylko solidarnościowa. To znaczy, że jakby przyszło co do czego, to bank ściąga od tego, od którego ściągnąć jest najłatwiej. Na szczęście pełnomocnikiem finansowym tamtej kampanii był, jak wspomniałem, Piotrek Krośnicki. Był świetnie zorganizowany. Gdyby nie jego umiejętności, Platforma zbankrutowałaby natychmiast po wejściu do parlamentu, a my prywatnie jeszcze przez lata spłacalibyśmy długi. On ogarnął finansowe rozliczenie tej kampanii. Gdyby rozliczenia nam nie przyjęto, bylibyśmy ugotowani. Dzięki przyjęciu rozliczenia kredyt bankowy zwróciliśmy z subwencji. Piotrek zamiast pomniczka za zasługi dla PO został z niej usunięty w czasie czystki przeciw mojemu środowisku w 2006 roku. Taki to już los.

Poczekaj, o kampanii zaraz pomówimy. Najpierw o tych pierwszych tygodniach PO.

Większość rzeczy muszę brać na siebie. Poza tym słynnym dużym spotkaniem w hali Olivii. To był pomysł Donalda i to było sfinansowane przez środowisko gdańskie i koordynowane przez Merkla. Chodziło o to, żeby na „dzień dobry" zrobić duże wydarzenie. Pokazać, że nie jest nas setka albo dwie, ale tysiące – że to jest naprawdę wielki ruch społeczny. Mieliśmy oczywiście obawy, bo Olivia jest duża, tam się mieści kilka tysięcy ludzi. Robiliśmy pospolite ruszenie. Ściągaliśmy wszystkich pociągami. Wszystkich, których mogliśmy. Sporo osób przyjechało na własną rękę, wierząc, że rodzi się coś ciekawego. To była środa 24 stycznia o 16.00.

Ten występ Olechowskiego, Płażyńskiego i Tuska pozostał w pamięci.

Tak, oni stoją we trzech na podeście, padają deklaracje. Hala jest pełna. Wyłączyliśmy tylko boczne sektory – tak że wszystko działo się na dole. Ale było tam wtedy dużo ludzi. Moim zdaniem ze trzy tysiące. To robiło duże wrażenie. Pamiętam, że zaraz po tej imprezie w Olivii pobiegliśmy z Donaldem i innymi kolegami do hotelu, żeby zobaczyć, jak pokazały to dzienniki telewizyjne. Okazało się, że ta nasza wielka, imponująca konwencja nie była na pierwszym miejscu w dziennikach, co nas strasznie wkurzyło. My uważaliśmy, że zrobiliśmy największą rzecz w polskiej polityce po '89 roku. Ale oczywiście zostało to odnotowane. Było sporo szumu wokół nas. Atutem było to, że ta inicjatywa nie była zamknięta. Zakładaliśmy, że nie możemy tego zrobić tylko w oparciu o środowisko, które wyprowadzamy z Unii i AWS plus komitety wyborcze Olechowskiego. Uznaliśmy, że to musi być ruch maksymalnie otwarty. To znaczy, że przychodzą ludzie i mogą tu awansować. Tak że możesz nawet zostać posłem. Zresztą to się w iluś przypadkach potem się sprawdziło – ludzie, którzy przyszli do nas z „ulicy", zostawali posłami z naszej rekomendacji. Narodziła się idea prawyborów, która potem, wczesną wiosną się finalizowała. Prawyborów, czyli zgromadzenia wszystkich sygnatariuszy Platformy Obywatelskiej. To w praktyce oznaczało, że każdy może przyjść i wziąć udział w głosowaniu.

Ale przecież to musiało prowadzić do masy nadużyć!

Masz rację. O tym będziemy jeszcze mówić. Ale miało też plusy. Mobilizowało bardzo dużo aktywności i nadziei. Mnóstwo ludzi nagle zobaczyło, że tu nie jest tak, jak gdzie indziej, gdzie żeby awansować, trzeba najpierw przez dwa lata aplikować, starać się i nosić za kimś teczkę. Cały ten wątek otwartości, obywatelskości był wtedy niezwykle popychający inicjatywę do przodu. Oczywiście, my musieliśmy to ująć w ramy.

Jak?

Trzeba było powołać pełnomocników w okręgach wyborczych. Trójka – Olechowski, Płażyński, Tusk – ich zatwierdzała. W niektórych okręgach to były wybory oczywiste i proste. W innych już tak łatwo nie było. Na przykład w Radomiu, gdzie była Ewa Kopacz.

Twoja podopieczna.

Tak, ona była z mojej ekipy. Tak naprawdę Tuska jeszcze wtedy nie znała. Bardzo ją popierałem, żeby była pełnomocnikiem, ale został nim ktoś od Andrzeja Olechowskiego. Potem gdzieś się rozpłynął, kompletnie zniknął, ale wtedy aspirował do Bóg wie czego i chciał być liderem listy w Radomiu. W finale dobrze się to dla niej skończyło, bo zmobilizowała nasze szeregi, te unijno-liberalne. Wygrała prawybory w Radomiu i została pierwszy raz posłem. Ale to powoływanie pełnomocników i budowanie list wywoływało spore napięcia, o których jeszcze wspomnę. Na początku był jeszcze jeden dylemat. Wychodzimy z Unii i nie tworzymy w Sejmie własnego klubu parlamentarnego. Pozostajemy do końca kadencji 2001 posłami niezależnymi. Siedzimy razem, trzymamy się razem, ale formalnie nie jesteśmy klubem. Donald przez chwilę w ogóle wahał się, czy przypadkiem nie rezygnować z mandatu. Powiedzieliśmy mu, że w jego przypadku, gdy jest wicemarszałkiem Senatu, to mniejsze zmartwienie. Natomiast w przypadku klubu poselskiego jest trochę inaczej. Gdybyśmy złożyli mandaty, to na te nasze kilkanaście miejsc weszliby unici – a to chyba nie nas by wzmocniło. Większość, ale przede wszystkim Schetyna i Drzewiecki, dla których bycie posłem było istotnym wyróżnikiem i atutem w kampanii wyborczej, szybko Donaldowi to wybili z głowy. Jak już poruszamy wątek parlamentarny, to o przejściu do Platformy dwóch osób z Unii Wolności muszę powiedzieć osobno. Pierwsza to Adam Szejnfeld. Kilka razy w tej książce już używałem takich szlagwortów, które są znane i rozumiane w bardzo wąskim kręgu osób z kierownictwa PO.

I jeden z nich zawdzięczamy Szejnfeldowi.

Otóż to. Decydowało się, kto zostaje w UW, a kto idzie do Platformy. Donald chciał wiedzieć, co z Szejnfeldem. Adam niby to deklarował, że chce być z nami, ale jak Szejnfeld – mięciutko i nie podaje w tej sprawie żadnych dat. Donald na to, że to nie może być tak, że facet gra na dwie strony: i z nami, i z tamtymi. By sprawę jednoznacznie wyjaśnić, każe się łączyć z Szejnfeldem. Sekretarka łączy i Donald mówi: „Adam, przyszedł czas decyzji. Chcę ci bardzo jasno postawić pytanie, czy ty jesteś z nami, czy zostajesz w Unii?". I na to Adam odpowiedział właśnie tym słynnym sformułowaniem: „A ja ci, Donald, powiem co innego". I zaczął opowiadać o jakiejś ustawie, którą prowadzi, musi ją dalej prowadzić, bo by było nielojalne wobec wyborców, gdyby tę ustawę odpuścił. Takie klasyczne pierniczenie. Przez resztę dnia, mimo powagi sytuacji, śmialiśmy się z Adama Szejnfelda, a w następnych latach, gdy trzeba było podjąć szybką i konkretną decyzję, ktoś zawsze wrzucał tekst: „A ja ci powiem co innego".

Szejnfeld w końcu do was dołączył.

W finale, dociśnięty, wybrał Platformę. Drugą osobą bardzo długo wahającą się i stojącą w rozkroku między nami a Unią był Janusz Lewandowski. Unia próbowała go zatrzymać, a lojalność środowiskowa popychała go do nas. Lewandowski nie bardzo miał ochotę na przeprowadzkę do nowej partii. Był pieszczoszkiem tego unijnego środowiska i było mu tam wygodnie. On miał latami ciągnącą się sprawę prokuratorską, związaną z prywatyzacjami z początku lat 90. „Gazeta Wyborcza" bardzo go brała w obronę. Moim zdaniem bał się, że jak przejdzie na stronę Platformy, to straci ten „parasol", że przestaną tam o nim dobrze pisać. I był cały czas w rozkroku. W końcu Donald powiedział mi: „Środowisko gdańskie jest po naszej stronie. Na Lewandowskiego nie liczmy. Nie przejmujmy się tym".

Ale w końcu do was dołączył.

Tak, ale to się ciągnęło miesiącami.

Kto wymyślił logo Platformy? Tę uśmiechniętą buźkę na tle konturów Polski?

Poznańska agencja Just, której szefem jest Jacek Jurek. My z nimi współpracowaliśmy już przy unijnej kampanii 1997 roku. Oni wymyślili też logo UW – takie słoneczko z biało-czerwoną flagą. Świetni fachowcy.

Jest taka sławna wypowiedź Gromosława Czempińskiego, generała tajnych służb, który mówił, że przyłożył się do powstania PO. Możesz się do tego odnieść?

Czempińskiego nigdy nie było przy powołaniu Platformy. Chyba uczestniczyłem we wszystkich spotkaniach, które poświęcone były zakładaniu PO. Ja go poznałem z rok przed powołaniem Platformy. Na jakimś publicznym spotkaniu, gdzie występowałem jako prezydent miasta. Mam wrażenie, że pan generał Czempiński z niejasnych dla mnie powodów nadwartościowuje swoją rolę. Z całą pewnością nie był uczestnikiem powoływania Platformy. Natomiast może uważać, że wypowiadane przez niego poglądy były przez kogoś – przez nas, przez Olechowskiego – brane pod uwagę.

Może Czempiński ma na myśli wpływ na Olechowskiego?

Nie przeceniałbym tego. Czempińskiego nie było na żadnym spotkaniu, które o czymś decydowało. Być może był jedną z osób, które Olechowski pytał, czy warto się w taki projekt angażować. Ale to nie oznacza, że Czempiński zakładał Platformę.

Czempiński był w PRL oficerem prowadzącym Olechowskiego. Być może stąd bierze się ich relacja. To, że Olechowski liczył się ze zdaniem generała.

Nigdy nie miałem oficera prowadzącego. Trudno mi powiedzieć, z czego wynika ich relacja. Na pewno jest to relacja serdeczna. Natomiast mam wrażenie, że Czempiński...

...przesadza.

„Przesadza" to jest za łagodne sformułowanie. Może Olechowski o coś go pytał, radził się, ale na pewno Czempiński nie odgrywał żadnej kluczowej roli. A już na pewno nie odegrał roli, którą PiS usiłuje mitologizować. Takiej, że za powołaniem PO stały służby specjalne i siłą napędową byli ich oficerowie. To kompletne bzdury.

Skąd mieliście pieniądze? No bo przecież kredyt, o którym wspomniałeś, nie zaspokajał potrzeby zbudowania takiej organizacji.

Na początku to nie były duże pieniądze. Potem te pieniądze gromadziliśmy, jak się dało. To było trudne zadanie, bo kampania 2001 roku była pierwszą, w ramach której nie można było wydać nawet złotówki, która nie przeszłaby przez konto. Obłożyliśmy opłatami liderów list, zbieraliśmy dotacje.

Jak duży biznes zapatrywał się na tę inicjatywę?

Jaki duży biznes?

Kulczyk, Solorz, Krauze...

Z Solorzem nie miałem żadnego kontaktu, więc nie wiem, jak się zapatrywał. Kulczyka znałem oczywiście. On się zapatrywał nieufnie. Był przekonany, że to są generalnie ludzie, którzy niczego w życiu nie zrobili i tylko wtedy, jeśli ja się za to zabiorę, to może coś z tego powstanie. Ale generalnie Kulczyk był takiego zdania, że jak osoby znane ze swojej „pracowitości" – czyli Tusk i Olechowski – za coś się zabierają, to nic z tego nie będzie. Wobec Platformy był zachowawczy i ostrożny. Manifestacyjne wsparcie czy kibicowanie mogłoby się dla niego fatalnie skończyć, bo przecież wtedy ciągle rządził AWS. On wtedy rozgrywał duże gry biznesowe, które były związane z decyzjami rządu.

Chodziło o prywatyzację TP SA.

Zdaje się, że tak. Co moim zdaniem w praktyce oznaczało, że Kulczyk, nawet jak by nie był tak sceptyczny, to i tak musiał być i był niezwykle w tej sprawie ostrożny. Zwłaszcza że to nie jest tak, że oto Platforma powstaje i idzie po zwycięstwo. Było tak, że Platforma powstaje i idzie po jakąś obecność w polityce, być może po jakiś relatywny sukces, ale po zwycięstwo to idzie wtedy SLD. Duży biznes zawsze kalkuluje, kto rządzi dzisiaj i od kogo dzisiaj zależą decyzje, i kto będzie rządził za chwilę. My ani do jednej, ani do drugiej kategorii się nie zaliczaliśmy.

A Ryszard Krauze?

Krauze był zawsze w dobrych relacjach z Donaldem. Wywodził się ze środowiska gdańskiego i stąd te powiązania. Ale nawet jeśli kibicował czy wspierał, to ja nic o tym nie wiem.

Czym ty się zajmujesz w pierwszych miesiącach od powołania PO?

Muszę zająć się wszystkim, bo nie ma ani struktury, ani organizacji, ani zasad prowadzenia kampanii. Jest też problem polityczny. Do jakiego stopnia rozszerzamy się na prawo i czy akceptujemy zbiorowe członkostwo w PO. To jest głównie problem z SKL-em. Olechowski jest za zbiorowym członkostwem i chociaż nieufnie patrzy na Rokitę i na Balazsa, to się godzi. Zwolennikiem tego jest Płażyński. Donald też tego chce. Po SKL-owskiej stronie promotorem rozmów jest Balazs. Robi to wbrew Rokicie i wbrew Komorowskiemu, który jest wtedy pochodną Rokity. Pod naciskiem Macieja Płażyńskiego SKL „wchodzi na Platformę" – bo wtedy używało się takiego sformułowania.

Zbiorowo.

Zbiorowo. SKL uczestniczy we wszystkich procedurach, czyli jest przy powoływaniu pełnomocników i tworzeniu struktur. I jednocześnie SKL deklaruje, że wszyscy ich kandydaci podpiszą indywidualnie deklarację, że będą członkami przyszłego klubu parlamentarnego PO. Zaczynają być powoływani pełnomocnicy, zaczynają się prawybory. Zadowolonych nie ma. Maciej Płażyński ma za mało ludzi, nie posiada w kraju jakichś poważniejszych struktur. Olechowski obawia się, że wszystko obsadzą liberałowie, którzy przyszli z UW. Liberałom z UW nie podoba się, że wszędzie wpychają się ludzie od Olechowskiego. Straszna gmatwanina interesów.

Zaczekaj. Mówiłeś o ogromnej rezerwie między Rokitą i KLD. Rezerwie, która brała się jeszcze z czasów rządu Suchockiej. To zostaje przełamane?

Nie zostaje. To trwa. Przy czym sam Donald uważał wtedy Rokitę za człowieka niegroźnego, bo pozbawionego instrumentów rządzenia. Będziemy później mówić o „premierze z Krakowa" i o tym, jak Donald przygotowywał się do wyborów 2005 roku. Wtedy ta nieufność do Rokity wróci z dużą siłą. Na tym etapie Rokita jest słabym Rokitą. Poza tym istnieje wtedy przekonanie, że musimy wyciągnąć jakieś środowisko z AWS. Środowisk związkowych nie wyciągniemy, środowisko ZChN-u było od nas odległe o lata świetlne. Na tamtym etapie jakby ktoś nam powiedział, że twarzami PO będą Niesiołowski czy Gronkiewicz-Waltz, tobyśmy mu odpowiedzieli, że chyba spadł z księżyca. To było wykluczone. Ale na SKL patrzyliśmy życzliwiej i indywidualnie mieliśmy z nimi dobre relacje. Na przykład ja z Bronisławem Komorowskim miałem relacje znakomite.

Skąd się to brało?

Bronek po Onyszkiewiczu został ministrem obrony narodowej, więc oprócz relacji towarzyskich miałem z nim relacje służbowe. Pracowaliśmy razem nad projektem budowy nowego stadionu Legii.

Część środowiska SKL z Warszawy też była z nami związana, bo Bronek nigdy – co go później ocaliło – nie miał instynktu tworzenia własnego środowiska. Nigdy nie skupiał ludzi, bo się bał, że mu to zaszkodzi – najpierw w AWS, potem w oczach Donalda. To, że Bronek był singlem, denerwowało jego ludzi. Ale to zmniejszało nieufność Tuska do Komorowskiego i nie czyniło go celem przy kolejnych czystkach. To przyjęcie SKL do Platformy było w jakimś stopniu paradoksalne, bo Rokita i Bronek się temu opierali. Chcieli pozostawać w AWS.

Nie zdecydowali się na to, bo Balazs ich w SKL-u przegłosował. Rokita trochę nie miał wyjścia. Sam o tym później mówił w ten sposób. Bo też i co Rokita miał zrobić? Wyjść z grupką popleczników z SKL-u w geście sprzeciwu? I zostać w AWS? On też był tam osobą niechcianą. Dużo osób mu pamiętało zaangażowanie po stronie Suchockiej i Unii. Gdyby miał wtedy jakieś pole manewru, nie znalazłby się w PO. Potem szczerze z nami o tym rozmawiał. Że innego manewru nie miał. „Byłem już w zbyt wielu partiach" – mówił.

Dlaczego nie chciał iść do was?

Był nieufny. Uważał, że SKL będzie się roztapiał w tej nowej Platformie. W pewnym sensie, intelektualnie miał rację, że SKL straci swoją tożsamość i on, jako człowiek ambitny, nie widział w Platformie dla siebie żadnej poważnej roli.

Dlaczego Balazs był zdecydowany zagrać z wami?

To była ucieczka z tonącego okrętu. On w tych kategoriach nie wypowiadał się publicznie, ale uważał, że formuła AWS się kończy. Po drugie, Balazs oceniał, że mają na tyle silnych kandydatów i posłów, że mogą sporo ugrać w ramach spontanicznie tworzącej się PO. W tej pierwszej kampanii były de facto dwa SKL-e. Ten Balazsa, zdecydowanie większościowy. A po drugiej stronie Rokita i Komorowski z małą grupką. Balazs jest człowiekiem, który bardzo dba o swoich ludzi, pomaga, zabiega, wspiera. Olechowski nieufnie podchodził do jego środowiska. I tu dochodziło do silnych napięć. Podam dwa przykłady – Zygmunta Berdychowskiego i Jacka Janiszewskiego. To byli ludzie Balazsa, którym tworzono jak najgorsze warunki do uczestnictwa w PO. A w momencie, w którym doszło do prawyborów, zostali wyeliminowani. Jacek nawet po prawyborach, które wygrał. Zygmunt to twórca forum gospodarczego w Krynicy, Jacek to samorządowe kasy pożyczkowe. To ludzie o dużym potencjale. Eliminowanie ich to były ciosy w serce Balazsa. Tego rodzaju wydarzenia przewartościowały pozycję SKL-owców. Artur Balazs stawał się coraz bardziej sceptyczny. Z kolei Komorowski i Rokita przesuwali się na pozycje coraz bardziej proplatformerskie.

Klasyczna wolta.

Wynikało to z trzech oczywistych powodów. Rokita i Komorowski nie byli w stanie „odwalczyć" SKL-u od Balazsa, który był tam większościowym liderem. Po drugie, Rokita bardzo jasno powiedział w listopadzie 2001 roku, kiedy decydowało się pozostanie albo wyjście SKL-u z PO, że nie będzie po raz kolejny zmieniał partii. Rokita dostał w 2001 roku bardzo słabe miejsce na liście w Krakowie. W prawyborach dostał łupnia, a liderem listy został tam Bogdan Klich. Rokita wszedł do Sejmu, ale z kiepskim wynikiem. To wtedy nie był wielki Rokita. Chyba nie miał wtedy ochoty na kolejną woltę i wychodzenie z PO. Trzecia sprawa, która zmieniła optykę, to była sytuacja Bronka Komorowskiego. On miał poczucie absolutnego uszanowania jego pozycji. Nie miał poważniejszej ekipy w Warszawie – to były tylko pojedyncze osoby. A tu roiło się od ambitnych osób, które potem zostały posłami. Ale udało mi się doprowadzić do sytuacji, w której Bronek znalazł się na drugim miejscu na liście, tuż za mną. Miałem do niego po prostu niezwykły sentyment i udało się opanować ambicje lokalnych działaczy. Bronek mógł się więc czuć pewny swojego miejsca i coraz bardziej czuł się częścią PO.

Bo?

Uważałem go za bardzo przyzwoitego faceta. Nie za fightera, który ma jakieś makiawelistyczne zdolności, ale za rzetelnego człowieka, z którym można pogadać. Który jak powie, że się nie zgadza, to się nie zgadza. Uważałem, że Bronek powinien być na drugim miejscu i przezwyciężyłem żywioł, który miał szable na warszawskiej konwencji. Te wszystkie sprawy, które tu przywołuję, sprawiły, że kiedy Balazs zaczął odwracać się od Platformy, to Rokita i Komorowski byli już po naszej stronie. Ta ewolucja nastąpiła w ciągu kilku miesięcy.

Rozdział XII

Wybory 2001

Nie możemy abstrahować od jeszcze jednej rzeczy. Wiosną 2001 roku tworzy się PiS. Jaki to ma wpływ na waszą sytuację?

Tworzy się równolegle do Platformy. To się odbywa w warunkach wzajemnej życzliwości. Tam jest dużo kolegów, z którymi mamy dobre relacje, i początkowo tworzenia się PiS-u nie spostrzegamy jako zagrożenia dla siebie. To jest kwiecień 2001 roku. PiS tworzy się na zasadzie anty-AWS-owskiej, jako sprzeciw wobec rozmemłania AWS, jako niezgoda na nadużywanie władzy. Oczywiście, jest to konkurencja, ale z naszych analiz wynika, że ta konkurencja bardziej rozbija AWS, niż nam czymś grozi. Przypomnę jedną sytuację. Dziś wiemy, że AWS i UW przepadły w wyborach 2001 roku. Ale przez cały czas kampanii wyborczej to nie było jasne. AWS utrzymywał się na poziomie 9–11 procent, co oczywiście było dalekie od ich wyniku z poprzednich wyborów, ale nadal byli w grze. Wydawało się, że zostaną na scenie, tyle że PiS ich osłabi. To nie była dla nas sytuacja zła.

A jakie były wasze założenia?

Wiadomo było, że SLD idzie po władzę i tego się nie da zmienić. Nasze założenie było takie, by AWS i UW nie weszły albo weszły ze słabym wynikiem. Bo w przyszłym Sejmie chcieliśmy być najsilniejszą opozycją. Taki był nasz cel. Nie zakładaliśmy jednak prowadzenia negatywnej kampanii wobec AWS i Unii. Kampanii, jaką Unia Demokratyczna prowadziła przeciw KLD w 1993 roku, gdy w reklamach telewizyjnych pokazywali słupki poparcia i dowodzili, że nie warto głosować na tych, mających mniejsze poparcie. Byliśmy otwarci, bo chcieliśmy przyciągać ludzi, którzy gotowi byli opuścić Unię dla nas.

Wy wtedy wykorzystaliście praktykę wewnętrznych prawyborów. Przecież to się musiało wiązać ze sporymi nadużyciami.

Dochodziło do nadużyć. Zwożono w ostatniej chwili zwolenników autokarami. Były takie przypadki, gdzie trzeba było interweniować. Czasami te interwencje były słuszne, bo ktoś robił totalną „chamówę" i trzeba było jakieś prawybory unieważniać, a czasami – czego nie można ukrywać – te interwencje były na rzecz kogoś istotnego dla nas. Klasycznym przykładem jest Paweł Graś. Bartek Sienkiewicz mnie zaalarmował, że Paweł przegrał w prawyborach w Oświęcimiu. Podjąłem interwencję i skłoniłem Płażyńskiego, Tuska i Olechowskiego do unieważnienia tych prawyborów. Gdybym nie interweniował, Graś nie byłby posłem, bo z drugiego miejsca nie wszedłby do Sejmu. Czasami były takie „punktowe" interwencje na rzecz konkretnej osoby.

A kim wtedy był Paweł Graś w waszym środowisku?

Moim kolegą był, krótko mówiąc. A dla środowiska liberalnego – nikim. Przez długi czas, dopóki nie przeszedł tzw. próby Tuska, czyli do momentu, gdy Tusk, przy wyrzucaniu mnie, nie złamał mu kręgosłupa, był kojarzony ze mną. Był moim zastępcą, gdy zajmowałem stanowisko sekretarza generalnego. Wszyscy wiedzieli, że mandat w Oświęcimiu zawdzięcza mnie i Bartkowi Sienkiewiczowi. A ponieważ my się znaliśmy jeszcze z czasów NZS-u, był jednym z naszych ludzi, ale nigdy formalnie nie należał do naszego liberalnego środowiska. Bo formalnie był w Ruchu Stu Czesława Bieleckiego.

Dużo było takich nieprawidłowości?

Były powszechne. Tylko czasami, mimo że było przejawem powszechnego zjawiska, było jednocześnie niegroźne, bo nie zakłócało głównego kształtu list. By uczynić te prawybory bardziej przewidywalnymi, przyjęliśmy regulamin, wedle którego osobno przeprowadzano wybór na lidera listy i osobno na resztę listy.

Co to ma za znaczenie?

To ważna subtelność. Jeśli listy byłyby układane w jednym głosowaniu, to na czele byłyby osoby najbardziej, nie tyle miałkie, co wywołujące najmniej kontrowersji wśród zmagających się frakcji. To eliminowałoby wyrazistych liderów. Przyjęliśmy w związku z tym, że osobno jest głosowanie na lidera i osobno na całą resztę. To znacznie zwiększyło przewidywalność tych prawyborów. To, że ludzie się mobilizowali, skrzykiwali swoich znajomych na takie prawybory, mimo kilku skandali, było ożywcze dla nowej formacji.

Przypomnę przypadek Ewy Kopacz. Nie była pełnomocnikiem, była przeze mnie wprowadzana do PO i promowana – mimo że Donald i Olechowski byli wobec niej nieufni. Ale Ewa zmobilizowała swoje zaplecze i wygrała prawybory, a ja pomagałem i z dużą życzliwością i satysfakcją na to patrzyłem – że oto mojej zastępczyni w UW tak dobrze poszło.

A o co chodziło z Oświęcimiem i Grasiem?

Był tam ktoś, kto wygrał prawybory z Grasiem, bo Paweł zawalił i nie miał zdolności dostatecznego zmobilizowania swego zaplecza. I ten ktoś, już nawet nie pamiętam nazwiska, byłby liderem listy. Gdybyśmy nie unieważnili tych prawyborów, byłoby po Grasiu.

Pod jakim pretekstem je unieważniliście?

Prawdę mówiąc, pretekst był żaden, by nie użyć bardziej dosadnego wyrażenia. Tak samo było w Toruniu.

A w Toruniu o co chodziło?

W Toruniu wygrał Jacek Janiszewski. I interwencja miała charakter ruchu anty-SKL-owskiego. Tu zainteresowani byli inni, czyli Olechowski i Tusk. Jakieś tam preteksty były – typu przywożenie ludzi autokarami itp. Prawdę mówiąc, cały okres początków Platformy to był „Dziki Zachód". Co potem Donald skrzętnie wykorzystywał, bo usiłował minimalizować, na ile to tylko było możliwe, mechanizmy formalne. Robił to po to, by zostawiać sobie jak największe pole do decyzji. Mechanizmy formalne stworzono takie, że jak były na rękę liderom, to je uznawali, a jak były im nie na rękę, to je lekceważyli.

Czy powtórzył się taki okres, jak z początków KLD, że pojawiło się mnóstwo jakichś szemranych postaci, które chciały wskoczyć na Platformę?

To był już inny moment. Między 1991 rokiem a 2001 rokiem upłynęła cała dekada. To już były inne czasy, inna przestrzeń. W KLD było masę ludzi, którzy handlując stołami czy samochodami, dorobili się pieniędzy i uznali, że w ramach szybkiej ewolucji w kraju oni teraz zostaną posłami albo politykami.

Tu już takiej sytuacji nie było. Przychodziło dużo osób, których głębiej nie znaliśmy, ale o których nie można powiedzieć, że było to jakieś „szemrane towarzystwo".

Było dużo samorządowców, którzy mieli swoje zaplecza. Potrafili zmobilizować ludzi i się pokazać w prawyborach.

To były też osoby zupełnie z zewnątrz. Na przykład Elżbieta Łukaciejewska. Ela była samorządowcem w Cisnej i nagle, z nieznanej osoby, stała się lokalnym liderem. To samo stało się z Leszkiem Korzeniowskim w Opolu. To były osoby, które nie były nawet w średniej polityce, ale miały potencjał i zostały wybrane w prawyborach.

Oczywiście, było ryzyko, że będziemy mieć jakąś część klubu nieprzewidywalną, ale na tamtym etapie to było niezbędne do rozwoju Platformy. Bo przecież w niektórych regionach KLD było bardzo słabe. Pamiętajmy, jak to było w przeszłości. Jak nie było lokalnych struktur, to wysyłano specjalnych pełnomocników, czasem niezbyt godnych wspominania. W 1993 roku dobry znajomy Donalda Jacek Dębski, zabity potem w mafijnych porachunkach, został wysłany do Rzeszowa jako jego specjalny pełnomocnik, żeby tworzył listę KLD. Po prostu w różnych regionach nie mieliśmy dostatecznej liczby ludzi. Dlatego to otwarcie w 2001 roku na inne środowiska było potrzebne. Takie działania dość mocno uderzyły w SKL Balazsa.

Wspomniałeś o Gilowskiej. Ona się objawiła wtedy, przy okazji wyborów w 2001 roku. Skąd ją wytrzasnęliście?

Zyta Gilowska była naszą dobrą koleżanką jeszcze z czasów KLD i została przez nas narzucona w Lublinie, bo ona sama nie miała ani siły, ani zaplecza. Zawsze miała swój ciężki, twardy charakter, więc nie była w ścisłym kierownictwie KLD. Ale była z naszego środowiska, startowała z naszych list. W tych unijnych czasach jej zaangażowanie było mniejsze, ale było. Przez pewien czas pełniła nawet funkcję szefowej regionu. Kiedy Platforma powstawała, natychmiast się w to włączyła.

Kto był na zapleczu u Olechowskiego?

Mało z nich zostało posłami. Generalnie ci ludzie nie mieli silnego zaplecza. Więcej z nich było pełnomocnikami niż potem posłami. Olechowski nie wprowadził armii.

Olechowski trochę dał się zrobić w konia?

Olechowski przyjął formułę, w której pewne rzeczy były dogadane domyślnie, a nie dogadane wprost. On, ze względu na swój wynik w wyborach prezydenckich, powinien być tak naprawdę liderem Platformy. Mógł sam ją zrobić i łaskawie dopuścić pozostałych, ale, w tym pod wpływem mojej perswazji, zdecydował się na budowanie zespołowe. Gest w kierunku Macieja Płażyńskiego był gestem w kierunku najsłabszego muszkietera. To tak, jakby ktoś zaproponował – nawiązywałem już do tego – by liderem Beatlesów był Ringo Starr. Z kolei frustracja Płażyńskiego wynikała z tego, że miał stosunkowo niewielkie zaplecze. Byli nim m.in. bracia Rybiccy, ale stosunkowo szybko zaczęli sobie szukać samodzielnego miejsca. A SKL wcale nie był zapleczem Płażyńskiego. A ten SKL, który pozostał w PO, był bardziej zapleczem Rokity. Ja wtedy w durny i naiwny sposób po prostu ufałem Donaldowi. Uważałem, że nas wiążą tak niepolityczne relacje, że nie ma sensu się zabezpieczać przed człowiekiem, którego znam tyle lat i z którym wspólnie tyle przeżyliśmy. Gdybym wtedy przypuszczał, co się zdarzy dalej, to liderem byłby Olechowski, a nie Tusk.

Olechowski, jak pokaże przyszłość, nie postąpił roztropnie...

Z dzisiejszej perspektywy ten brak zabezpieczenia politycznego był dla Olechowskiego zabójczy. Środowisko koncentrujące się wokół Donalda stawało się wiodące. Również za moją sprawą. Ja byłem nie tylko szefem kampanii i osobą organizującą, ale osobą spinającą nowe ugrupowanie. Jedyna sieć spinająca tych wszystkich kandydatów była w naszych rękach, a najczęściej po prostu w moich rękach.

Olechowski zdecydował, że nie kandyduje do parlamentu. I tym samym znalazł się poza bieżącym funkcjonowaniem. I to był jego błąd. Zwłaszcza że umówiliśmy się, że władzą Platformy będzie klub parlamentarny, co zostało zmienione dopiero w 2003 roku.

Dlaczego Olechowski nie chciał kandydować?

Po prostu nie chciał. Tak jak i teraz nie chce. On ma do tego awersję, uważa, że jest człowiekiem wykonawczym. Wtedy Olechowski miał pełne prawo sądzić, że do końca świata będzie naszym kandydatem na prezydenta. Tak mu to wtedy przedstawiał też Tusk.

Tusk mu to tak przedstawiał?

Oczywiście. Naturalnie, to nigdzie nie zostało spisane. To była deklaracja, którą Donald złamał, gdy zmieniły się okoliczności. Olechowski stanął więc na zewnątrz. Z kolei Maciej Płażyński nie miał takiej siły przywódczej. Nie potrafił narzucić swego zdania, był bardziej rozjemcą, negocjatorem. A ponieważ miał małe zaplecze, często wychodziło tak, że nie miał pola do negocjacji, ponieważ reszta była zagospodarowana przez środowisko liberalne, które odgrywało kluczową rolę.

Z tego co pamiętam, kampanię prowadzicie, krytykując AWS...

Tak, my jesteśmy świeży, nowi. Wszystkie te deklaracje są dla nas ważne, a więc żeby państwo było tanie, by partie zmieniły swój charakter i przestały być takimi dworami otaczającymi liderów. Na jednym z wieców Donald wołał podniesionym głosem, że skończyły się czasy, w których listy kandydatów są układane w zadymionych gabinetach liderów, teraz będą układane dzięki prawyborom. Potem on sam usiadł w zadymionym gabinecie, palił cygara i robił dokładnie to, co przed chwilą krytykował.

A kto wymyślił te prawybory?

Olechowski. Tusk też się bardzo do tego przychylił. Ja byłem do tego nastawiony jak pies do jeża, bo na mnie spadało ogarnięcie tego wszystkiego.

W kampanii 2001 roku miał miejsce nieprzyjemny dla ciebie epizod. Zakwestionowano twoje oświadczenie majątkowe. Opowiedz o tej sprawie.

Ten epizod był dla mnie bardzo ważny. W 2001 roku zostało przyjęte prawo, wedle którego oświadczenia majątkowe posłów miały być po wyborach jawne – tak by każdy obywatel mógł do nich zajrzeć. I dosłownie w przeddzień ostatniego posiedzenia Sejmu, który kończył kadencję, gdy siedzieliśmy u Donalda, pojawił się w trakcie dyskusji pomysł, żeby wyprzedzić ten akt prawny i swoje oświadczenia majątkowe pokazać dobrowolnie już teraz. To miało dowodzić, że jesteśmy otwarci i nie mamy nic do ukrycia. Uznałem to za świetny pomysł i do głowy mi nie przyszło, że to ściągnie na moją głowę jakieś kłopoty – bo przecież pieniądze zarobiłem uczciwie i miałem porządek w papierach. I dosłownie w ostatnim dniu kończącej się kadencji Sejmu zrobiliśmy konferencję. Byliśmy bardzo z siebie zadowoleni, w tym ja, że wpadliśmy na tak znakomity pomysł, by wyprzedzić innych i już teraz pokazać opinii publicznej nasze oświadczenia majątkowe. To był jeden z momentów pomroczności w moim życiu. Nie przewidziałem tego, co się zacznie dziać.

Chodziło o to, jak udało ci się zebrać tak pokaźny majątek.

Tak. No bo niby jak ja mogłem zgromadzić rzekomo wielki majątek, skoro przez całe dorosłe życie byłem w polityce albo obok niej. I zaczęła się jazda bez trzymanki. W szpicy uderzeniowej była oczywiście „Gazeta Wyborcza", która nas nienawidziła, bo przecież rozbijaliśmy Unię. Pociągnęły to tabloidy. Czułem się bezradny. Miałem poczucie, że jestem absolutnie niezasłużenie i niesprawiedliwie atakowany. Przecież gdybym uważał, że coś jest nie w porządku z moim oświadczeniem, tobym, po pierwsze, nie ujawnił go oraz, po drugie, nie byłbym tym, który najgłośniej namawiał innych, by to zrobili.

Wszyscy byli tacy chętni do pokazywania tych oświadczeń?

Adam Szejnfeld mówił, żeby się zastanowić. Jedyny, który przewidział problemy. Były też osoby, które miały to gdzieś, bo i tak wcześniej przepisały majątek na rodzinę – jak na przykład Mirek Drzewiecki czy Grzesiek Schetyna. Ja broniąc się przed zarzutami, zażądałem lustracji majątkowej przez Urząd Skarbowy, który tę lustrację przeprowadził i wydał zaświadczenie, że moje dochody zgadzają się ze stanem majątku. Co jednak wtedy przeżyłem i ile złego o mnie napisano – długo będę pamiętał.

Jak na tę sytuację zareagowali trzej tenorzy?

Postawa „trójcy" była swoistą zapowiedzią nowych czasów. Maciej Płażyński zachował się bardzo przyzwoicie, ale z dystansem. Pochodziliśmy z innych środowisk. Nie powiedział złego słowa, ale też nigdy nie powiedział dobrego. Olechowski zachował się lojalnie. Nalegał, aby sprawę jak najszybciej przeciąć poprzez tę autolustrację w wykonaniu Urzędu Skarbowego.

A Tusk?

Donald, co już znamionowało nowe czasy, odcinał się. To był pierwszy moment, w którym miałem naprawdę poczucie zawiedzionej przyjaźni. Miałem pewność, że wszystko jest OK. I że ta ogromna kampania pomówień pod hasłem „Skąd on ma te gigantyczne pieniądze?" jest niesprawiedliwa, a najbliższy kolega z trójki, czyli Donald, powinien zachować się lojalnie. A tak nie było.

A jak było?

Nie potrafię już zacytować słów, jakich on używał, ale to były słowa dystansujące w rodzaju: „No tak, to jest wielki problem dla nas. Musisz udowodnić, że jesteś uczciwy, bo inaczej to będzie obciążenie dla nas wszystkich". Ten ton, takie słowa były już później u Donalda na porządku dziennym – mówię o okresie, gdy w sposób zorganizowany zaczął osłabiać moją pozycję. Ale wtedy to był taki pierwszy znak. To było niеładne i nielojalne zachowanie, bo Donald dokładnie wiedział, że ja niczego nie ukrywam. Sam chciałem, byśmy ujawniali nasze oświadczenia i namawiałem do tego innych. A Donald był przecież uczestnikiem tego procesu. Ponieważ to jeszcze trafiło w sezon ogórkowy, to ja miałem bardzo ciężką końcówkę lipca i połowę sierpnia 2001 roku.

Jak wyglądały w tamtej kampanii relacje ze starymi przyjaciółmi z Unii Wolności?

Byliśmy oczywiście głównym wrogiem. W związku z tym byliśmy niemiłosiernie bici przez „Gazetę Wyborczą". Oni – czyli Unia – walczyli o życie, tworzyli listy bez nas i to były słabe listy. Przyjęli formułę, że po starym i znanym liderze następna na liście jest młoda osoba. Bo oni mieli kompleks, że mają tylko stare i zasłużone twarze. By ten kompleks zwalczyć, to trochę na zasadzie wahadła, zaczęli robić kampanię dla młodych i to im kompletnie nie wypaliło. Pokazywali ludzi mało znanych, choć niektórzy z nich, później, z biegiem lat, stawali się rozpoznawalni. Wtedy na posła kandydował na przykład Ryszard Petru. Unia koncentrowała kampanię na takim pozytywnym sklejaniu starszego i młodego pokolenia. To okazało się kompletnie chybione.

Dlaczego?

Jakby to była kampania partii z 30-procentowym poparciem, można by było taką strategię rozważać. Ale gdy partia walczy o 5 procent, to trzeba wyodrębnić elektorat i bardzo zaostrzyć przekaz do tego elektoratu. Oni tego nie umieli zrobić i skończyli poza parlamentem. Wiele osób, które wtedy przepadły, jest dziś w Platformie. Na przykład Michał Boni albo Marcin Święcicki. Często są to ludzie, którzy wtedy aktywnie zwalczali PO. O to, że oni po upadku Unii zostali przyjęci przez PO, nie mogę mieć pretensji. To był naturalny proces rozszerzania się o ludzi o podobnym profilu poglądów. Cztery lata potem, w 2005 roku, Donald zaczął strategię wpuszczania do Platformy ludzi o zupełnie innych poglądach. Mówię o postaciach typu Niesiołowski, Pitera, Gronkiewicz-Waltz.

Dostaliście w tamtych wyborach trochę ponad 13 procent poparcia. Byliście z tego zadowoleni?

I tak, i nie. Cele strategiczne zostały osiągnięte. Byliśmy drugim ugrupowaniem po SLD. W Sejmie nie było Unii ani AWS. Pole do rozwoju mieliśmy bardzo duże. Natomiast wynik 13-procentowy był niższy, niż zakładaliśmy. Oczekiwaliśmy, że będziemy mieć wynik zbliżony do poparcia dla Olechowskiego w wyborach prezydenckich.

Dlaczego nie zgarnęliście tych 20 procent?

Nie widzę powodów wewnętrznych. Myślę, że to, co mogliśmy, zrobiliśmy. To i tak był cud boski, że tę kampanię przeszliśmy. I że potem ją rozliczyliśmy. To było pospolite ruszenie. To nie była kampania podobna do tych, które prowadziłem wcześniej czy później. To był błyskawiczny zaciąg, który trzeba było zebrać, zorganizować i – by sięgnąć po przykład pierwszy z brzegu – nadać jednolitą grafikę. I przy tym wszystkim zadbać, by ci kandydaci nie tłukli się między sobą. A na koniec – trzeba było to wszystko rozliczyć. To było ogromne obciążenie.

13 procent poparcia to nie była rewelacja.

Jak oceniać to z punktu widzenia późniejszych wyników PO – to nie. Jakby ktoś dawał nam tyle w styczniu 2001 roku, tobyśmy brali w ciemno. SLD w tamtym okresie tak dominował, że był nie do przeskoczenia. Kolejne 13 procent głosów przypadło w sumie na AWS i Unię, które nie weszły do Sejmu. PiS wziął 9 procent. Nie zrobiliśmy wyniku Olechowskiego, ale kompromitacji też nie było. Ten 13-procentowy wynik był i tak lepszy od poziomu poparcia, na którym trzymaliśmy się w 2002 roku. Skok w górę przyszedł dopiero w 2003 roku, w związku z działalnością Rokity w komisji rywinowskiej. Rok 2002 był dla PO okresem przestoju i szukania drogi.

Wspominałeś o dość istotnej roli Sienkiewicza w kampanii 2001 roku. Dlaczego on wtedy nie startował?

Bartek był osobą dochodzącą, doradzał, wypowiadał swoje zdanie w trakcie różnych dyskusji. Ale ja nigdy w nim nie widziałem chęci bycia członkiem partii; zresztą chyba do dziś nie jest członkiem PO. Wtedy posiadał wysoko wykształconą cechę, która jest u niego do dziś obecna.

Że jest ponad to?

Tak i że dla niego byłoby poniżej godności pójść na zebranie i handryczyć się z jakimiś ludźmi, których nie zna i nie szanuje. Bartek był więc ponad to, a prawdopodobnie też miał inne, biznesowe plany, które zresztą realizował przed wejściem do rządu Tuska.

Jak na tamtym etapie wyglądały relacje Tuska z Sienkiewiczem?

One się dopiero kształtowały, Bartek dopiero wchodził do tego środowiska. Zresztą on bardziej uważał się za człowieka Rokity. Pamiętam, jak mi mówił: „Zobacz, my tutaj z naszym konserwatywnym środowiskiem z Krakowa pracujemy w sztabie pod twoim kierownictwem. Odczytuj to jako pozytywny gest z naszej strony". Zaangażowanie Bartka to nie było początkowo zaangażowanie przy Donaldzie.

Jak wyglądało w tamtym okresie najbliższe otoczenie Tuska? To był Schetyna i Drzewiecki?

Tak. To jest już skutek tego senackiego okresu Donalda. Ja występowałem z trochę innej pozycji, bo jako prezydent Warszawy byłem bardziej zajęty. Nie miałem tyle czasu, żeby siedzieć z nimi, pić wino, palić cygara i oglądać mecze. Gronem towarzyskim Donalda byli wtedy głównie Mirek Drzewiecki i Grzesiek Schetyna.

Pojawiają się pretensje, że historia z twoim oświadczeniem majątkowym mogła niekorzystnie wpłynąć na wynik całego ugrupowania?

Na głos ten zarzut nie był wypowiadany, ale być może był wypowiadany po cichu. Sprawa była głośna i dotyczyła jednej z kluczowych osób w PO. Historia wybuchła w ostatnim tygodniu lipca, ale już w sierpniu Urząd Skarbowy zlustrował mnie majątkowo i uznał, że wszystko się zgadza. Mimo tego że to się tak szybko odbyło, poczułem – to wtedy właśnie miało miejsce po raz pierwszy – że reakcja Donalda była nie taka, jakiej oczekiwałem.

Od kogo dostawałeś najmocniej? Od Kaczyńskich, „Wyborczej"?

Ataków ze strony Kaczyńskich nie pamiętam. Nasz konflikt zaczął się przy okazji kampanii w 2002 roku w Warszawie. Natomiast pamiętam boleśnie atak ze strony „Gazety Wyborczej" i okolic. To była absolutna jazda, bez uwzględnienia jakiegokolwiek mojego tłumaczenia. Bez choćby wspomnienia, że nie mam nic przeciw lustracji majątkowej. A potem bez wspomnienia, że lustracja zakończyła się pozytywnie. To był głównie atak ze strony środowiska Unii Wolności. A to środowisko składało się z części formalnie partyjnej i części formalnie bezpartyjnej, czyli „Gazety Wyborczej" i okolic.

Jest jeszcze jeden element. Ty w związku ze zdobyciem mandatu posła odchodzisz ze stanowiska prezydenta Warszawy.

To jest dla mnie niemiłe zaskoczenie, bo sądziłem, że będę prezydentem Warszawy i posłem jednocześnie. Obowiązują dwie ustawy – samorządowa i ordynacja wyborcza. Jedna ustawa mówi, że jeśli jesteś prezydentem miasta i zostałeś wybrany na posła, to możesz zachować swój mandat samorządowy do końca kadencji samorządowej. Druga mówi, że nie można łączyć funkcji posła i prezydenta. Wedle moich ekspertyz mogę łączyć te funkcje do końca kadencji samorządowej, która zresztą upływała mniej więcej rok później. Ale marszałek Sejmu Marek Borowski ocenia to inaczej. Wydaje zarządzenie, które jest wymierzone głównie we mnie, no bo to ja byłem najbardziej eksponowanym prezydentem miasta i posłem jednocześnie. Jestem zmuszony w listopadzie 2001 roku podać się do dymisji ze stanowiska prezydenta. Moim następcą w styczniu 2002 zostaje Wojciech Kozak.

Wspomniałeś, że władzami Platformy ma być po wyborach klub parlamentarny. Czy wokół tej sprawy nie ma żadnych tarć?

Oczywiście były. Przed wyborami ustaliliśmy, że zaraz po nich stworzymy statut. Oczywiście do napisania statutu zostałem wytypowany ja, bo, jak dotąd, pisałem wszystkie statuty. Najważniejszą władzą ma być klub. Podstawową kontrowersją, którą trzeba rozstrzygnąć w statucie, to pytanie, czy możliwe jest zbiorowe członkostwo w Platformie.

Oczywiście chodzi o SKL Balazsa?

Donald dąży do tego, by zbiorowe członkostwo nie było możliwe. I ma tu poparcie Andrzeja Olechowskiego. Maciej Płażyński jest oczywiście po drugiej stronie barykady. Przechodzi wariant pojedynczego członkostwa, co w praktyce stawia SKL pod ścianą. Oznacza to też, że moimi rękami – bo to ja pisałem ten statut – Donald pozbywa się z PO środowiska Balazsa. To było świadome działanie, bo przecież było jasne, że Balazs i jego drużyna – poza, oczywiście, Rokitą i Komorowskim – nie zadeklarują wyjścia z SKL. Klub ten statut przegłosowuje i jest też formalnie organem założycielskim partii. Jakaś polityczna chuliganeria rejestruje przed nami nazwę „Platforma Obywatelska", więc my jesteśmy zmuszeni się zarejestrować jako „Platforma Obywatelska RP". I taka nazwa do dziś obowiązuje.

Ile osób wychodzi z klubu na dzień dobry?

Siedem osób z SKL. Osłabiają nas, ale nadal pozostajemy drugą siłą w parlamencie. Maciej Płażyński zostaje przewodniczącym. I jest też trzech wiceprzewodniczących: Tusk, Piskorski i Rokita. Sekretarzem klubu zostaje Schetyna.

To nie jest bezsensowny pomysł, by wykluczyć zbiorowe członkostwo. Po co sobie w partii hodować odrębne środowisko, które w dowolnej chwili może się wynieść?

Oczywiście, takie właśnie były nasze argumenty. Tyle że na to można spojrzeć na dwa sposoby. Bo na przykład we Francji czy Włoszech istnieją duże partie, które są tylko czapkami – a w nich jest całe multum mniejszych organizacji. Oczywiście, nam chodziło też o to, by Balazs w pewnym momencie nie zrobił zwrotu i nie poszedł ze swymi stronnikami do Kaczyńskich na przykład.

Czułeś się wykorzystany instrumentalnie przeciw Balazsowi?

Ja byłem frontmanem tego procesu i twórcą statutu, który de facto wypychał Balazsa z PO. Donald się przy tym nie wychylał, choć to on najbardziej parł do zapisów stawiających SKL-owców pod ścianą. Pamiętaj, że Balazs był głównym zwolennikiem wejścia na Platformę. W trakcie kampanii przekonał się, że w różnych miejscach jest zwalczany. Tak, że to rozejście już następowało wcześniej. Tyle że ten ostatni manewr był robiony moimi rękami. Odnotowuję to po prostu. Uważaliśmy – a Donald najmocniej – że nie na rękę jest nam trzymanie wewnątrz PO osobnej partii, z którą za każdym razem trzeba negocjować stanowisko.

Pod koniec 2001 roku jest jeszcze jedna historia. 29 listopada na mównicę sejmową wchodzi Andrzej

Lepper. Mówi, że wersal się skończył, i oskarża ciebie, Olechowskiego, Tuska, ale też Szmajdzińskiego i Cimoszewicza o najgorsze rzeczy. Kontakty z mafią, łapówki. Robi się z tego gigantyczna awantura.

To była niesamowita sytuacja. Oskarżenia bez jakiegokolwiek związku z rzeczywistością. Kompletne głupoty, ale wypowiedziane publicznie i na dodatek z sejmowej trybuny. Mówił, że brałem łapówki za grunty od kogoś, kto budował centra handlowe. Ja tego człowieka w ogóle nie znałem, a grunty były w większości poza Warszawą, a te w Warszawie nie w gestii prezydenta miasta. Absolutny kosmos. W przypadku Donalda to samo. Była szczegółowa opowieść, jak od mafii w konkretnym miejscu i dniu przyjmował forsę. Po raz pierwszy przeżył to, że ktoś jawnie i otwarcie zarzuca mu konkretną korupcję. Po Olechowskim to spłynęło jak po kaczce. Jak się okazało, Olechowski chomikował gdzieś karty pokładowe z samolotów. Szybko dzięki tym kartom pokazał, że to, co wygaduje Lepper, jest bzdurą, bo nie mógł w tym czasie być w miejscu, o którym ten wspominał. W naszym przypadku – moim i Donalda – nie padły takie konkrety, żebyśmy mogli szybko odpowiedzieć. Na szczęście szybko zostało wszczęte śledztwo i nie tylko my już wiedzieliśmy, że to kłamstwa. Tuskowi Lepper zarzucał najgorsze rzeczy: że on się trzyma z mafią i bierze od niej pieniądze. Poza gorzką stroną, była też i zabawna.

Jaka?

Donald opowiadał w formie anegdoty, że chodził z Gosią do centrum handlowego w Trójmieście. I tam często przesiadywała banda łysych karków. I oni sobie zawsze z Donalda robili po cichu jakieś jaja, podśmiewali się, mrugali. Po tych oskarżeniach Leppera Donald poszedł jak zwykle z Gośką na zakupy. Ale tym razem banda łysych karków, gdy zobaczyła Donalda i Gosię, wstała i grzecznie się ukłoniła. Donald opowiadał to jako anegdotę, która dobrze ilustruje, co ludzie rozumieją z tego rodzaju zarzutów. Jedni rozumieją, że Lepper gada bzdury. Drudzy, że lepiej się ukłonić, bo może ten facet jednak trzyma z mafią. Sprawa Leppera nie miała żadnych skutków długofalowych, ale na pewno pod koniec 2001 roku była dla nas nieprzyjemnym zgrzytem.

Dlaczego na początku 2002 roku przekształcacie się w partię? Przed chwilą byliście przecież apartyjni.

Nie można realnie inaczej funkcjonować. Nie wzięliśmy świadomie pieniędzy z budżetu po wyborach 2001 roku. Ale jest ustawa o partiach politycznych. Nie mogliśmy być stowarzyszeniem. Musieliśmy się zarejestrować jako partia. Władzą pozostaje klub parlamentarny, więc jakiś szczątkowy fragment idei pozostaje. Jesteśmy taką „lekką partią", a nie ugrupowaniem aparatu. Nie zabiegamy o to, żeby mieć bardzo dużo członków, podczas kampanii chcemy opierać się na wolontariuszach. Na początku to nie jest rozbudowana struktura.

Rozdział XIII

W stronę koalicji z PiS

Rok 2002 będzie ważny dla PO. Będzie rokiem wyborów samorządowych i m.in. starcia Olechowskiego z Kaczyńskim o prezydenturę Warszawy.

To jest rok wyborów samorządowych i rodzącej się idei PO-PiS-u, czego ja nie akceptuję – i tu zaczyna narastać konflikt. To jest rok, w którym Donald bardzo wyraźnie zaczyna skręcać w prawo. Mówi, że musimy zacieśniać związki z Kaczyńskimi. Także z Jarosławem, bo przecież z Lechem Donald miał zawsze znacznie lepsze stosunki. To jest też okres takiego wręcz modelowego trzymania się razem, czego efektem jest to, że praktycznie w większości kraju, poza Mazowszem, zostają zawarte PO-PiS-owskie koalicje. One mają razem startować w wyborach, potem mają się rozdzielić na osobne kluby w sejmikach, radach miast i gmin. Następują też dwie, jak się potem okaże, fundamentalne zmiany dla polskiej polityki.

O czym mówisz?

Z naszej inicjatywy udaje się przeprowadzić dwie ustawy. Pierwsza to ustawa o bezpośrednim wyborze wójtów, burmistrzów i prezydentów miast. I to jest zmiana o rewolucyjnej wadze. Oprócz ideowych motywacji ma też ona bardzo konkretny kontekst polityczny.

Bo?

Bo wokół Platformy, bardziej niż wokół PiS, zaczynają gromadzić się znaczące osobowości samorządowe. Do Platformy należą prezydenci Warszawy i Gdańska. Ryszard Grobelny z Poznania był z nami związany. Podobnie Rafał Dutkiewicz z Wrocławia. Większość prezydentów miast to osoby, które mają zapatrywania proplatformerskie. I taka „platforma" prezydentów i burmistrzów będzie nas napędzała w następnych wyborach. Plany są ambitne, bo chcemy tę naszą pulę w wyborach 2002 roku jeszcze poszerzyć. Wiosną 2002 roku jest już na przykład jasne, że w jesiennych wyborach o fotel prezydenta Krakowa powalczy Rokita.

Po co mu to?

Uważa, że dla niego to będzie wzmocnienie, ale też rodzaj usamodzielnienia się od Donalda. Miał słaby wynik w wyborach do Sejmu. W klubie parlamentarnym Rokita nie ma zaplecza, jest jednym z wielu. Trzyma się wtedy z Komorowskim. Innych stronników praktycznie nie ma.

A druga kluczowa zmiana, bo mówiłeś o dwóch?

Z punktu widzenia politycznej historii Polski ostatnich 25 lat tą kluczową zmianą jest nowa ustawa warszawska. Gdy ja rządziłem miastem, ówczesna ustawa warszawska prezydentowi wiązała ręce. Nie chcę wchodzić w detale, ale prawo wymyślone przez Rokitę było pogmatwane i złe. Zmieniliśmy je zasadniczo. Był więc bezpośredni wybór prezydenta Warszawy. Większe miał mieć teraz kompetencje i jego pozycja miała być silniejsza. I nagle stanowisko prezydenta Warszawy – przypomnijmy, że po mnie zajmował je Wojciech Kozak, wcześniej mój zastępca, a prywatnie przyjaciel – stało się czołowym stanowiskiem w Polsce.

Stanowisko, które stało się dla Lecha Kaczyńskiego trampoliną do zdobycia prezydentury państwa.

Dokładnie. Gdyby wtedy obowiązywała stara ustawa warszawska, to nikt z pierwszej politycznej ligi nie byłby zainteresowany walką o ten fotel. W sytuacji gdy zsumowały się konsekwencje tych dwóch ustaw, okazało się, że bój jesienny będzie praktycznie bojem, którego najważniejszym symbolem będzie Warszawa. A w Warszawie nasze drogi z PiS już się rozjeżdżały. Warszawska koalicja PO-SLD to był casus belli dla PiS. PiS zaczął wskazywać, że z resztą PO można współpracować, ale ci od Piskorskiego są źli, bo współpracują z SLD.

Stawało się jasne, że dojdzie do starcia pierwszoligowych polityków PO i PiS w Warszawie.

Dla nas było jasne, że musimy wystawić kogoś pierwszoligowego. Tusk, tak jak do startu w Krakowie namawiał Rokitę, tak do startu w Warszawie namawiał Olechowskiego. Wypchnięcie ich do zadań samorządowych, a tym samym pozbycie się ich, było dla niego perspektywą bardzo kuszącą. Olechowski, podobnie jak ja, był przekonany, że w Warszawie można wygrać. No bo przecież Kaczyński nie wygra z Olechowskim! Pamiętajmy, że to było niespełna dwa lata po jego sporym sukcesie w kampanii na prezydenta Polski.

Pojawiło się tu kilka elementów. Zacząłeś od tego, że byłeś przeciw ewoluowaniu w stronę związku z PiS. Rozumiem, że decyduje o tym twoja sytuacja warszawska, bo masz tu koalicję z SLD i alians z PiS ci nie pasuje.

Były tu dwa sposoby myślenia. Pierwszy, mniejszościowy w PO, reprezentowali Olechowski i Piskorski. Twierdziliśmy, że możemy rozważać koalicję z PiS, ale kluczowe jest budowanie naszej własnej silnej pozycji i wygrywanie z PiS. Drugi sposób myślenia charakteryzował Tuska, Schetynę i Płażyńskiego. Ich zdaniem koalicja z PiS nam służy, bo ideowo jesteśmy skazani na siebie. A to dlatego, że jesteśmy w opozycji do silnego SLD. Oczywiście ich myśleniu nie można było odmówić racjonalności. Wtedy jeszcze nikt nie miał prawa myśleć, że PO będzie partią 35–40-procentową. W 2002 roku wszystkim się wydawało, że PO i PiS na dobre utknęły na poziomie kilkunastoprocentowego poparcia. I myślenie Donalda – które ja odrzucałem, ale nie mogłem mu zarzucić braku logiki – było takie, że będziemy w Polsce musieli rządzić z PiS przeciwko SLD. I być może staniemy nawet przed koniecznością dobrania ludowców. Krótko mówiąc, na tamtym etapie Donald uważał, że koalicja PO-PiS będzie koniecznością. W związku z tym – tak Donald argumentował – już teraz trzeba ludzi przyzwyczajać do takiej koalicji. A my, to jest PO, będziemy zyskiwać, bo mamy lepszych liderów lokalnych, lepszych kandydatów na prezydentów miast niż PiS. I jeśli uda się stworzyć sytuację, że PiS jest do nas przyklejony, nie walczy z nami, nie krytykuje – to długoterminowo PO będzie zyskiwała, a PiS będzie tracił. Tak wtedy mówił Donald.

Spójne. Trudno odmówić Tuskowi logiki.

Bo to była spójna koncepcja. Tylko że ja wtedy uważałem – a jak się później okazało, miałem rację – że istotna część naszych wyborców to nie jest elektorat prawicowy, tylko centrowy, czyli, generalnie rzecz biorąc, to wyborcy Unii Wolności i okolic. Ich zaś perspektywa stałej koalicji z PiS odstraszała. Długoterminowo ja miałem rację, ale krótkoterminowo Donald mógł uważać, że racja jest po jego stronie. Uważał, że PO będzie partią kilkunastoprocentową, że jej pułap to maksymalnie 20 procent. I że musi sobie ułożyć relacje z PiS w taki sposób, żeby być potem tą większą partią w przyszłej koalicji. Co odważniejsze osoby mówiły nawet, że to będzie ewoluowało w kierunku trwałej koalicji PO-PiS, tak jak CDU-CSU w Niemczech. Co już dla mnie w ogóle było nie do przyjęcia.

Dlaczego?

Było nie do przyjęcia ideowo, bo te wątki ZChN-owskie w PiS były bardzo silne. I politycznie też takie myślenie było nie do przyjęcia, bo PiS budował się w opozycji do SLD, z którym ja byłem w koalicji.

Znając Jarosława Kaczyńskiego, można przewidzieć, że z trudem wytrzymałby czyjąś dominację, a już szczególnie Tuska, którego zdaje się nie poważał.

Na tamtym etapie prawdopodobnie Kaczyński rozumował odwrotnie niż Tusk. Czyli tak, że na sklejeniu PO i PiS będzie tracić PO, bo ta koalicja będzie coraz bardziej prawicowa, i że w finale PO będzie musiała wyzbywać się polityków centrowych, typu Piskorski i Olechowski. My byliśmy symbolicznymi postaciami. Ja – bo byłem w koalicji z SLD. Olechowski – bo to przecież agent i wróg. PiS mówił więc o dobrej Platformie i złej Platformie.

Co na to Tusk?

Tuskowi tak naprawdę to było na rękę, bo on nas rozgrywał. Wtedy pozycja moja i Olechowskiego była zbyt duża w PO, żeby Tusk mógł myśleć o usunięciu nas. Natomiast atak na nas był Tuskowi na rękę. Oto są ludzie niechciani przez naszego naturalnego sojusznika. To osłabiało również naszą wewnętrzną sytuację w PO. Bo naturalne było to, że oto ścisłe kierownictwo partii plus ojciec założyciel, czyli Olechowski, razem reprezentują Platformę, rozmawiają, negocjują i na końcu podejmują istotne decyzje. A Kaczyńscy powiedzieli „nie". My nie będziemy rozmawiać z tą złą Platformą, czyli z Olechowskim i Piskorskim.

To jest moment, w którym zaczynacie się dawać spychać. Sam mówiłeś, że ludzie w partii w pewnym momencie zaczynają się orientować nie na Płażyńskiego, tylko na Tuska. A dlaczego nie na ciebie?

Taką logikę narzucał moment historyczny. Ja byłem kluczową postacią przy walkach w UW i przy powstawaniu Platformy. Beze mnie nie byłoby możliwe dogadanie się z Olechowskim. Nie powstałaby taka PO, jaką znamy. Teraz sytuacja sprzyjała Tuskowi, a my byliśmy bezradni. Ja się przyznaję do tej bezradności. Maciej Płażyński, który stał na czele PO, nie był, jak już mówiłem, typem lidera, przywódcy. Dreptaliśmy w miejscu. A to, co mówił Donald z Grześkiem Schetyną, czyli idźmy w PO-PiS-owską koalicję, było dla większości bardziej atrakcyjne niż to, co mówiłem ja i Olechowski.

Dlaczego?

Donald dowodził, że jeśli połączymy siły z PiS, to – przy przeliczaniu głosów na mandaty systemem d'Hondta, zwłaszcza w mniejszych okręgach – mamy o wiele większe szanse na mandaty. Możemy mieć nawet mandaty w miejscach, w których nigdy dotąd mandatów nie mieliśmy. A jak wystartujemy sami jako Platforma, to tych mandatów nie zdobędziemy. Krótko mówiąc, trzeba dzielić się z PiS, ale za to – tak twierdził Tusk – wszędzie mamy szansę na mandaty i zdobycie realnej władzy. Logika PO-PiS zaczyna w 2002 roku spychać nas na margines.

Staraliście się walczyć?

W ograniczony sposób. Chcieliśmy z kandydaturą Olechowskiego wygrać prezydenturę Warszawy. Wtedy moglibyśmy powiedzieć, że niezależnie od PiS jesteśmy w stanie wygrywać wybory. Bylibyśmy wtedy tymi, którzy niosą sztandar niezależności Platformy. Reszta kraju poszła do wyborów samorządowych w wariancie PO-PiS-owskim. Trzeba powiedzieć, że Donald, Grzegorz i inni zwolennicy tej opcji nie docenili PiS-owskiego elektoratu. Im się wydawało, że znany samorządowiec, który pisze teksty do lokalnej gazety i sympatyzuje z PO, jest kandydatem silniejszym od kandydatki z kółka przykościelnego. W dużej części się mylili. Bo zdyscyplinowany prawicowy elektorat poszedł na te wybory i oddawał głos na kandydata PiS-owskiego. Jednak generalnie rzecz biorąc, cała ta polityczna sekwencja pierwszej połowy 2002 roku jest dla mnie niekorzystna. Dochodzi do wewnętrznych przesunięć, które nie są mi na rękę.

Opisz je.

Maciej Płażyński, który jest formalnie szefem, usiłuje jakoś tam sobie radzić. Stara się przyciągać ludzi, którzy mogliby z nim współpracować, a jednocześnie nie są związani z innymi. Wtedy na przykład, jako osoba funkcjonująca przy Płażyńskim, silniej wkracza do gry Jacek Saryusz-Wolski. Ale w klubie narasta niezadowolenie. Coraz silniejsze jest przekonanie, że Płażyński nie jest sprawnym przywódcą. Z kolei ja i Olechowski jesteśmy w mniejszości – jako ci, którzy są przeciwni PO-PiS-owskiemu trendowi. Jedyną osobą, która może na tym zyskiwać, jest Tusk. I on to bardzo sprytnie rozgrywa i wykorzystuje.

Konkrety?

Krótko mówiąc, Tusk daje wolną rękę, a nawet zachęca do rozmów w klubie, by sprawdzić, czy jest możliwa zamiana Płażyńskiego na niego. I wpuszcza Schetynę i mnie na takie rozmowy. Mnie nawet bardziej, bo w 2002 roku ja mam chyba większą zdolność rozmawiania z klubem. Układ sił jest taki, że Rokita jest dramatycznie osłabiony, bo przegrał w Krakowie – nie wszedł do drugiej tury. Piskorski i Olechowski są osłabiani, bo po pierwsze, są przeciwni głównemu, wtedy większościowemu trendowi, a po drugie, jesienią przegrywają wybory w Warszawie, gdzie Olechowski też nie wszedł do drugiej tury. Pytanie brzmi, czy utrzymać przywództwo Macieja Płażyńskiego, które nie popycha niczego do przodu, czy też potrzebny na jego miejsce jest Tusk? Uważam wtedy, że lepiej, by Tusk wziął przywództwo. Wiązaliśmy z tym nadzieję, że wprowadzi w to wszystko jakąś nową energię. Przy czym cały czas moje relacje z Tuskiem – mimo objawów nielojalności, które lepiej identyfikowałem po latach – są takie, jakie były przez ostatnich kilkanaście lat; innymi słowy kompletnie nie podejrzewam, że Tusk szykuje się na jedynowładcę i że po kolei będzie nas eliminować.

Kiedy przychodzi ci to go głowy?

To przychodziło stopniowo. Dopiero jednak w 2003 roku zacząłem brać pod uwagę, że Tusk może się wrogo i z konsekwentnym wyrachowaniem zachować wobec ludzi, których zna od lat.

A co z twoją misją badania, czy Tusk może zastąpić Płażyńskiego?

Po moich rozmowach z posłami sygnały o możliwej zmianie doszły do Płażyńskiego. I wtedy Donald odbywa z nim rozmowę, która jest zupełnie inna niż rozmowa ze mną i Schetyną. Bo rozmowa Donalda z nami była w stylu: „Ja Maćkowi nic złego nie chcę zrobić, ale w klubie trzeba go zastąpić, więc, Paweł, porozmawiaj, czy jest szansa, żeby to się odbyło olbrzymią większością głosów". A Donald z Płażyńskim rozmawia zupełnie innym językiem. Bo mówi do niego mniej więcej coś takiego: „Słuchaj, Paweł coś kombinuje. Wiedz, że to się wszystko odbywa bez mojej zgody. Ja ci nic złego nie chcę zrobić. No, a z Pawłem jest kłopot, bo rozpoczął burzę, żeby nas podzielić, ale my się, Maćku, nie damy podzielić!".

Skąd wiesz, że on z nim tak rozmawia?

Wiem, ale dowiedziałem się o tym dopiero rok później. W 2003 roku. Po tych wszystkich rozmowach z posłami przychodzę do Tuska i mówię, że wszystko jest przygotowane do zmiany. Pytanie tylko o termin posiedzenia klubu. I wtedy Tusk zaprasza mnie i Schetynę do siebie na jajecznicę. „Jajecznica u Tuska" to jest kolejny taki zwrot, który jest doskonale rozumiany w wąskim kręgu ludzi z naszego otoczenia. A oznacza on złą rozmowę. No więc jemy, ja i Schetyna, tę jajecznicę w gabinecie Donalda i on mówi, że nic nie będzie robił i musi zostać tak, jak jest. Skończyło się wielką awanturą. Donald odciął się od wszystkiego, a ja poczułem się kompletnie wystawiony. Najpierw daje mi sygnał do rozmów, mówi, że trzeba zmienić przywództwo, bo utoniemy. A kiedy ja zaczynam negocjować w tym kierunku, to – użyję tu retoryki bliskiej Tuskowi – „pozostawia mnie na spalonym". Żadnej zmiany nie ma, tylko ja zostałem wystawiony na konflikt z Płażyńskim. A Donald wychodzi na tego, który mógłby wziąć władzę, a wspaniałomyślnie jej nie bierze. Nie wiem, czy Donald wystawiając mnie, miał już sygnały, że Płażyński i tak nie wytrzyma, i poda się do dymisji. Może suma tych wszystkich wydarzeń sprawiła, że Płażyński miał już tego dosyć i postanowił się podać do dymisji? Trudno mi powiedzieć. Nie miałem nigdy możliwości, by to zweryfikować.

Jak Płażyński na to wszystko zareagował?

Faktem jest, że bardzo krótko po „jajecznicy u Tuska" zebrał się zarząd partii. Płażyński prowadził i w tzw. sprawach różnych, nagle i nieoczekiwanie powiedział, że po głębokich przemyśleniach on doszedł do wniosku, że musi odejść. I to nie tylko z funkcji, ale w ogóle z partii. I że chciałby to załatwić jak najbardziej kulturalnie. W związku z tym – mówił dalej – nie zrobi tego z dnia na dzień, ale chce nam to zapowiedzieć. I zaproponował, żeby przygotować jak najszybciej kalendarz do czasu wyboru nowego przewodniczącego. Ja byłem kompletnie zdumiony. Do mnie od Płażyńskiego nie dochodziły żadne sygnały. Donald wyglądał na całkowicie zaskoczonego – i potem mówił mi zresztą, że był tym kompletnie zdumiony. Grzegorz Schetyna tym bardziej o niczym nie wiedział.

Myślisz z perspektywy lat, że Tusk nie wiedział?

Nie wiem. W każdym razie na zewnątrz, dla nas wszystkich, wyglądało to na całkowite zaskoczenie. Ta decyzja Płażyńskiego była dla mnie kompletnie niewytłumaczalna. To nie było odejście do innej partii, to nawet nie było wyciąganie swoich ludzi. Wszystkie osoby od niego zostały w PO. On odchodził w niebyt. Być może uważał, że jest na tyle ważną osobą w polskiej polityce, że wcześniej czy później, jak będzie nowe rozdanie, to wokół niego się zgromadzą ludzie. To była jedna z najdziwniejszych decyzji w polskiej polityce. Nie była motywowana jakąś bieżącą intencją rozłamową. On uznał, że sobie nie radzi, że nie jest prawdziwym przywódcą, że jego własne środowisko już go nie uznaje za swego lidera, bo coraz bardziej jest nim Tusk. Rok 2002 to jest czas istotnego przesunięcia w PO. Formalnie przez cały ten czas szefem PO był Płażyński. Gdyby jednak na początku 2002 roku zapytać, kto jest realnym liderem PO, każdy powiedziałby, że bez wątpienia Olechowski. Gdybyś o to samo zapytał pod koniec 2002 roku, to każdy już by powiedział, że realnym liderem jest Tusk.

Może Płażyński nie mógł się pogodzić z takimi metodami prowadzenia polityki? Być może nie chciał godzić się na sytuację, w której Tusk zamyka się z wami w gabinecie i tam trwają ważne uzgodnienia bez jego wiedzy?

To na pewno. Miał poczucie, że szefostwo przesuwa się w kierunku Donalda. A w tym przypadku oznaczało to zamknięty gabinet, a w nim Drzewieckiego i Schetynę. I wpadającego tam od czasu do czasu Piskorskiego.

A jak tobie Tusk wyjaśnił cofnięcie się z decyzją o zastąpieniu Płażyńskiego?

Powiedział, że już się z Maćkiem rozmówił i że nie będzie przeciwko niemu niczego robił. Takie uzasadnienie wystawiające mnie do wiatru. Obaj wiedzieliśmy z Grześkiem Schetyną, że to nie było wtedy tak – że oto Donalda trzeba końmi włóczyć, żeby on się zgodził przejąć przywództwo. On tego chciał. Być może już wiedział, że Płażyński nosi się z taką decyzją. Być może to była taka wyrafinowana forma wywierania presji na niego.

Wróćmy na chwilkę do wydarzeń z początku roku. Powiedziałeś o bardzo dobrych relacjach Tuska z Kaczyńskimi. Możesz opisać jakieś sytuacje?

Donald z Lechem Kaczyńskim miał zawsze dobry kontakt. To było widać. Chociaż Donald zawsze zwracał uwagę na to, że oni, Kaczyńscy, są jednak „popieprzeni".

Takich słów używał. Wspominał też, że gdy na początku lat 90. w jakimś wywiadzie powiedział, że po domu chodzi w piżamie, Kaczyński przywoływał to potem jako przykład wyuzdania liberałów. Kaczyńscy bardzo akcentowali swoją prawicowość. Donald w rozmowach z Lechem przypominał półżartem: „Leszku, przecież ty kiedyś aborcję popierałeś!". Kaczyński się żachał i odpierał: „Absolutnie nie!!!". Lech Kaczyński wiele lat spędził w Gdańsku i znał Tuska. Mieli własny kod, w którym było mnóstwo odwołań do dawnych rozmów i wspólnych znajomych.

Przykład?

Donald przy jakimś spotkaniu mówił na przykład do braci: „No tak, tak. Wy zawsze byliście socjalistami". I zwracał się do Lecha w stylu: „Pamiętam, jak w 1987 roku nawiązywałeś do Daszyńskiego i do polskiej myśli socjalistycznej. I uznawałeś, że PPS najlepiej się sprawdził". To były odwołania do ich wcześniejszych dyskusji. Miał również dobry kontakt z Jarosławem, nie tylko z Lechem. Przy czym, jak Donald wychodził z rozmów z nimi, to zawsze rzucał: „Ale oni są popieprzeni". To był rutynowy komentarz Donalda.

A co Tusk sądził wtedy o Kaczyńskich?

Na tamtym etapie Donald, zresztą – moim zdaniem – my wszyscy, nie docenialiśmy Kaczyńskich, a w szczególności Jarosława. Panowało wśród nas przekonanie, że on ma wbudowany gen destrukcji. Przecież siedzieliśmy obok siebie w ławach sejmowych w kadencji 1991–93. Pamiętaliśmy dokładnie, jak Jarosław Kaczyński rozwalił PC, jak ludzie z PC odchodzili. Część z nich, na czele z Andrzejem Urbańskim, przeszła wtedy do nas. W 2002 roku byliśmy przekonani, że Jarosław to gwiazda jednego sezonu. I że to ugrupowanie urosło na popularności Lecha Kaczyńskiego jako ministra sprawiedliwości i na dramatycznym błędzie Buzka, jakim było jego odwołanie z tej funkcji. Bo to dało Kaczyńskiemu splendor i ruszyło lawinę. Ocenialiśmy, że Lech przegra z Andrzejem Olechowskim walkę o prezydenturę Warszawy, a Jarosław, jak tylko przyjdzie codzienność, rozwali swoją partię – tak jak zawsze to robił. I że już za kilka lat nie będzie ich w polityce. Swoją drogą, to był dodatkowy argument Tuska za pójściem w stronę PO-PiS-u. Taki oto, że jak Kaczyński się zawali – a przecież musi się zawalić – to wyborcy będą bardziej skłonni zostać w naszej strefie wpływów, niż poszukiwać jakichś prawicowych iluzji.

Bardzo byliście pewni swego w kwestii zwycięstwa Olechowskiego w Warszawie, z tego co widzę. Dostaliście baty, a on nie wszedł nawet do drugiej tury. Jak do tego doszło?

Złożyło się na to kilka czynników. W 2002 roku zaczyna się atmosfera sprzyjająca PiS-owi. Między 2002 a 2006 rokiem przeszedł przez Polskę powiew IV Rzeczypospolitej.

Nie trochę później? Czyli po grudniu 2002 w związku z wybuchem afery Rywina?

To się oczywiście wtedy wzmocni, ale w 2002 roku już czuć było ten powiew. Już były ataki na warszawski samorząd. Już pojawiło się sformułowanie „układ warszawski" – co miało być synonimem jakiejś kliki, która wszystko trzyma w ręce, dzieli profity, kontroluje, ukrywa przed opinią publiczną, a w tle tego miały być jakieś wielkie pieniądze. Krótko mówiąc, niewiarygodne wprost przekręty. Tak naprawdę były to niewiarygodne wprost bzdury, ale wtedy taki obraz warszawskiego samorządu kreowali razem, ręka w rękę, Kaczyńscy i „Gazeta Wyborcza". W warszawskim ratuszu nie ma już co prawda Piskorskiego, ale przecież następcą jest jego kolega Kozak. Ponadto my jesteśmy obok, a nie w głównym nurcie PO. Bo my w Warszawie rządzimy razem z SLD. A cała Platforma idzie z PiS-em – przeciw SLD.

OK, ale Olechowski jest popularny, ma za sobą dobry wynik w kampanii ogólnopolskiej, jest założycielem nowej formacji. Dlaczego polegliście?

Sondaże robione na samym początku, czyli w maju 2002 roku, pokazują bardzo dużą popularność Olechowskiego. Olechowski, jak z nich wynika, nie wygra tego w pierwszej turze, ale wchodzi do drugiej z kandydatem SLD Markiem Balickim. Czyli założenie kampanii jest takie, żeby nie zrażać sobie PiS-owskiego elektoratu, bo będzie on potrzebny w drugiej turze. Elektorat Kaczyńskiego nie znosi SLD, więc zakładamy, że choć dla nich Olechowski to „agent i ciemna siła", to jednak jest lepszy od Millera i komunistów. Tak jest ustawiona kampania.

Całkowicie błędne założenie, bo zamiast Olechowskiego do drugiej tury wdziera się Lech Kaczyński.

Tak. I tego wtedy nie przewidzieliśmy. Kampania powinna być ustawiona inaczej. Czyli od początku na konfrontację z Kaczyńskim i niezrażanie sobie elektoratu SLD-owskiego – bo byłby potrzebny w drugiej turze. Największym błędem tej kampanii było kompletne zlekceważenie Kaczyńskiego. Olechowski uważał, że nie ma mowy, by on mógł przegrać z Kaczyńskim! W związku z tym kampania była skierowana na to, by pokazać Olechowskiego jako świetnego przyszłego prezydenta. To była tzw. szeroko rozsiana kampania, którą się robi wtedy, kiedy i tak wiesz, że twój kandydat jest w drugiej turze. I oczywiście była to kampania bez jakiejkolwiek agresji w stosunku do Kaczyńskiego, bo jego głosy miały się przecież przydać w drugiej turze.

Zabrakło wam wyobraźni.

Ja przy tej kampanii bezpośrednio nie pracowałem, raczej uczestniczyłem w naradach w skali makro, a nie w bieżących działaniach. Ale swoją współwinę też w tym widzę. Trzeba było okładać PiS, tym bardziej że PiS okładał ostro Olechowskiego. Że agent, że czarne siły i że biznes. No i oczywiście byliśmy okładani „układem warszawskim". PiS mówił, że tam się kryją straszne rzeczy, jeszcze nikt się do nich nie dogrzebał, ale oni wiedzą, że są. I że jak dojdą do władzy, to otworzą te szafy, a z nich zaczną wypadać trupy. To była ostra kampania, na którą my nie odpowiadaliśmy, co było dramatycznym błędem.

Dlaczego nie odpowiadaliście?

Po pierwsze, byłoby to wbrew ogólnokrajowej platformerskiej logice. Po drugie, ocenialiśmy, że w drugiej turze potrzebne będą głosy zwolenników Kaczyńskiego, który przecież do drugiej tury nie wejdzie. W momencie, w którym sondaże zaczęły się zmieniać i nagle okazało się, że Kaczyński wyprzedza Olechowskiego, było za późno na zmianę strategii. Jedna z fatalnie dobranej strategii, która w pewnym sensie zmieniła los Polski. Bo gdyby Olechowski został prezydentem stolicy, byłby zapewne potem prezydentem Polski.

Jest taka powszechna opinia o Olechowskim, że jest leniuszkiem. To prawda?

Były takie komentarze, że jego nie można zaprosić do telewizji przed dziesiątą rano. Olechowski nie jest takim fighterem w kampanii jak Donald, ale część tych opinii o Andrzeju jest krzywdząca. Ciężko pracował, tylko, powiedzmy, nieregularnie. Z jego zachowaniami w tamtej kampanii wiąże się sporo anegdotek.

Opowiedz najlepszą.

Mam nadzieję, że Andrzej się za nią nie obrazi. Olechowski odwiedza dom spokojnej starości. I z właściwą sobie elegancją mówi mniej więcej tak: „Jak miło państwa widzieć, jestem wzruszony waszym widokiem. Jak tak na państwa patrzę, to przychodzi mi na myśl moja niedawno zmarła matka".

Na innym spotkaniu na Pradze gromadzi się pełna sala. Lokalne elity, wszyscy urzędnicy z dzielnicy spragnieni usłyszeć, co będzie, jak wygra wybory. Przychodzi Andrzej i ze swadą zaczyna: „Jak tylko wygram, to zrobię porządek z tymi biurokratami, oczyszczę urzędy, przyjdą na to miejsce nowi, nareszcie przygotowani ludzie".

Były naciski ze strony kierownictwa partii, żeby nie atakować Kaczyńskiego?

Non stop. Teksty w stylu: „Róbcie tak, żebyście mogli potem rządzić z tym PiS-em. Nieważne, czy wygra Olechowski, czy Kaczyński, to i tak będziecie musieli potem zbudować koalicję w stolicy". Argumentowano też, że atakowanie Kaczyńskiego w Warszawie może zaszkodzić naszym kampaniom w Krakowie, Gdańsku czy we Wrocławiu. A wszędzie tam były zaangażowane ważne osoby. Mnóstwo ludzi naciskało, żeby nie szarżować, bo to popsuje koalicje w całym kraju, a przecież do władzy z PiS szykowały się tysiące samorządowców. Gdybyśmy my w odpowiednim momencie zdali sobie sprawę, że Olechowski może nie wejść do drugiej tury, to robilibyśmy anty-PiS-owską kampanię. Ale w nas zwyciężyło przekonanie, że Olechowski musi być w tej drugiej turze, bo jest najlepszym kandydatem. Kaczyński o zarządzaniu nie wiedział nic. Marek Balicki? Bardzo go lubię i jesteśmy w dobrych relacjach, ale też miał zerowe doświadczenie. Porównując ich, po prostu wydawało się, że Olechowski musi to wygrać. PO-PiS-owska logika, która załamała się dopiero w 2005 roku, bardzo nas wtedy paraliżowała. Byliśmy okładani przez PiS w kampanii, a potem byliśmy okładani przez swoich: „Proszę bardzo, jak Platforma startuje sama, to Olechowski nawet do drugiej tury nie wchodzi. Gdybyście poszli w stolicy wspólnie z PiS, to PO miałaby teraz więcej mandatów samorządowych". Takich głosów było sporo.

Po tych przegranych wyborach Olechowskiego w Warszawie byliście w konflikcie z PiS. Ale pojawiła się kwestia koalicji. Opowiedz o tych relacjach z PiS.

Po przegranych wyborach w Warszawie ja, moje stołeczne środowisko i Olechowski byliśmy w otwartym konflikcie z Kaczyńskimi. Psychologicznie było to uzasadnione. Duża część kampanii PiS-owskiej koncentrowała się na waleniu w nas jak w bęben. Mieli w tym wsparcie „Gazety Stołecznej", która miała w zasadzie monopol informacyjny, bo żaden inny dodatek warszawski nie przebijał się w poważny sposób. Kaczyński miał dwa wyjścia. Pierwsze, mimo że kampanię prowadził przeciwko nam, dogadać się z nami i stworzyć większościową koalicję w radzie miasta.

A drugi wariant?

Pójść na coś, co byłoby dla niego wygodniejsze technicznie, ale znacznie bardziej kosztowne publicznie, czyli dogadać się z LPR, która też weszła do rady miasta. I rządzić z nimi, wyjmując jeszcze pojedyncze głosy, które byłyby do zdobycia. Tyle że z nami ta większość była wtedy stabilniejsza. Jarosław Kaczyński, bo to on zawsze był decydentem w duecie, podjął decyzję, żeby się z nami dogadywać. Pośrednikiem był Andrzej Urbański, z którym się znaliśmy od lat i który na tamtym etapie był bardzo zaufaną osobą Lecha Kaczyńskiego. No i zanim cokolwiek wypłynęło publicznie, to kilka razy się spotkaliśmy w sześcioro czy w cztery oczy z Lechem Kaczyńskim. Był człowiekiem bardzo przyjemnym w rozmowie, zero wrogości. Sympatyczny.

Rozumiem, że to z powodów wewnątrzplatformerskich też wam pasowało. Przejście do opozycji osłabiałoby waszą pozycję w układach wewnątrz PO.

Dokładnie tak. Zejście do opozycji jeszcze bardziej spychałoby nas do kąta.

A gdzie wyście się spotykali?

W biurze Urbańskiego. To było gdzieś na tyłach Marszałkowskiej. Koalicja została zawarta. Zrobiliśmy konferencję prasową, na której ściskamy się z Lechem Kaczyńskim i sobie gratulujemy. Ale zaraz potem zaczęła się jazda pokazująca, że oni w najmniejszym razie nie mieli zamiaru dotrzymywać umowy koalicyjnej. To był moment, w którym trzeba było wdrażać ustawę warszawską. Ta ustawa była oczywiście znacznie lepsza od poprzedniej, tworzyła jednolite miasto i jego władze, dawała prezydentowi wreszcie należyte kompetencje, ale Kaczyński oczywiście tego nadużył.

Dlaczego?

Jego otoczenie wmawiało mu, że jedynym dla niego bezpiecznym rozwiązaniem będzie maksymalne scentralizowanie kompetencji, bo przecież za każdym rogiem kryje się układ, sitwa i każdy urzędnik to potencjalny wróg lub złodziej. My oczywiście nie mieliśmy ludzi na tak niskich szczeblach. Wiceprezydenci, dyrektorzy biur – tak, ale to nie schodziło niżej. Nie mieliśmy swoich urzędników, nie obsadzaliśmy każdego możliwego stanowiska swoimi ludźmi – jak czyni dziś Platforma, która wymienia ludzi na swoich nawet na szeregowych stanowiskach w najmniejszych wydziałach. Kaczyński zrobił wtedy wielu ludziom krzywdę. On na podstawie tej ustawy wyrzucił wszystkich z urzędu i zaczął przyjmować od nowa. I faktycznie wyglądało to tak, że wystarczyła „szeptanka" w rodzaju, że ten to zna tego i tamtego od Piskorskiego – i człowiek nie miał co liczyć na pracę. Był wyrzucany. Mnóstwo osób straciło wtedy pracę, i to w skandalicznych okolicznościach, na podstawie jakichś nieskonkretyzowanych, wyssanych z palca podejrzeń. Kaczyński uśmiechał się, pił ze mną piwo, a za plecami zaczynał nowy atak.

Jaki?

Ruszył z nagonką aferalną. Skierował ponad trzysta zawiadomień do prokuratury. Dosłownie o wszystko. Żadne z nich nie dotyczyło bezpośrednio mnie, większość kompletnie absurdalna, ale tworzyło się wrażenie, że poprzedni czas to plątanina niejasnych interesów i nadużyć. Po prostu „układ". Najważniejszym dla niego wydziałem stał się wydział kontroli. Tam zatrudnił gości, którzy potem się znaleźli w CBA. Oni Warszawę traktowali instrumentalnie, jako niezwykle ważny etap. Mówili, że to jest ich Piemont, skąd rewolucja wyruszyła na całe Włochy. To się zresztą potwierdziło, choć, na szczęście, spieprzyli to potem. Wokół ratusza warszawskiego zbiegło się całe stare PC i okolice. Ci wszyscy ludzie w jakiś sposób byli tam zatrudniani, często na zupełnie fikcyjnych etatach. Budowali kadry, które wykorzystali potem, gdy przejęli władzę w kraju.

Po co oni budowali tę koalicję z wami, skoro sam powiedziałeś przed chwilą, że mieli do wyboru możliwość dogadania się z LPR-em, który również wszedł do rady?

Lech Kaczyński LPR-u nie lubił. Miał do nich wstręt. Dzisiejsza maska, którą przyjmuje Jarosław Kaczyński w związku ze Smoleńskiem, nie wyraża ich autentycznych poglądów, jeśli w ogóle można mówić o autentycznych poglądach Kaczyńskiego czy Tuska. Kaczyńscy byli ludźmi odwołującymi się do etosu PPS, do etosu wojennego. Lech był na przykład niesłychanie wrażliwy w sprawach antysemickich. Jak któryś z jego prawicowych „bawołów" opowiedział jakiś antysemicki dowcip, to on – a byłem kilka razy świadkiem takich sytuacji – dostawał autentycznie białej gorączki. Był oburzony. Dlatego to LPR-owskie środowisko było dla niego nie do zaakceptowania. Z drugiej strony oni sądzili, że my nie mamy żadnego pola manewru i będziemy się musieli zgodzić na to, co podyktują. Mnie się wydaje, a właściwie jestem pewien, że oni od samego początku do tej umowy koalicyjnej podchodzili z całkowitym brakiem szczerości. Choć, podkreślam raz jeszcze, z samym Lechem Kaczyńskim rozmawiało się miło. Pamiętam, jak któregoś razu w trakcie tych rozmów koalicyjnych powiedział do mnie: „Panie Pawle, idziemy na piwo, bo tutaj sytuacja dojrzała do tego, że musimy pogadać przy piwie".

Poszliście?

Tak. On miał swoje ulubione miejsce w Hawełce, nieopodal sali sejmowej. I w sumie na tym piwie spotykaliśmy się wtedy kilka razy. I z perspektywy dzisiejszej to były bardzo ciekawe rozmowy. Mówił wtedy coś, co mnie niezwykle oburzało i powodowało, że byłem straszliwie nabuzowany. Powiedział: „Panie Pawle, mam do pana olbrzymią sympatię, ale niestety musi pan uwierzyć, że się pan znalazł między drzwiami a futryną i pana koledzy z PO nic dla pana nie zrobią".

Trafnie oceniał!

Ja na to: „Panie Lechu, jak pan może takie rzeczy opowiadać?!". A on: „Zobaczy pan, już pana sprzedali, a w najgorszym momencie to oni zadadzą cios w plecy". Tak sobie rozmawialiśmy, choć on słał do prokuratury niezliczone zawiadomienia. Żadne nie dotyczyło mnie osobiście, ale większość dotyczyła czasów, gdy ja byłem prezydentem. Zawiadomienia okazały się kompletną bzdurą. Wszystkie po kolei, jedno po drugim. Dwa zakończyły się wieloletnimi procesami, w których sądy stwierdziły, że wszystko odbywało się zgodnie z prawem i w dobrze rozumianym interesie gminy, a wszystkich oskarżonych uniewinniono. Jedna sprawa dotyczyła inwestycji na Woli – było to tzw. sprawa Sedeco, a druga budowy Złotych Tarasów. Dziś o tym mówię z większym spokojem, bo sprawy zostały wyjaśnione na korzyść urzędników, ale wtedy byłem tym dramatycznie wkurzony i oburzony. Wielu przyzwoitym i kompetentnym ludziom te sprawy złamały życie.

I mówiłeś to Lechowi Kaczyńskiemu.

Mówiłem mu przy tym piwie w Hawełce: „Przecież tak nie można postępować, przecież pan wie, że to są bzdury!". A on mi zrobił taki wywód: „To nie jest temat na rozmowę, czy to są bzdury, czy nie. Może pan ma rację, prokuratura to zweryfikuje. Natomiast my musimy mieć czyste ręce. W żadnej sprawie nie możemy narazić się na zarzut, że coś widzieliśmy i nie poczyniliśmy kroków w celu jej wyjaśnienia. Zdaję sobie sprawę, panie Pawle, jak to jest dla pana bolesne. Mówię panu szczerze, choć wiem, że pan mnie w tej sprawie nie usłucha. Najlepiej byłoby, żeby pan na kilka lat zniknął. Najlepszą okazją będą wybory europejskie. Dlaczego? Zobaczy pan, pana koledzy pana zdradzą".

Prorocze słowa.

Odparłem mu wtedy: „To absolutnie niemożliwe. My jesteśmy lojalną ekipą!". I przekonywałem, że on tak postępować nie może, bo niszczy życie zwykłym urzędnikom, którzy niczego złego nie robili. To był charakterystyczny ton tych rozmów ze strony Lecha Kaczyńskiego. Wprost mi przekazywał, że ja i tak nie mam wyjścia. Mówił mi tak: „Pana koledzy się od pana odżegnają, oni już myślą o tym, kto będzie w przyszłym rządzie z PiS. W żaden sposób nie będą wobec pana lojalni. Im więcej pan zrobił dla tworzenia PO, tym szybciej o tym będą chcieli zapomnieć". Pamiętam to dokładnie, bo przecież to się całkowicie potwierdziło.

To była jego intuicja czy wiedza?

Trudno mi powiedzieć. Być może Lech Kaczyński już wtedy rozmawiał o nas z Donaldem. I wiedział, że Donald palcem nie kiwnie, żeby mnie i moich ludzi bronić. Może nawet wiedział, że chętnie nas dobije, jak tylko uzyska jakiś pretekst. Te rozmowy z Lechem miały swój smaczek. Od czasu do czasu dzwonił do niego na komórkę Jarosław. Lech wtedy wstawał, odchodził, żebym ja nie słyszał. I stojąc, w pozycji niemal na baczność, rozmawiał przez telefon z bratem. I jak wracał, to mówił z wyraźną satysfakcją, że Jarosław dzwonił i przekazywał mu na przykład takie to a takie instrukcje. Po ludzku był człowiekiem, który dał się lubić.

Psychologicznie nie bardzo rozumiem tę sytuację. Opowiadasz, że Kaczyński śle do prokuratury zawiadomienie za zawiadomieniem. Z ratusza wyrzucają ludzi, a ty sobie z nim chodzisz na piwko i prowadzicie polityczne dysputy...

Bo tak naprawdę to jest opis pułapki, w której ja się znalazłem. Pułapka polegała na tym, że zerwać koalicji warszawskiej nie mogłem. Jak już miałem zatem gadać z Kaczyńskim, to wolałem to robić szczerze i nieoficjalnie, żeby potwierdzić, „na czym stoimy". Zerwanie koalicji byłoby zapewne pretekstem do akcji ze strony Tuska i Rokity przeciw nam. Argumentacja byłaby następująca: „Oto cała PO chce koalicji z PiS, a tu wszystko psuje jakaś grupka z Piskorskim na czele. My tę koalicję podtrzymujemy, a jak się komuś to nie podoba, to niech spada". Tusk jest bystrym facetem i doskonale zdawał sobie sprawę, że ja jestem w pułapce. Nie miałem już wątpliwości co do braku jego lojalności i złych intencji.

Ale koalicja warszawska PiS i PO została w końcu zerwana.

Została zerwana dopiero w momencie, gdy po jednym z kolejnych oskarżeń wystosowanych do prokuratury Wojtek Kozak, będący przewodniczącym rady miasta, został odwołany przez PiS i LPR. To był przełom 2003 i 2004 roku. I tutaj Tusk oraz Rokita niewiele mogli zrobić, bo przecież nie mogliśmy sobie jako partia pozwolić na to, by PiS odwoływał nam przewodniczącego rady miasta. Praktycznie to PiS zerwał tę koalicję. Wtedy pojawił się pomysł debaty między Kaczyńskim i Kozakiem, ale Lech powiedział, że on z pełnomocnikiem debatować nie będzie i jeśli już – to z jego szefem. To oczywiście było skierowane do mnie. I ta debata się odbyła w WOT w lutym lub na początku marca 2004 roku. Odbiła się dużym echem. Wszyscy to oglądali, nawet jak nie byli z Warszawy. Wtedy od kilku lat nie było takich barwnych debat. Miałem poczucie, i tak to też opisywały media, że wypadłem dużo lepiej niż Kaczyński, ale to nie miało jakiegoś długofalowego znaczenia. To był dla mnie moment oddechu po ciężkim 2003 roku, gdy oni zarzucali prokuraturę zawiadomieniami i donosami, a Donald może to wręcz akceptował i podsycał.

Wracając do wyniku wyborów w Warszawie. Rozumiem, że przegrana Olechowskiego Tuska nie martwiła?

Oczywiście, że nie zmartwiła. W zasadzie problem Olechowskiego miał już rozwiązany. Ja, choć miałem silną strukturę w Warszawie, byłem osłabiony. Gdybym na przykład na radzie krajowej wyszedł na mównicę i stwierdził: „Powinniśmy porzucić zgubną politykę PO-PiS-u. Powinniśmy budować własną tożsamość w kontrze do PiS-u", to raczej nie byłoby to przyjęte z aplauzem. Choć trzy lata później stało się to podstawową retoryką Tuska. Donald uznał, że Olechowski jest „posprzątany" – trzeba go tylko teraz jeszcze jakoś „uszanować", bo wkurzony i odchodzący z PO Olechowski mógłby zaszkodzić. A na początku 2003 roku był już ostry spór. Olechowski chciał być przewodniczącym rady politycznej. Donald, i to też z bardzo dużą niechęcią, zaakceptował go jako przewodniczącego rady programowej. To już było jawne wypychanie Olechowskiego, ale było to możliwe dlatego, że Olechowski nie wygrał w Warszawie. Gdyby wygrał, to logika wydarzeń byłaby zupełnie inna – nie tylko w PO.

Tusk się wyrażał o Olechowskim obelżywie?

Tak, wielokrotnie. W 2000 roku mówił – o czym nieraz tu już wspomniałem – że on nigdy na tego agenta nie zagłosuje. Między innymi dlatego ja musiałem być wtedy pośrednikiem w relacjach między nimi, bo przecież oni by się sami nie dogadali. Oczywiście przestał być tak agresywny wobec Olechowskiego, gdy powstała Platforma. Natomiast po porażce 2002 roku w Warszawie przeszło to w lekceważenie.

To znaczy?

Mówił, że Olechowski to safanduła. Że nie robi kampanii, że to leniuch i że nic z niego nie będzie. Oraz że skoro przegrał w Warszawie, to przecież nie można kogoś takiego wystawić w wyborach na prezydenta kraju. Ten 2002 rok jest czasem wewnętrznej przemiany w Platformie. Stopniowe odchodzenie Macieja Płażyńskiego, marginalizowanie Olechowskiego, coraz większa władza w rękach Donalda i logika PO-PiS-owskiego porozumienia.

Mamy zapowiedź odejścia Płażyńskiego. Jakie to powoduje przesunięcia wewnątrz PO?

Jedna z konkluzji jest taka, że jedynym ciałem decydującym nie może pozostawać klub parlamentarny, bo to blokuje możliwość udziału we władzy na przykład działaczom samorządowym, którzy wyrośli w ostatnim okresie. Oczywiste było to, że Donald będzie przewodniczącym po Płażyńskim. Po przegranych wyborach warszawskich spadła pozycja Olechowskiego i moja. Trzeba im znaleźć jakieś zajęcie, ale już równorzędnymi rywalami nie są – myślał. Pozycja Rokity pod koniec 2002 roku też była dramatycznie słaba.

Rokita dostał łupnia w wyborach na prezydenta Krakowa.

Donald uważa wtedy, że już jest po Rokicie. Równolegle zdawało się, że po porażkach samorządowych ma z głowy jednocześnie jego i Olechowskiego. Nawet Janek na prawo i lewo zaczął opowiadać, że rzuci politykę i zajmie się pisaniem książek. Wybory w Krakowie to było dla niego duże tąpnięcie, szczególnie że spektakularnie nie wszedł nawet do drugiej tury. Donald uważał, że Rokita jest tak osłabiony, że trzeba mu znaleźć jakieś miejsce, żeby nie zwariował i nie odszedł. Bo jak jednocześnie odejdzie i Płażyński, i Rokita, to będzie to w przekazie publicznym oznaczało, że PO to jest po prostu drugie KLD.

Rozdział XIV

Komisja w sprawie afery Rywina

Na jaw wyszła afera Rywina. Sprawa stała się dla Rokity trampoliną do wielkiej kariery. Opowiedz, jak on trafił do komisji śledczej.

Ta historia z Rywinem była dla nas szokiem. Nie znaliśmy wcześniej tej sprawy. Pod koniec grudnia jechaliśmy z Tomkiem Siemoniakiem na Mazury na sylwestra. Kupujemy rano „Gazetę", a tu „Przychodzi Rywin do Michnika". Szok. Donald, z którym o tym potem rozmawiałem, też nie miał pojęcia, że coś takiego się szykuje. Potem to się zaczęło rozlewać i trzeba było podjąć decyzję, kto wejdzie do komisji śledczej. Donald wypowiadał się sceptycznie o możliwościach Rokity. Uważał, że to jest autystyczny facet, który na dodatek nigdy nie zajmował się sprawami mediów, a przecież tej dziedziny dotyczyła ta afera.

To dlaczego Rokita wszedł do tej komisji?

Donald uznał, że trzeba go czymś zająć. Płażyński powoli żegnał się z Platformą. Chodziło o pokazanie światu, że w tej partii są konserwatyści i są rzucani na poważne sprawy. Taka była logika tej decyzji. Muszę powiedzieć, że na samym początku myśmy oczywiście nie doceniali siły afery Rywina. Na początku przyjmujemy to z dużym rozbawieniem i nadzieją na zmiany.

Dlaczego?

Z jednej strony masz Michnika, który mnie atakuje, Tuska lekceważy i nie poważa. A cała afera pokazuje Michnika z innej strony, odziera go z prawa do wydawania moralnych sądów, pozbawia pozycji nienaruszalnego mentora. Z drugiej strony barykady w aferze Rywina masz środowisko SLD, które jest naszym politycznym konkurentem. Dla nas to jest super! Nieprzychylne nam ośrodki biją się między sobą. I to jeszcze jak efektownie. Oczywiście to, że Michnik był w stałych relacjach z Millerem, nas nie dziwiło. To była dla nas sytuacja wygodna. I tak o tym rozmawialiśmy z Donaldem. Im większe to przybierze rozmiary, tym lepiej dla nas. Generalnie jednak uważamy, że sprawa nie rozkręci się z wielką siłą, bo w odpowiednim momencie Miller ukręci jej łeb. Z wielkim zdumieniem obserwujemy, że SLD pod wpływem mediów, głównie „Gazety Wyborczej", nie przecina tej sprawy. Mnie się wydaje, że kierownictwo „Gazety" musiało dać Millerowi i Kwaśniewskiemu swoistą gwarancję. Taką, że to się przeciw nim nie obróci, a dotknie jedynie „grupy trzymającej władzę". Gdyby Miller i inni wiedzieli, do jakich rozmiarów urośnie ta sprawa, nigdy nie zgodziliby się na komisję śledczą i ten cały show. Ku naszemu zdumieniu SLD to odpuściło. Rozmowy z Rokitą prowadzone przez Donalda są takie, by Janek nie występował w tej komisji jako stronnik Michnika, tylko starał się pokazywać cały obraz. Tusk bał się jego sojuszu ze środowiskiem „Wyborczej", który mógłby kiedyś odwrócić się przeciw niemu. Komisja wybucha z taką siłą, że po miesiącu SLD już nie jest w stanie ugasić pożaru.

Jak Rokita to przyjął?

Zakwitł. To prawdziwy dar z nieba, o którym polityk może tylko marzyć. Jego przydatność w tej komisji nie była dla nas oczywista. Mieliśmy obawy, że będzie mówił hermetycznym językiem, czepiał się detali, robił głupie miny nielicujące z powagą sytuacji. A okazał się świetny. Ta przemiana z Jana Pobitego w Jana Adorowanego – adorowanego przez lud i wszystkie media, była niesamowita. Dosłownie w ciągu dwóch miesięcy został absolutną gwiazdą. Jankowi bardzo to pasowało, on kochał być w centrum uwagi. W tym przypadku to było całkowicie zasłużone, bo był główną postacią. Ta pierwsza komisja śledcza była jak pierwszy „Big Brother". Skupiała uwagę wszystkich dookoła. Te dwa, trzy miesiące działania komisji zmieniły też sytuację polityczną. Titanic zderzył się z górą lodową i zaczął nabierać wody. SLD nie był w stanie okiełznać sytuacji. Zaczął się ich upadek.

Nie było zaniepokojenia, że Rokita staje się taką gwiazdą?

Było zaniepokojenie, ale zmieszane z nadzieją na szansę, jaką to Rokitowe gwiazdorstwo mogło przynieść. Bo prawda też jest taka, że jakiego by sceptycyzmu wobec Rokity nie zachowywać, to trzeba przyznać, że skok z poziomu kilkunastoprocentowego poparcia do grubo ponad 20 procent to była jego zasługa. Dla nas w czołówce PO jest oczywiste, że Rokitę trzeba eksponować, zrobić go szefem klubu. Przebojowością i pracowitością wyróżniała się też Zyta Gilowska i stawało się jasne, że zostanie dołączona do grona kierowniczego. Wtedy rodzi się tzw. drugi triumwirat, czyli Tusk, Rokita i Gilowska. Ja jestem sekretarzem generalnym partii. Grzegorz Schetyna zostanie sekretarzem klubu PO – między innymi po to, by patrzeć na ręce Jankowi Rokicie, który tym klubem pokieruje. Ja wolałem zostać sekretarzem generalnym całej partii, a nie być bez przerwy na torze kolizyjnym z Rokitą. Wiedziałem zresztą już wtedy, że Donald ubóstwia rozgrywać konflikty czyimiś rękami.

Wystarczy spojrzeć na współczesną sytuację i wojnę ze Schetyną, w której Donald posłużył się Jackiem Protasiewiczem. Nie poparł formalnie Jacka przed zjazdem na Dolnym Śląsku, nie przyjechał na ten zjazd. Z Donaldem jest tak, że on osobie, z którą chce się policzyć lub pożegnać, tworzy problem i przeciwnika – a sam się ustawia w roli rozjemcy. Fałszywie ubolewa, martwi się, ale sprawę rozstrzyga tak, jak dużo wcześniej zaplanował. Ja, zdając sobie sprawę, jak ten mechanizm wygląda, postanowiłem nie zostawać sekretarzem klubu z zadaniem zderzania się z Rokitą. Najdłuższe przeciągnie liny jest o Andrzeja Olechowskiego. On jest w trudnej sytuacji. Nie ma go w parlamencie, jest osłabiony porażką w Warszawie i jego relacje z Tuskiem są złe. Jeśli ja mogę mieć jeszcze jakieś resztki złudzeń wobec Donalda, to Olechowski już nie. Olechowski proponuje, żeby w nowym statucie, który ja tworzę, zapisać powołanie rady politycznej. I wedle jego pomysłu tam mieliby zostać zaproszeni jacyś zacni ludzie, mniej uprawiający bieżącą politykę. Chciał być szefem tego ciała i uważał, że w ten sposób, nie ingerując w bieżące działanie PO, odzyska wpływ na generalną linię Platformy.

Co na to Tusk?

Uważa to za śmiertelne zagrożenie. Donald chce ciągnąć w stronę PO-PiS-u, zaostrzać retorykę „antyukładową". W tej retoryce Olechowski kompletnie mu nie pasuje. W tej retoryce u swego boku widzi Rokitę, jego uważa za frontmana. Oczywiście wykorzystuje go w całkowicie instrumentalny sposób, ale na tamtym etapie Rokita jest niepomijalny. Donald absolutnie nie zgadza się, żeby powstała jakaś rada polityczna, potencjalnie mogąca wejść w kolizję z jego linią polityczną. Po negocjacjach powstaje Rada Programowa na czele z Olechowskim, ale bez szczegółowego umocowania i kompetencji. To będzie potem klucz do wypychania Olechowskiego.

Próbowałeś ich ze sobą pogodzić?

Tusk potrafi być niesłychanie bezwzględny. W grudniu 2000 roku Olechowski był mu niezbędny, w 2003 absolutnie nie brał pod uwagę żadnego porozumienia. W tej logice PO-PiS-owskiej konflikt z nim nawet mu pomagał. Olechowski czy ja do tego nie pasujemy. Jeszcze musi nas uszanować, ale nasza silna pozycja nie służyłaby realizacji jego celów politycznych.

Jak szło Olechowskiemu działanie w ramach tej Rady Programowej?

Ta rada została całkowicie ubezwłasnowolniona. Olechowski po wiosennym zjeździe PO w 2003 roku przystąpił do budowania rady z wielką werwą. Zaprosił ludzi do współpracy, podzielił kompetencje. I dostał cios od Donalda. Tusk odmówił mu jakichkolwiek nawet najmniejszych funduszy na ekspertyzy, na pociąg dla kogoś, kto chciałby przyjechać na posiedzenie tego gremium, ba, nawet na wynajęcie sali. Donald tego osobiście nie tłumaczył. Mówił nawet: „No pewnie, pieniądze na działanie rady muszą się znaleźć. Szczegóły omów z Mirkiem Drzewieckim". A Mirek, który był skarbnikiem, mówił: „Sorry, nie ma na to pieniędzy". A potem przez miesiąc nie można było go złapać. To było dość perfidne ze strony Donalda, bo on jednocześnie oficjalnie domagał się pracy od tej rady pod kierownictwem Olechowskiego. Od początku tworzył szeptankę, że Olechowski to leń, który nic nie robi, potem już oficjalnie mówił, że jest zawiedziony, że nic z tej rady nie wynika. Na dodatek, jak to Donald, przykrywał to uśmiechami i miłymi rozmowami. Obaj z Andrzejem byliśmy zaszokowani i sparaliżowani tymi działaniami. Ten 2003 rok kończy się na ogólnokrajowej scenie poważnym zachwianiem pozycji SLD, wzmocnieniem PO. A wewnątrz PO – znaczącym wzmocnieniem Tuska i osłabieniem roli Olechowskiego, wzmocnieniem pozycji Rokity i osłabieniem mojej. Między innymi także i dlatego, że Donald wespół z Jankiem wykorzystali, ile tylko mogli, tzw. aferę mostową. A nawet w dużej mierze wzmacniali jej znaczenie.

Opowiedz o niej.

Jesienią 2003 roku zaczyna się ostra jazda Tuska przeciw mnie. Pretekstem jest tekst w „Rzeczpospolitej" opisujący rzekomą aferę mostową. W artykule sugerowano powiązania biznesowe części działaczy PO i związane z tym jakieś nieprawidłowości przy budowie mostów. W tekście nie ma mojego nazwiska, nie ma też mowy o tym, że doszło do jakiegoś złamania prawa. Chodzi o procedury wyłaniania wykonawców, co miało miejsce jeszcze za prezydentury Marcina Święcickiego, który – starym sposobem – gdzieś się zaszył i nie udzielał żadnych wypowiedzi. Po latach, po przeprowadzeniu wszystkich możliwych kontroli – zarówno ze strony NIK, jak i prokuratury – okazało się oczywiście, że żadnej afery nie było. Ale to było po latach. A zaraz po publikacji Tusk i Rokita ruszyli do boju. Uznali, że to świetny pretekst do ataku na mnie i wyeliminowanie całego środowiska. Wtedy prysły moje ostatnie złudzenia wobec Tuska. Kto był inspiratorem, a kto wykonawcą tej nagonki? Mam wrażenie, że obu się to opłacało i nawzajem się napędzali. Rokita po tej publikacji dał tę pamiętną wypowiedź o „sitwie, która rządzi w Warszawie", a Tusk do mnie wtedy zadzwonił i powiedział: „My musimy tę sprawę bardzo dogłębnie wyjaśnić. Mam nadzieję, że nie będziesz tego blokował. Nas nie stać na to, gdy jesteśmy w antykorupcyjnej ofensywie, żeby u nas w partii były jakieś tego typu niedopowiedzenia". Tu widać jak na dłoni podwójną moralność Tuska. Jeśli chce aferę bądź – jak w tym przypadku – rzekomą aferę wykorzystać do swoich celów, to ją nagłaśnia, robi z tego temat i mówi o podwyższonych standardach. Jeśli natomiast sprawa dotyczy kogoś, kogo akurat osłabiać nie chce – problem jest bagatelizowany, a standardy zdają się w ogóle nie istnieć. Dobry przykład Tuska w wersji: „Jaka sprawa? Przecież tu nie ma żadnej sprawy", to Donald kompletnie bagatelizujący problem z willą, w której mieszkał za darmo Paweł Graś, a cały internet pełen był żartów o Grasiu-cieciu. Ale rzekoma „afera mostowa" Tuskowi służy, więc Donald wyżyłowuje z niej, ile tylko może, a Rokita z równą determinacją go w tym wspiera. Tusk mi potem tłumaczył, że to Janek Rokita go namawiał do ostrej reakcji i on nie miał wyjścia, ale moim zdaniem to guzik prawda. To, co robił Tusk, to nie były kroki zmierzające do wyjaśnienia sprawy, ale idące w kierunku jej rozdmuchania.

A co zrobił?

On i Rokita, pisząc do prokuratury wnioski o sprawdzenie sprawy, sami zaczęli ją prowokować, aby wszczęła śledztwo. Uważali, że gdyby prokuratura jakieś dochodzenie wszczęła, to mieliby dodatkowy argument na potwierdzenie tezy, że coś jest nie tak. Ale ponieważ wtedy prokuratura nie widziała powodu, żeby to robić, postanowili działać sami. Zawiesili kilku wymienionych w artykule działaczy, w tym Martę Fogler, Piotra Foglera, Małgorzatę Ławniczak czy Jerzego Hertla. To było absolutnie niesprawiedliwie i de facto było uderzaniem we mnie. Powołana została komisja na czele z Komorowskim, która miała wyjaśnić tę sprawę. On akurat zachował się przyzwoicie. I gdy okazało się, że jego komisja nie dopatrzyła się, by ci działacze zrobili coś złego, Tusk z Rokitą sięgnęli po całkowicie dyspozycyjny i nadzorowany przez Schetynę sąd partyjny. Miał on pokazać, że w PO obowiązują „podwyższone standardy" i że nie będą w niej tolerowane żadne tego rodzaju „zbrodnie".

Kogoś wtedy ten sąd wyrzucił nawet z PO.

Tak. Wykluczona z partii została Małgorzata Ławniczak. Inni bądź zostali zawieszeni, bądź inaczej ukarani. Absolutnie stalinowskie metody. Na szczęście nie kary. Wszystko to oficjalnie mnie nie dotyczyło, ale oczywiście było we mnie wymierzone. Chodziło z jednej strony o publiczne upokorzenie mnie – tak, bym przestał być jedną z podstawowych postaci PO. Z drugiej strony szło o rozwalenie warszawskiego środowiska, które było najsilniejsze w kraju i najbardziej zintegrowane. A PiS jak to wszystko widział, to tylko zacierał ręce. Nie musieli wypowiadać koalicji. My sami mordowaliśmy naszych własnymi rękoma. W tej grze chodziło również o sparaliżowanie moich działań jako sekretarza generalnego partii. Wstrzymane zostały pieniądze na funkcjonowanie biura. Sekretarz generalny partii, by działał sprawnie, musi mieć poparcie przewodniczącego. Ja go nie miałem i ludzie dookoła to widzieli. Nie było komunikacji. Ja nigdy wcześniej nie miałem problemu z tym, żeby się do Donalda dodzwonić. Nagle zaczął się okres, w którym przez dwa, trzy dni nie mogłem z nim porozmawiać. Sekretarz generalny jest najczęściej przekaźnikiem informacji między szefem partii a działaczami. A tu komunikacja uległa zakłóceniu. Ale, jak to u Tuska, okresy nieodbierania telefonu były przerywane poklepywaniem po ramieniu, czemu towarzyszyły bałamutne teksty w rodzaju: „Paweł, przecież my tę sprawę warszawską wyjaśniamy dla ciebie, w twoim interesie. Chodzi o to, żeby wzmocnić ciebie, a tych niedobrych ludzi rozliczyć".

A Tusk, jak rozumiem, spędza wtedy dużo czasu z Rokitą?

Triumwirat zaczyna się przekształcać w polityczny duet Tusk-Rokita. Oczywiście Zyta jest dopraszana, ale trochę na siłę – bliższa relacja jest między Donaldem i Jankiem. To trwa przez cały 2004 rok i kawałek kolejnego. Piją wino, słuchają muzyki, godzinami gadają o historii starożytnej. Znając Tuska, ja nie wiem, czy to jest fascynacja prawdziwa, czy udawana. Donald jest już człowiekiem niesłychanie zimnym i wyrachowanym, więc bardziej prawdopodobne – tak sądzę – jest to, że gra, by uzależnić emocjonalnie Rokitę i osłabić jego czujność. Podkreślam, że był to moment, gdy Rokita był bardzo popularny i politycznie silny. Rokita sądzi, że istnieje na długi czas duopol, w którym oni obaj podejmują najważniejsze decyzje. W 2004 roku w wewnętrznych rozmowach pojawia się zapewnienie dla Rokity ze strony Tuska, że będzie premierem. Donald buduje atmosferę, którą mogłyby nieść słowa: „Janku, jesteśmy jak jedna pięść. Tylko ty i ja".

Jak ty się w tym czujesz?

Mam na początku 2004 roku kilka istotnych rozmów z Donaldem. Być może chciał się mnie pozbyć pokojowo, być może szczerze uprzedzić, że czasy przyjaźni skończyły się, gdy ta przestała mu być potrzebna, a ja sam – w jego oczach – stałem się dla niego niewygodnym balastem, a być może nawet i rywalem. Donald mówi mi, że PO idzie do rządu z PiS-em i w takim układzie nie będzie dla mnie miejsca. Dowodzi – tak jakby mówił o jakimś obiektywnym, niezależnym od niego procesie – że przy bliskiej współpracy Platformy z PiS-em ja będę zmarginalizowany. I proponuje mi dwa wyjścia – bycie posłem krajowym, ale nie eksponowanym i bez szans na funkcje rządowe, lub pójście do europarlamentu, by tam przeczekać okres bliższych relacji między PO i PiS. Oczywiście podaje to we właściwy dla siebie sposób – tak, bym miał jeszcze złudzenia, że on, Donald, nie zrywa relacji i pozostaje nadal starym, dobrym Donkiem. Mówi na przykład, że będąc w europarlamencie, nadal pozostanę sekretarzem generalnym partii. Uspokajał, żebym nie czuł się zagrożony i że przecież obie te funkcje można łączyć. No bo z kim, jak nie ze mną on się tak dobrze może porozumieć! Oczywiście ja już nie mam złudzeń – zwłaszcza po lekcji, jaką była nagonka warszawska. Wiem, że muszę wybrać opcję bezpieczniejszą, że w każdej chwili mogę poczuć nóż w plecach. Przeciw Olechowskiemu trwa już wtedy pełna jazda inspirowana przez Tuska. Na Radzie Krajowej Unii, pod koniec zimy na początku 2004 roku, Jan Rokita i Jacek Saryusz-Wolski przypuszczają na Olechowskiego otwarty atak. W niezwykle ostrych słowach atakują go za pozytywne stanowisko wobec Traktatu Europejskiego. Swoją drogą, Olechowski prezentuje wtedy takie stanowisko, które dziś podziela Platforma i Donald, a Rokita i Saryusz-Wolski takie, jakie obecnie głosi PiS. Przypadkowo byłem tuż przed tą radą na spotkaniu u Donalda i byłem świadkiem, jak oni sobie rozdawali głosy, szykując się do rozgrywki przeciw Olechowskiemu.

Jak to wyglądało?

To miało taki techniczny, bezwzględny wymiar w stylu: najpierw powie Janek, potem dołoży Jacek, jak Olechowski odpowie, to z ripostą wystąpi ta a ta osoba, a Donald będzie wszystkiego pilnował. To posiedzenie miało pokazać, że Olechowski nie ma żadnego znaczenia. Brutalność tego ataku na Olechowskiego przekraczała wszelkie granice przyzwoitości, bo to były wycieczki ad personam wobec kogoś, komu wszyscy zawdzięczaliśmy zaledwie trzy lata temu powołanie PO. Dzisiaj to jest dla Tuska i Platformy bardzo wstydliwe, bo nie dość, że się oni wtedy zachowali nieprzyzwoicie, to jeszcze w antyeuropejskim duchu wypowiadali na tej radzie głupoty wprost nieprawdopodobne.

Ty w tej atmosferze decydujesz się na start w eurowyborach.

W marcu 2004 roku. Jednocześnie Donald obawia się, żebym ja czegoś nie zaczął w tym europarlamencie tworzyć na własną rękę. Zabrania na przykład startowania Wojtkowi Kozakowi, który był naturalnym kandydatem na Mazowszu. W trakcie kampanii Donald odcina się ode mnie. Między nami już nie ma dawnej relacji. Przybywa na jedno moje spotkanie przedwyborcze na Żoliborzu, ale praktycznie ze mną nie rozmawia. Szybciutko znika. Jak gość się odcina od polityka kandydującego z jego partii z Warszawy, z pierwszego miejsca, to o czym tu jeszcze rozmawiać? Gdy po tym wszystkim, co razem przeszliśmy, traktuje cię jak potencjalnego natręta, to nie ma o czym rozmawiać. Kaczyński mówił kiedyś o jego „wilczych oczach". Celne.

A po wyborach – rozmawialiście?

Po tym, jak zdobywam mandat, odbywam zdawkową z nim rozmowę. On mi komunikuje, że chciałby, bym złożył dymisję z funkcji sekretarza generalnego partii. I że moim następcą będzie Grzesiek Schetyna. Dodaje też, że wystąpi do Olechowskiego, by zrezygnował z funkcji szefa Rady Programowej, bo to ciało kompletnie się nie sprawdziło.

Jak on ci wyjaśnia, że powinieneś przestać być sekretarzem partii?

Tusk potrafi być urzekający i przyjacielski, ale bywa też niesłychanie zimny i bezwzględny. Teraz to był ten drugi Tusk. Więc on mi już niczego nie wyjaśnia. Odmawia rozmowy. Ma to wymiar i polityczny, i osobisty.

Jak byś najkrócej ocenił sytuację w Platformie po wyborach europejskich 2004 roku?

Ja, mimo iż w czasie kampanii wyborczej do Parlamentu Europejskiego nie miałem żadnej pomocy ze strony swoich dawnych przyjaciół i mimo kolejnej fali ataków „Wyborczej", dostałem 60 000 głosów i zdobyłem jeden z pierwszych platformowych mandatów. Na czerwcowym posiedzeniu rady krajowej Schetyna przejmuje po mnie sekretarzowanie partią, a Olechowski przestaje być szefem Rady Programowej. Ta rada to było symboliczne zakończenie pewnego okresu w historii PO. Tusk triumfuje. Miał z głowy Piskorskiego. Pozbył się Olechowskiego. Zaledwie w ciągu trzech lat przejął całkowitą kontrolę nad idącą w górę w sondażach partią.

A Rokita?

Rokita jest omamiony. Uważa bowiem – a mówimy o wiośnie, lecie 2004 roku – że w kolejnym roku zostanie premierem PO-PiS-owego rządu. Rokita to w polskiej polityce jeden z najsmutniejszych przykładów osoby, która już skonsumowała stanowisko, którego nigdy nie objęła. Przez ten rok Rokita popełnił wszystkie błędy, jakie tylko mógł.

Jakie konkretnie?

Zaczął odpowiadać, że jego gabinet będzie autorski. Mówił, że ten się na ministra w jego przyszłym rządzie nadaje, a tamten nie. Co innego, gdy rzeczywiście decydujesz, a tutaj to był najbardziej klasyczny przykład dzielenia skóry na niedźwiedziu, który nie dość, że hasał, to jeszcze hasał w odległym i jak się potem okazało, całkowicie zamkniętym przed Rokitą lesie. A Donald ze swoim niewymuszonym urokiem napędzał Janka do takich deklaracji. Ten zaś rozdawał pracę w przyszłym rządzie, kompletował gabinet i krok po kroku zrażał do siebie kolejnych ludzi wewnątrz PO. A przy okazji wystawiał się na strzał, bo kolejnymi zapowiedziami dawał do zrozumienia, że będzie się próbował uniezależnić od Donalda, budując autorski gabinet. Donald to oczywiście widział i zaczął zręczną, zakulisową grę przeciw niemu. Już było jasne, jakie będą zasadnicze pola starcia w tym rządzie.

Jakie?

Pierwszoplanowe pole starcia będzie między Rokitą i Gilowską, która była niekwestionowanym kandydatem na ministra finansów. Było oczywiste, że do tego starcia dojdzie, i wiele razy, już na tamtym etapie, byłem uczestnikiem rozmowy na ten temat między Donaldem a Rokitą. Uczestniczył w tym jeszcze Grzesiek Schetyna. I w wąskim gronie Rokita mówił wyraźnie: „Największy problem, jaki będę miał, to wcale nie jest gospodarka, tylko Zyta, bo ona w każdej chwili może coś dziwacznego zrobić”. Moim zdaniem to było psychologiczne szykowanie czegoś, co eksplodowało rok później, w maju 2005 roku. Czyli przygotowywanie wyrzucania Zyty z PO, do czego jeszcze dojdziemy. Ale już wiosną, latem 2004 roku dla Rokity głównym problemem w przyszłym rządzie była Gilowska. Przy czym do połowy 2004 roku głównym celem Donalda, po odsunięciu mnie i Olechowskiego na boczny tor, był niezwykle popularny Rokita. Oczywiście Donald grał, uwodził, kokietował Rokitę, ale gdy KLD-owskie towarzystwo zamykało się w swoim gronie, jasne było, gdzie jest kłopot i że ten kłopot nazywa się Rokita. Do czerwca 2004 roku, gdy byłem jeszcze sekretarzem generalnym, miałem okazję z bliska obserwować to demonstrowane w zamkniętych gremiach niezadowolenie Donalda i jego przybocznych z rosnącej roli Rokity. Nie zapomnę, jak Grzesiek Schetyna za zamkniętymi drzwiami mówił do Donalda: „Jak Rokita zostanie premierem, to ty się dopiero nie pozbierasz!". Oczywiście Donald na tamtym etapie nie mógł oficjalnie i publicznie Rokicie niczego zrobić, bo ten był u szczytu sławy i politycznego powodzenia.

Jak wyglądają twoje relacje z Tuskiem, gdy już nie jesteś sekretarzem generalnym i większość czasu spędzasz w Brukseli?

Są rzadkie, ale poprawne. Aż do początku 2005 roku, gdy dochodzi do wydarzenia, które na kilka miesięcy zamraża moje stosunki z Donaldem. Zamroziło w taki sposób, że przestaliśmy rozmawiać ze sobą aż do kampanii w 2005 roku. Do wszystkich draństw, które zrobił w ostatnim czasie, dodał już coś, co przeważyło szalę.

Chodzi ci o wprowadzenie zarządu komisarycznego w warszawskiej PO?

I to pod pretekstem tego, że chyba dwóch radnych Platformy poparło budżet Kaczyńskiego. Paradoks i absurd tej sytuacji polegał na tym, że oficjalna ideologia PO była taka – kochamy się z PiS. A warszawska PO jest „be", bo nie potrafi się z Kaczyńskimi porozumieć. Tusk uznał, że to użyteczny pretekst, bo można go przedstawić jako ważny i głęboki powód pójścia na wojnę i rozwiązania struktur warszawskich. I – nie bawiąc się w żadne subtelności, całkowicie „na chama" – zrobił to! A komisarzem w warszawskiej PO zrobił Hannę Gronkiewicz-Waltz. To był moment istotny, bo wtedy Donald uznał, że trzeba do PO przygarnąć osoby, które nigdy się z Platformą nie kojarzyły i nigdy dobrze o nas nie mówiły, ba – nawet te, które – jak Julia Pitera – działały na naszą szkodę.

Kto przyprowadził Gronkiewicz-Waltz?

To był pomysł Rokity, przynoszony już wcześniej przy okazji budowania przez niego wirtualnego rządu w 2004 roku. Bielecki miał o Gronkiewicz – łagodnie mówiąc – umiarkowane zdanie, w związku z czym przez Donalda nie była witana z otwartymi ramionami. Ten swoisty „stan wojenny" wprowadzony przez Tuska w warszawskiej Platformie wiązał się z niesłychanym draństwem wobec naszego środowiska – ludzi wyrzucano, wykreślano ich z list do parlamentu w 2005 roku. Tusk robił to rękami Gronkiewicz. Moim zdaniem stosował wobec Gronkiewicz tę metodę, którą wypróbowywał innych ludzi. Wymagał bezwzględnego podporządkowania i zrobienia czegoś – na jego rozkaz – co wykraczało poza granice przyzwoitości. W ten sposób nad taką osobą uzyskiwał przewagę. Gdy ktoś, wypełniając jego wolę, potrafił posunąć się do podłości – uważał, że ta osoba dała wystarczający dowód lojalności. I jest już tak z nim związana, że nie odstąpi od niego. Wtedy taki test lojalności przeprowadził na Hannie Gronkiewicz-Waltz. Rok później tę samą metodę sprawdzającą zastosował w stosunku do innych osób – zwłaszcza wobec Ewy Kopacz i Małgorzaty Kidawy-

-Błońskiej. Oczywiście osoby tak złamane wytwarzały sobie całe zestawy argumentów – i na swój pożytek, i dla świata zewnętrznego – dlaczego musiały tak zrobić i dlaczego wcale nie było to draństwo. Mechanizm wyparcia jest powszechnie znany.

Mówiłeś, że wtedy przyszło do PO kilka osób oprócz Gronkiewicz. Kto jeszcze?

Julia Pitera, Stefan Niesiołowski. Niesiołowski ewidentnie przez Kaczyńskich odepchnięty. Jarosław Kaczyński nie chciał mieć z nim nic wspólnego. Ciekawe, jak by dzisiaj Niesiołowski się wypowiadał, gdyby wtedy Kaczyński zdecydował się go przyjąć.

Niesiołowski chciał do PiS-u?

Tak, on sondował Kaczyńskich, czy znajdzie się dla niego miejsce. PiS był znacznie bardziej dla niego naturalnym miejscem. Stefan na tamtym etapie panicznie poszukiwał swojego miejsca. Teraz już zupełnie zdziwaczał, ale wtedy próbował się dostosować do sytuacji i stać się akceptowalnym. Jest anegdota z udziałem Niesiołowskiego. To było prawie rok później...

Opowiedz teraz.

To był początek 2006 roku. Po tym, co Tusk zrobił w Warszawie, wydaje się, że Piskorski jest na aucie i w niełasce, i że Donald z Piskorskim nie chce mieć nic wspólnego. Niesiołowski już był w PO. Oczywiście znaliśmy się od wielu, wielu lat. Ale na różnych spotkaniach partyjnych, w których brałem wtedy udział, on się wtedy ode mnie, spektakularnie i na pokaz, dystansował. Nawet Donald się z tego zachowania Niesiołowskiego nabijał. Bodajże w marcu 2006 roku mieliśmy w Rzymie Kongres Europejskiej Partii Ludowej, na której było całe kierownictwo Platformy Obywatelskiej. Byli też europosłowie – tyle że przyjeżdżaliśmy osobno. Ja przylatywałem z Brukseli, oni – z Polski. W hotelu, gdzie byliśmy wszyscy zakwaterowani, była duża sala, w której odbywał się wspólny obiad. Ja wraz z innymi z Brukseli przyjechałem spóźniony. Donald zobaczył, że wchodzę na salę i się rozglądam, gdzie by usiąść. I natychmiast podskoczył, przywitał się, zaczął poklepywać po plecach, śmiać się i gadać ze mną, wreszcie zaprosił mnie do głównego stołu, przy którym siedziało kierownictwo – Janek Rokita, Grzesiek Schetyna, Mirek Drzewiecki. Donald siedzi ze mną, gada, śmieje się.

Po co to zrobił?

On jest człowiekiem bezwzględnym, ale też inteligentnym. Lubi bawić się konwencją, wprowadzać ludzi w konfuzję. Widzi, że cała sala na to patrzy i nie wie, co o tym myśleć. Zastępy ludzi kłaniają mu się w pas, schlebiają, a on sobie gaworzy przyjacielsko z Piskorskim, z którym podobno „ma kosę". Wszyscy zachodzą w głowę, o co tu chodzi. I zaraz po tym obiedzie podbiega do mnie Niesiołowski i wali tekst: „Jak to wspaniale, że nareszcie jesteśmy w jednej partii! Zawsze tego chciałem!".

Dworski model.

Tak. To się w Platformie w latach 2004–2005 już utrwalało. Jest nasz ukochany przywódca, któremu składa się życzenia, patrzy na jego gesty, lustruje się, kogo lubi, a z kim nie rozmawia. Adoruje się tych, co są „w łaskach", pluje na odepchniętych. Smutne, że Donald się tym bawił, zamiast to przeciąć. Lubował się wprost w badaniu zachowań i charakterów w takich to właśnie dworskich realiach.

Powiedziałeś przed chwilą, że Bielecki nie cenił Gronkiewicz-Waltz. Możesz to rozwinąć?

Uważał ją za osobę niekompetentną. Głośno było o tym, że jak pracowała w EBOR, to dostała najmniej odpowiedzialną działkę, bo był to nadzór nad sprawami administracji, czyli biurka i spinacze. A i z tym kompletnie sobie nie radziła, tak że pierwszy raz w EBOR trzeba było powołać dyrektora, który wszedł we wszystkie jej kompetencje. A to dlatego, że nawet najprostsze rzeczy potrafiła zepsuć. Bielecki był zdania, że jest to osoba nadwartościowana i merytorycznie słaba. Był wobec niej niezwykle krytyczny, a jednocześnie najlepiej z nas wszystkich ją znał.

Rozdział XV

Podwójna porażka wyborcza

Jesteśmy w 2005 roku. Opowiedz o tym, jak Tusk zdecydował, by startować w wyborach prezydenckich.

Donald zawsze uważał, że jest niemożliwe, żeby w Polsce został wybrany na prezydenta ktoś, kto ma na imię Donald i na nazwisko Tusk. I to było przez nas wielokrotnie obgadywane. Potem Donald mówił, że ja byłem pierwszą osobą, która twierdziła, że to jest możliwe.

Tak było?

Namawiałem go do tego, żeby rozważył ten wariant. Pamiętaj, że otwierało się puste pole po 10-letniej prezydenturze Kwaśniewskiego. Był rozważany również inny wariant. Taki, żeby w ramach szerokiej koalicji poprzeć Lecha Kaczyńskiego na prezydenta i zrobić wariant „wasz prezydent, nasz premier". Szykujemy się do władzy z PiS, więc można i tak się ułożyć, że Kaczyński będzie naszym kandydatem na prezydenta kraju, a Rokita będzie naszym premierem.

Kto taki wariant proponował?

Wychodziło to od środowiska Rokity. Przy czym Rokita sam z tym nie wychodził, bo jest zbyt inteligentny, żeby coś takiego uczynić. Oczywiście ten wariant bardzo szybko został ucięty. Niemożliwe, żeby Platforma nie miała swego kandydata. To jest już czas, w którym

Tusk od dawna prowadzi wewnętrzną grę przeciw Rokicie. Oczywiście starał się go upewniać, jakie to wspaniałe relacje są między nimi. Mamił go słowami: „Ty, Janku, wiedz, że jesteś pewnym premierem. Nie wierz w to, jeśli ktoś ci mówi, że ja tego nie chcę. Razem przebudujemy Polskę". Rokita tym się zachłystywał. Był Tuskiem zachwycony i wszystkie te Donaldowe bajki chłonął jak dziecko. A Donald już wtedy wiedział, że ostatnią rzeczą, której by chciał, jest premierostwo Rokity.

Mówisz o wiośnie 2005?

Tak. W weekend majowy 2005 roku wybucha sprawa Zyty Gilowskiej. To sprawa wręcz klasyczna dla Donalda, dla jego sposobu postępowania z ludźmi. Fakty są takie, że syn Zyty poznaje pracującą w jej biurze dziewczynę. I po ponad roku znajomości biorą ślub. W związku z czym trudno mówić o jakimkolwiek nepotyzmie. Myśmy o tej sprawie wiedzieli dużo wcześniej.

Tusk też?

Oczywiście. Pamiętam, że wiosną 2004 roku, gdy byłem jeszcze sekretarzem generalnym, poszedłem do Donalda z całym pakietem różnych spraw do omówienia. Jednym z drobiazgów był fakt, że w biurze Zyty zatrudniona była jej synowa, ale ona już tam pracowała, zanim została jej synową. I mówię Tuskowi o tym. Pytam, czy uważa to za problem i czy należy o tej sprawie z Zytą delikatnie pomówić. Donald odpowiedział, używając przy tym typowego u niego przy takich rozmowach wytwornego języka: „Co ty, czyś ty ochu...ł? Nie ma żadnego problemu, dziewczyna pracowała, zanim została synową, więc czym ty mi głowę zawracasz". Minął rok i napisała o tym „Gazeta Wyborcza". Między Tuskiem a Zytą jest nadal „buzi, buzi", czego dowodem są słynne, publicznie wypowiedziane słowa: „Donaldzie, mój bracie!". A po kilku tygodniach już jej nie było w Platformie. A ja wcześniej spotkałem się z Zytą na lunchu. Byłem mocno rozżalony, bo to było po tym, jak Tusk ustanowił zarząd komisaryczny w Warszawie.

I co? Ostrzegałeś Gilowską przed Tuskiem?

Ostrzegałem Zytę, żeby nie wierzyła Tuskowi, bo gość potrafi kłamać do ostatniego momentu. Zyta mnie zapewniała: „Paweł, to nie jest tak, jak mówisz. Absolutnie Donald robi to dla twojego dobra. On mi powiedział, że musimy ciebie chronić. Musimy przejść ten trudny okres, ale zawsze dla ciebie będzie miejsce. Rozmawiałam o tym z Donaldem, więc się wcale nie obawiaj. Nie przyjmuję tego, co mówisz. To jest niemożliwe, żeby Donald zachował się nie w porządku".

Kiedy to było?

Na jakieś trzy tygodnie przed jej wyrzuceniem. Knajpka na Książęcej. Już nie istnieje. Długo mnie Zyta przekonywała, jakim to prawym człowiekiem jest Donald. I potem był ten tekst w „Wyborczej". Tusk i Rokita już od dawna chcieli pozbyć się Gilowskiej. I uznali, że to będzie świetny pretekst. Ale w kategoriach czysto ludzkich to zachowanie Tuska było skandaliczne i niegodne. Kłamał w żywe oczy, gdy mówił: „Pierwsze słyszę, nic o tej sprawie nie wiedziałem". I jeszcze ten ton autorytetu moralnego, gdy wypowiadał słowa: „Instynkt macierzyński u Zyty Gilowskiej wygrał z instynktem politycznym i Zyta Gilowska musi stanąć przed sądem koleżeńskim". To był stale ten sam motyw. On niezwykle ociepla relacje, zbliża się, usypia czujność i nagle relacje robią się lodowate. Nie odbiera telefonów, nie możesz zadzwonić i powiedzieć: „Donald, na Boga! Co ty opowiadasz?! Jaki nepotyzm, jakie nieetyczne zachowanie?!". Wydaje mi się, że celem nie było wyrzucenie jej, ale upokorzenie na tyle, żeby przestała być kandydatem na ministra finansów. Ale być może Donald zakładał, bo znał jej charakter, że takie potraktowanie spowoduje, że wybuchnie. I wybuchła. Powiedziała, że przed żadnym sądem partyjnym nie będzie stawać, nie ma sobie nic do zarzucenia i wychodzi z Platformy.

Rokita maczał w tym palce?

Rokita był absolutnie jednym z motorów. Nie wiem, jak wyglądały rozmowy między nimi dwoma, ale na pewno Rokita był zainteresowany osłabieniem Zyty. Janek komentował tę sprawę bardzo ostro. Nic – bo tam naprawdę niczego nie było – urosło do niebywałego nepotyzmu i afery na całą Polskę. I w ten sposób pozbyto się „siostry" Zyty. A na placu boju zostali Tusk i Rokita.

Jest jeszcze ten trzeci – Schetyna.

No tak, ale on jest stronnikiem Donalda. Ten moment to apogeum ich współpracy. Zaczęli kombinować, jak to zrobić, żeby nie przegrać wyborów, a jednocześnie nie dopuścić do tego, by Rokita został premierem.

Tusk musiał wystartować na prezydenta, żeby nie oddawać całej kampanii Rokicie.

Tak, bo jeśli pierwszą twarzą podwójnej kampanii wyborczej będzie Rokita, to zyska przewagę i będzie groźnym rywalem do przywództwa. Oczywisty wniosek jest taki, że Donald musi startować na prezydenta. Początek był fatalny, bo Donald był chyba na siódmej pozycji w notowaniach prezydenckich. Grzesiek Schetyna, wiedząc o tym, że z wynikiem Donalda może być kłopot, postanowił kierować kampanią z tylnego siedzenia – po to, by w razie niepowodzenia tłumaczył się kto inny. Paweł Graś został szefem kampanii parlamentarnej, a Jacek Protasiewicz – szefem kampanii prezydenckiej Donalda. Oczywiście na wszystkim trzymał rękę Grzesiek – ale tak, by w sytuacji, gdyby coś poszło nie tak, a tak się przecież stało, można było innych, a nie siebie, „wypchnąć do odpowiedzialności".

Jakie były założenia tej podwójnej kampanii 2005?

Platformerska kampania parlamentarna była dosyć oczywista. To była kampania anty-SLD-owska, a nie anty-PiS-owska. Było tak, ponieważ Rokita zakładał tylko jednego partnera koalicyjnego, czyli Kaczyńskich. Tymczasem PiS oporów nie miał. Walił w PO, jak chciał, robił kampanię „Polska solidarna kontra Polska liberalna" i pokazywał pustą lodówkę – jako niby oczywisty efekt wygranej PO. Platforma Tuska zrobiła ten sam błąd, co my w wyborach w Warszawie trzy lata wcześniej. Zamiast walić w PiS i zostawiać sobie wolną rękę, podlizywali się Kaczyńskim jako bezalternatywnym koalicjantom. Podkreślam, że PiS nie miał takich oporów i nie popełniał takich błędów. Tymczasem Rokita konsumował stanowisko, którego jeszcze nie powąchał, robił własną kampanię pod hasłem „premier z Krakowa". Kompletnie odleciał i całkowicie opuściła go czujność. Kampania parlamentarna w wielu aspektach była po prostu prowadzona słabo.

Jaki był stosunek Tuska, który startował na prezydenta, do kampanii parlamentarnej?

Ambiwalentny, nieoczywisty. Z jednej strony Donald uważał, że jak się przegrywa jedną kampanię, to się przegrywa i drugą, bo taka jest fala. Ale dużo osób z jego otoczenia uważało, że Polacy nie lubią przewagi jednej strony, więc jak PO wygra wybory parlamentarne, to staną się dwie najgorsze rzeczy. Po pierwsze, Rokita zostanie premierem, a po drugie, Tuskowi przejdzie koło nosa prezydentura. I w finale to Donald będzie wielkim przegranym, a Rokita w ciągu góra dwóch lat przejmie PO. Na jedną rzecz warto zwrócić uwagę. To nie było tak, że ludzie Rokity prowadzili kampanię parlamentarną i dysponowali funduszami. Tak naprawdę kampania była w rękach ludzi, którzy nie chcieli, by Rokita wyrósł na poważnego rywala i stał się tym samym dużym problemem. Uważali zatem, że znacznie lepsze jest przegranie przez PO wyborów parlamentarnych – byle tylko Donald został prezydentem!

Ale wtedy zostawi partię!

To my tu już sobie – tak oni myśleli – na czele z Grzegorzem i przy wsparciu Donalda poradzimy, żeby ona nie wpadła w ręce Rokity. A co do kampanii prezydenckiej, to Tuskowi dość szybko udało się awansować w sondażach prezydenckich. Trzeba przyznać, że to była niezła kampania. Zrobili kilka rzeczy w wakacje, gdy reszta stawki, w tym Kaczyński, odpoczywali. Duża w tym zasługa Jacka Protasiewicza. Świetnym ruchem okazał się wyjazd na Białoruś do gnębionej przez Łukaszenkę Polonii. Te obrazki stamtąd: kobiety klęczące przed nim, niemal modlące się do niego. Nagle okazało się, że ten nasz Donald w krótkich spodenkach to jest prawie mesjasz. Potem do Warszawy przyjechała Angela Merkel, spotkała się z Tuskiem. Znów punkty. Oto przyszła kanclerz Niemiec zjeżdża do Warszawy na spotkanie z Donaldem. Skoro tak jest, to znaczy, że to musi być ktoś poważny. Taki wizerunek Donalda starano się „sprzedać" wyborcom. Do tego dochodziły billboardy zafundowane przez Palikota. Pretekstem było wydanie w jego wydawnictwie książki Donalda. Cała Polska była oblepiona Donaldem. Krótko mówiąc – to wszystko dobrze szło do przodu. Do tego stopnia dobrze, że pod koniec dobrze przepracowanych wakacji Donald był liderem tych notowań.

Miałeś okazję z nim wtedy rozmawiać?

Tak. Miałem przekonanie i on je miał również, że teraz, to jest po wakacjach, Lech Kaczyński zacznie go doganiać. Pytanie tylko brzmiało, czy zdąży go dogonić przed głosowaniem. Ta druga część kampanii była dla Donalda trudniejsza. Trudno było, obok Rokity idącego do koalicji z PiS, nagle zacząć bić w Kaczyńskiego. Donald zakładał, że jednak jego przewaga będzie się utrzymywała. I że Lech Kaczyński nie zdąży go dogonić. W tle tej całej gry krył się paradoks, który polegał na tym, że otoczenie Donalda było za własną porażką w poprzedzających prezydenckie wyborach parlamentarnych.

Rokita zdawał sobie z tego sprawę?

Trudno mi powiedzieć, bo mieliśmy „ciche dni" po jego atakach na warszawską PO. Wydaje mi się, że odrzucał to od siebie i na tamtym etapie miał jeszcze do Tuska zaufanie.

A co to znaczy, że otoczenie Tuska nie było zainteresowane wygraniem wyborów parlamentarnych? Masz jakieś przykłady?

Priorytetem była kampania Donalda. Jeśli coś ważnego się działo, to było to związane z Donaldem i jego kampanią, a nie z wyborami sejmowymi. Pamiętaj, że kampaniami dyrygował z tylnego siedzenia Schetyna. A robili je Graś i Protasiewicz, którzy byli wtedy bardziej ludźmi Grześka niż Donalda. Chociaż to szczegół, bo przecież sam Grzegorz był wtedy przedłużeniem ręki Tuska.

Ważnym elementem tamtej kampanii było wyeliminowanie Cimoszewicza. Co możesz powiedzieć o kulisach tej sprawy.

Racja, to była sprawa fundamentalna. Ja o śp. Kostku Miodowiczu mam dobre mniemanie. Nie uważam go za kombinatora ani oszusta. Natomiast uważam, że on był elementem niegodnego spisku przeciwko Cimoszewiczowi. Ten proces został uruchomiony po to, żeby wyeliminować najgroźniejszego rywala. Donald wiedział, że wyborcy lewicy w najgorszym razie nie pójdą głosować, ale z większym prawdopodobieństwem pójdą głosować na niego. Z punktu widzenia kampanii Donalda to była sprawa fundamentalna. Oczywiście publicznie do tego się nie przyznawali.

Znasz kuchnię tej sprawy?

Nie znam. Nie wiem, czy stronnicy Donalda uruchamiali jakichś dziennikarzy, żeby oni tę sprawę podgrzewali, czy generalnie ta sprawa sama się wylała i była już nie do zatrzymania. W każdym razie otoczenie Donalda i on sam fundamentalnie byli zainteresowani, żeby sprawa Cimoszewicza się potoczyła w takim kierunku, w jakim się potoczyła. Kostek nigdy nie chciał o tym rozmawiać, więc ja nie znam jego wersji. Mam wrażenie, że się trochę wstydził tego, co się stało.

Rozumiem, że wiadomość o lekko przegranych wyborach parlamentarnych nie przynosi Tuskowi smutku?

Przynosi bardziej satysfakcję otoczeniu Tuska niż jemu samemu. Donald prowadzi w rankingu prezydenckim, ale spada. A Kaczyński jest drugi, ale rośnie. Donald już był przestraszony, wiedział, że może to przegrać. A PiS już wyraźnie ciągnął kampanie anty-Platformerską i anty-Tuskową. I to na ostro. Natomiast otoczenie Donalda jest bardzo zadowolone, że nie będzie „premiera z Krakowa". Między wyborami parlamentarnymi a drugą turą prezydenckich Rokity w ogóle nie ma. Podobno chłopcy go prosili, aby wystąpił w jakimś spocie, bo to był decydujący moment. Rokita odmawia, wycofuje się. Wie, że jego czas się skończył.

Poczekaj, jeszcze przecież będą rozmowy koalicyjne, które będą prowadzili Rokita i Dorn.

Między wyborami parlamentarnymi a drugą turą prezydenckich nie odbywa się nawet pół rozmowy koalicyjnej. Nim ruszają otwarte negocjacje w Sejmie na temat przyszłej koalicji, ma jeszcze miejsce wyprzedzająca rozmowa u arcybiskupa Gocłowskiego – w założeniu miała zbliżyć obie strony. Z tej rozmowy u Gocłowskiego miałem kilka relacji, bo jeden z wątków dotyczył mnie.

Jaki?

Kaczyński podobno się zastanawiał, czy zawrzeć koalicję, bo – tak twierdził – nie widział w PO szczerej chęci uzdrowienia Polski. Czego przykładem miało być jego zdaniem to, że – jak przypuszczał – Platforma będzie osłaniać Piskorskiego, gdy wyjdzie na jaw, że był zamieszany w śmierć Tyszkiewicza. On został zamordowany przez jakiegoś Białorusina, który gdzieś tam u niego pomieszkiwał. Tragiczny koniec tragicznego człowieka. Natomiast Kaczyński dorobił sobie do tego piętrową ideologię, że w śmierć Tyszkiewicza mogę być zamieszany ja! Donald mi to opowiadał jako przykład absolutnego wariactwa i dowodu na to, że goście odlecieli. Bo to już naprawdę były Himalaje odlotu. Donald przejrzał na oczy i uznał, że jeśli zawiąże koalicję z PiS, to będzie dokładnie jak w Warszawie. Formalnie koalicja, a praktycznie wykańczanie każdego dnia. Wezmą fotel premiera, resorty siłowe, służby specjalne i prokuraturę. Nam oddadzą gospodarkę, sprawy społeczne i zaczną rozjeżdżać. Za parę miesięcy aresztują pierwszego naszego ministra, a w sprawie immunitetu dwóch innych wyślą wnioski do Sejmu. Po kolejnych kilku okaże się, że po sprawdzeniu jednak za Tuskiem ciągną się takie sprawy, że nie można z nim współpracować. Z resztą PO tak, ale z Tuskiem nie. I doprowadzą do tego, że za rok – za sprawą wymierzonych w nas działań własnego koalicjanta – będziemy wychodzić z rządu jako „aferałowie". Nareszcie liczne przykłady niszczenia nas przez PiS w Warszawie nie były traktowane jako wygodny pretekst, by się nas pozbyć, lecz jako przestroga, że z nimi może być tak samo.

Rozumiem, że tuż po przegranych wyborach zapada decyzja na szczytach PO: żadnej koalicji nie będzie.

Tak. Przed wyborami Donald rozważał różne scenariusze. Natomiast po wyborach u Donalda narasta myśl, że jeśli wejdziemy w koalicję, to Kaczyńscy nas zjedzą. Gdy nagle pojawiała się informacja o rozpoczynających się rozmowach koalicyjnych, która zastaje mnie w Brukseli, wymieniłem SMS-y ze Schetyną. Grzesiek natychmiast odpisał, że nie ma mowy o żadnej koalicji z Kaczyńskim i rozmowy są pozorowane. Gdyby Donald tę koalicję zawarł, toby go Jarosław wykończył – trochę tak jak Leppera czy LPR.

Jak Tusk przeżył porażkę prezydencką w 2005 roku, pamiętasz?

Oczywiście, że pamiętam. Krótko mówiąc – przeżył ją bardzo. Oni jeszcze w sobotę przed drugą turą wierzyli, że to wygrywają. Mieli optymistyczne przekazy. Mówili, że mają badania, które z powodu ciszy wyborczej nie mogą być publikowane. Z tych badań wynikało, że Donald prowadzi. Napędzali się tymi wiadomościami. Mnie też przekazywali takie informacje, choć byłem odsunięty, nie byłem w ogniu walki. W zwielokrotnionej formie te wiadomości docierały też do Tuska, co u niego budowało przekonanie, że jest bardzo blisko przywitania się z gąską w ogródku.

I kiedy zaczęło się robić gorąco?

Sytuacja zmieniła się około godz. 13.00 w niedzielę, kiedy były pierwsze exit polle. Ale jeszcze się pocieszano. Że to po kościele ludzie poszli, więc dlatego Kaczyński jeszcze prowadzi. Tak naprawdę z godziny na godzinę było widać, że Donald przegrał. Około 16.00 było to już pewne. Wtedy panował kompletnie minorowy nastrój.

A ty gdzie wtedy byłeś?

Mimo tej wojny i przygnębienia pojechałem na wieczór wyborczy na Politechnikę. Od razu mnie zgarnęli do kanciapy, gdzie było całe kierownictwo i rodzina Tuska. Nastrój jak na stypie.

A sam Tusk?

Rozbity, ale się zmobilizował. Wyszedł do zebranych, podziękował, uznał porażkę, pogratulował Kaczyńskiemu i wrócił do tej kanciapy.

Rozmawiałeś z nim wtedy?

Tak. Pocieszałem go, że nikt z naszego środowiska nie mógł marzyć, że tak daleko zajdzie – że prawie wygra wybory na prezydenta kraju! On mi dziękował, że dzielnie przetrzymałem ten trudny okres, mówił, że wie, jak mi było ciężko, że pewne rzeczy rozgrywano wobec mnie nie fair. Od tego momentu zaczął się kilkumiesięczny okres ocieplania relacji z Donaldem, o czym jeszcze szerzej opowiem.

Jak Tusk przeżył „dziadka z Wehrmachtu"?

Był ostro wkurzony, że to zostało wyciągnięte w ogniu kampanii. Ale tylko dlatego. Osobiście to nie był dla niego problem. U niego w rodzinie, o czym wielokrotnie mi mówił, były takie czasy, że po polsku niektórzy mówili słabo. Powtarzał: „Takie są losy Kaszubów". I tu się z nim zgadzam. Takie były polskie losy.

Chodzi mi o coś innego. O to, czy on wcześniej wiedział, że dziadek służył w Wehrmachcie?

Nie wiem. Ale on się takich spraw nie wstydził, żeby musiał emocjonalnie od tego uciekać. Takie były polskie losy w trakcie wojny. I w tym kontekście to było bez porównania mniej kompromitujące niż na przykład „dziadek z UB".

Opowiedz o konsekwencjach politycznych tej podwójnej – parlamentarnej i prezydenckiej – porażki w 2005 roku.

Pierwsza porażka, czyli ta parlamentarna, Donalda nie bolała. Bo według Donalda największym zagrożeniem nie był wcale PiS, lecz wewnętrzny konkurent, czyli Rokita. A to przecież on w przypadku wygranej miałby być „premierem z Krakowa". Ta obawa w głowie Tuska przemijała. Decyzję o tym, że nie będzie koalicji z PiS, podjęto w kilka godzin po wyborach. Potem były tylko różne kroki mistyfikujące tę koalicję.

Rokita zdawał sobie z tego sprawę?

Nie. Oczywiście była to gra nie tylko z PiS, opinią publiczną, ale też z Rokitą. Ta ciągnąca się tygodniami gra miała spowodować, że Rokita się nie odetnie. Na przykład nie powie, że są dwie Platformy, z których jedna, ta jego – chce koalicji z PiS, jak deklarowaliśmy, a druga, ta Tuska – to sabotuje. Toczyła się więc gra neutralizująca Rokitę. Donald bardzo sprawnie ją przeprowadzał.

I Rokita się nie połapał?!

Nie – i to mimo wielu sygnałów, że Donald i otoczenie robią wszystko, by Rokita nie został szefem rządu. Nie wierzył, że PO-PiS to iluzja. Nie wyłapał, że Donald przeprowadza tę akcję głównie przeciw niemu. Był Tuskiem zafascynowany i uważał, że to są jedynie przejściowe trudności. Donald całym swym kunsztem, który posiada, przekonał Janka, że tak trzeba. Że to jest okres przejściowy. Że gdyby teraz Janek wszedł do rządu, to mógłby zostać jedynie wicepremierem, który w polskim ładzie konstytucyjnym ma guzik do gadania. I Donald misternie owinął go wokół palca, a Rokita po raz kolejny dał się owinąć. Tuskowi sprzyjała jeszcze jedna rzecz. Obawiał się, że część ludzi w PO będzie chciała iść do rządu z PiS. Ale tak nie było. I Rokita został na spalonym. Była w tym wszystkim jeszcze jedna kalkulacja polityczna Tuska, która – jak pokazał czas – okazała się słuszna. Uznawał, że trzeba pozwolić, by Kaczyńscy porządzili z LPR i Samoobroną, bo to prędzej czy później ich wykończy. I z takimi myślami te rozmowy o koalicji z PiS były mistyfikowane.

Tusk straszył Kaczyńskimi?

Donald i jego otoczenie roztaczali taką oto wizję: Kaczyńscy wejdą z nami w koalicję, zakorzenią się w miejscach związanych ze służbami, w prokuraturze i zaczną nas w tej koalicji zjadać. I by jeszcze bardziej uwiarygodnić swój przekaz, dodawał: „Paweł to wie najlepiej, bo zawarł z nimi koalicję w Warszawie, a potem po trzech miesiącach się okazało, że jest trzysta doniesień do prokuratury". Prawdą jest, że Kaczyńscy, mając prezydenta, premiera i kluczowe resorty, mogliby w ten sposób zniszczyć PO. Scenariusz, jaki mówiłem. Wystarczy, że są wszczęte ze trzy śledztwa w sprawie ministrów z PO, premier z PiS ich dymisjonuje, a prezydent to akceptuje. Do Sejmu idą wnioski o uchylenie immunitetów i opozycja ochoczo przyłącza się do ich przegłosowania. Platforma byłaby ugotowana. Może także podzielona, bo PiS mógł przecież powiedzieć, jak ludzie z PC w noc wyborczą 1993, „uczciwych weźmiemy", a część partii mogłaby nie chcieć rozstawać się z władzą i jako koalicjant zostać z PiS-em. Oczywiście Donald publicznie tego nie mówił, ale na wewnętrznych, zamkniętych spotkaniach takie scenariusze były przedstawiane.

Tusk nie miał wewnątrzpartyjnego kłopotu? Był liderem, pod którego przywództwem PO poniosła dwie dotkliwe porażki wyborcze.

Zdawał sobie sprawę z tego, że jego położenie nie jest najłatwiejsze. No ale właśnie na wypadek takiej sytuacji wszystkich nas odsuwał lub wyrzucał. Gdyby były osoby mogące go zastąpić, to co innego, a w sytuacji końca 2005 jedynym groźnym był już tylko Rokita, który zdążył narazić się wszystkim wewnątrz jako apodyktyczny „premier in spe". Tusk zaczął przeprowadzać kolejny etap monopolizacji partii – tak by układanka nie zaczęła mu się sypać od wewnątrz. Zjazd PO był przewidziany na maj i było jasne, że coś się na tym zjeździe musi wydarzyć. Był pogląd – najbardziej spektakularnie wygłaszany przez Bronka Komorowskiego i przeze mnie – że powinniśmy wrócić do modelu zbiorowego kierownictwa partii. Oczywiście pod kierownictwem Tuska, ale z realnym, prawdziwym zarządem. Aby nie było tak, że lider w pojedynkę i według własnego widzimisię może przewrócić region do góry nogami i dowolnych ludzi nie uwzględnić na listach wyborczych. A tak przecież było w Warszawie. To oczywiście było też istotne w kontekście wyborów samorządowych, które były zaplanowane na 2006 rok. Zwolennikami takiej demokratyzacji – oprócz Bronka i mnie – była również część szefów regionów PO.

I Komorowski formułował takie odważne myśli przeciw Tuskowi? To ciekawe...

Komorowski formułował takie myśli na posiedzeniach zamkniętych. I z Bronkiem w tym czasie wiele razy o tym rozmawialiśmy, bo mieliśmy wspólne doświadczenia warszawskie. Chcę podkreślić raz jeszcze, że Komorowski zachował się wtedy przyzwoicie. Nie heroicznie, ale przyzwoicie. I on, i ja zdawaliśmy sobie sprawę, że Donald z ówczesnymi przybocznymi, czyli głównie z Grześkiem Schetyną, który wszystko mu załatwiał i wykonywał dla niego polityczne wyroki, za chwilę opanuje całość. Z kolei Rokita nadal zachowywał się tak, jakby napił się eliksiru miłości do Tuska i nadal był Donaldem oczarowany.

I jaki plan gry ustaliliście z Komorowskim?

W trakcie spotkania w jego biurze poselskim Bronek poprosił mnie, żeby zrobić rozpoznanie w regionach. Chciał wiedzieć, jak przyjęta zostałaby informacja o tym, że kandyduje na szefa partii jako konkurent Donalda. Obaj ocenialiśmy, że szanse na zwycięstwo są mizerne. Ale chodziło o to, by w trakcie wewnątrzpartyjnej kampanii Bronek przedstawił demokratyczny model funkcjonowania ugrupowania. I żeby Donald został zmuszony do uwzględnienia go. Zwrócę uwagę, że mówimy o początkach 2006 roku. Komorowski nie jest jak dziś głową państwa, lecz jednym z posłów, słabym szefem regionu i facetem w głębokiej defensywie. Moje środowisko miało zaufanie co do jego przyzwoitości, ale nie mieliśmy złudzeń co do jego politycznej siły. Nie łudziliśmy się, że on nas przed Tuskiem obroni. Na to był po prostu politycznie za słaby. Z punktu widzenia Bronka on sojusz z nami mógł wykorzystać do napompowania swojej pozycji – tak żeby Donald nie mógł go pominąć przy wyborze zarządu PO.

A to nie było tak, że to ty byłeś spiritus movens tej akcji Komorowskiego?

Ja byłem jedynym, który mógł to przeprowadzić. Namawiałem go oczywiście, bo model funkcjonowania partii – mimo ocieplenia moich osobistych stosunków z Donaldem po wyborach 2005 roku – był nie do zaakceptowania. Jeszcze wtedy nie sądziłem, że będzie nas wyrzucał z partii, ale zakładałem, że będzie nas od siebie odpychał i marginalizował. Rozpoczęły się prace badawcze w regionach, które generalnie przyniosły całkiem obiecujące prognozy. Liczyliśmy, ilu delegatów i z jakich regionów może przyjechać i nas poprzeć. Nasze szacunki wskazywały, że Komorowski może zebrać około 40 procent głosów. Tak wielu osobom taka koncepcja demokratyzacji odpowiadała. Nawet część szefów regionów, którzy popierali Donalda, widzieli w tym szansę dla siebie, bo nowy model zapewniał im większą rolę i samodzielność. Oczywiście Donald całkowicie tę koncepcję odrzucał.

Skoro było tak dobrze, to dlaczego skończyło się tak źle?

Otóż głównym problemem tej koncepcji był sam Bronek, który przyciśnięty przez Donalda ustępował. To Donald przecież ukuł to słynne powiedzenie „polityk typu buuu". Czyli wystarczy zrobić „buuu" i on się wystraszy. Ten opis Bronka za pomocą „buuu" to był wynalazek Donalda. I rzeczywiście tak się stało. Widzę się z Donaldem któregoś dnia i on, z tym swoim charakterystycznym triumfalnym uśmiechem, mówi: „A, właśnie Bronek był u mnie, przyszedł mi powiedzieć, że ty go strasznie namawiasz do kandydowania na przewodniczącego. Ale on chce, żebym ja wiedział, że to absolutnie nieprawda. Powiedział, że nie będzie kandydował i w wyborach na szefa partii będzie popierał mnie. Chciał, żebym miał pewność co do jego lojalności. I co ty na to?".

W jaki sposób spacyfikował Komorowskiego?

Po prostu zrobił mu „buuu". Zaczął rozsyłać sygnały, że jeśli Komorowski wystartuje, to jest skasowany, bo będzie to uznane za nielojalność. Więc sądzę, że to Bronek sam z siebie przyszedł do Donalda złożyć mu hołd. Chyba że Donald go wezwał i zapytał: „Co tam kombinujesz, chłopie?".

Zaczekaj. Jednej rzeczy nie rozumiem w tej opowieści. Chodzi mi o bierność Rokity. Przecież on był przez lata politycznym bratem Komorowskiego. Dlaczego stał przy Tusku, gdy obmyślaliście ten plan z dzisiejszym prezydentem?

Rokita był przytłoczony porażką parlamentarną z 2005 roku. Z miesiąca na miesiąc było z nim coraz gorzej, ale tak naprawdę uzmysławiał sobie, w jakiej sytuacji się znalazł, dopiero po upływie kolejnych miesięcy.

Donald bał się tego początkowego momentu. Bał się tego, że Rokita walnie pięścią w stół i powie: „OK, ja premierem nie będę, ale dla dobra ojczyzny buduję z Kaczyńskimi IV RP!". Donald wielokrotnie powtarzał, że Rokita jest „walnięty" i nie wiemy, co on wymyśli. Ta największa obawa, w ciągu pierwszych tygodni po podwójnej porażce 2005 roku, została zneutralizowana wdziękiem Donalda, który zbudował obraz: „Janku, bracie. Idziemy razem do przodu – ty i ja".

Ty namawiasz Komorowskiego, Rokita otrzymuje liczne sygnały, że Tusk może nie być lojalny wobec niego, ale mimo tego nie podłącza się do waszej akcji?

Nie podłącza się. Już na zjeździe, dwa tygodnie po usunięciu mnie z PO i podczas akcji kasowania moich współpracowników, Andrzej Machowski poszedł do Rokity i mu powiedział: „Janek, obudź się. Ty będziesz następny". Rokita twierdził, że to niemożliwe, nie przyjmował tego do wiadomości. Mówił, że ma z Donaldem świetne porozumienie i wszystkie kroki są z nim konsultowane. To była maska. Rokita był zagubiony. Nie było już komisji rywinowskiej, która była jego trampoliną. Po wyborach zostały żarty o „premierze z Krakowa". To już nie był ten Rokita, który szedł korytarzem, wzbudzał zachwyt, tęcza wokół niego się rozpościerała i wszyscy ustępowali mu drogi!

No i kurs się zmieniał na ostry atak przeciw PiS-owi.

Stopniowo. Z tym ostrym atakiem to było tak, że były różne etapy. Pierwszy etap to był przede wszystkim atak na Leppera i Giertycha w rządzie. Porzucenie retoryki PO-PiS-owskiej odbywało się bardzo powoli. Na początek dzielnie włączono się w pisowskie wariactwa.

PO popierała powołanie CBA, rozwiązanie WSI itp. To trwało długo. Tu zakłócę chronologię i wybiegnę trochę do przodu. Pamiętam reakcję Platformy, gdy w kwietniu 2007 roku na Uniwersytecie Warszawskim robiliśmy wielką konferencję, która miała być zaczątkiem nowego ruchu politycznego. W tej konferencji brali udział Wałęsa, Kwaśniewski i Olechowski jako czołowa trójka. Ale tam byliśmy też my – Geremek i całe środowisko lewicowe i centrowo-liberalne. To była konferencja w sprawie europejskich standardów demokracji. Zdecydowanie antypisowska konferencja przeciw nadużywaniu władzy, przeciwko aresztom wydobywczym itd. Reakcja Platformy była taka, że to jest histeria – PiS, owszem, robi błędy, ale nie ma takiego zagrożenia. Tak naprawdę dopiero od maja 2007 roku zaczęła się po stronie Platformy ostra jazda przeciwko PiS, przeciw metodom stosowanym przez CBA. Inny przykład. Wcześniej w obszarze europejskim Platformę charakteryzowała ostra retoryka eurosceptyczna, której ton nadawał Rokita przy pomocy Saryusza-Wolskiego. Chciano mnie nawet wyrzucić z PO za to, że w Parlamencie Europejskim głosowałem za konstytucją europejską. Byłem zresztą jedynym europosłem z PO, który głosował za konstytucją europejską. Notabene później Donald tę konstytucję dzielnie wspierał. Ale na tamtym etapie, my, jako Platforma, dystansowaliśmy się od tego. Buzek w tym głosowaniu się wstrzymał, nie miał odwagi zagłosować za konstytucją. Już wtedy Rokita wnioskował o wyrzucenie mnie z partii, tylko Donald uznał, że pretekst ideologiczny – czyli że ja jestem proeuropejski, a oni antyeuropejscy – może długoterminowo działać na moją korzyść. Wtedy się więc powstrzymali, ale już od tego momentu przygotowywali się do wyrzucenia mnie z PO. Wracając do chronologii. W pierwszej połowie 2006 narasta niechęć do PiS, ale nie przyjęła jeszcze takiej formy i skali, którą poznaliśmy później. Rokita cały czas był po stronie Tuska.

Mówiłeś, że po przegranych wyborach 2005 znów zakwitła dobra relacja między tobą i Tuskiem. Jak to możliwe?

Z tym kwitnieniem to przesada. Po prostu stosował swoje stare sztuczki. Przed zadaniem śmiertelnego ciosu ocieplał relacje. Donald po tych porażkach wyborczych zaczął przyjaźń ze mną demonstracyjnie odnawiać. Ileś tam razy gadaliśmy w cztery oczy, paliliśmy cygara, piliśmy wino. To się odbywało pod takimi hasłami z jego strony: „Wiem, ile ty, Paweł, musiałeś wycierpieć, ale ja musiałem być pryncypialny, żeby nie dawać PiS-owi pola do ataku na mnie". Ważne były też fakty. A fakty były takie, że po okupacji warszawskiej PO – bo tak trzeba nazwać zarząd komisaryczny pod wodzą Hanny Gronkiewicz-Waltz – następowało przywracanie demokratycznych procedur. Czyli Donald zaczął się wywiązywać z tego, co powiedział. W styczniu 2006 zjazd warszawski PO wybrał na szefa struktur stołecznych naszą kandydatkę Małgorzatę Kidawę-Błońską. Na tym zjeździe był Donald, byłem ja. I oczywiście to zostało odnotowane w partyjnych szeregach. Donald wcześniej wiedział, że szefową zostanie rekomendowana przeze mnie Małgosia i zaakceptował to. Między styczniem a kwietniem 2006 roku Tusk wprost manifestacyjnie ocieplał nasze osobiste relacje.

Już wtedy chciał cię usunąć?

Z wiedzy, którą dysponuję teraz, już po fakcie, jasno wynika, że on już wtedy szykował uderzenie we mnie. Chciał mnie usunąć – tylko szukał pretekstu innego niż traktat europejski, bo nie chciał oczywiście robić ze mnie „męczennika sprawy europejskiej". W tamtym okresie byliśmy w Rzymie na konferencji, o której już odpowiadałem. Chodziliśmy tam na różne kolacyjki. Wtedy Palikot był już w Platformie i zaczynał mieć znaczenie, bo po prostu sponsorował Donalda. Palikot na platformowym dworze odgrywał wtedy istotną rolę, bo jako najzamożniejszy stawiał kolacje i to Donaldowi bardzo pasowało. W Rzymie Donald z jeszcze większym zaangażowaniem grał rolę starego kumpla, który po kilku nieporozumieniach stara się jak może odbudować dobrą atmosferę między nami. Mówił na przykład do mnie: „Paweł, ty tak świetnie czujesz się w tym Rzymie, może byśmy na majowy weekend wzięli żony i tu przyjechali?". A tu już był kwiecień. I on planował, że mnie wyrzuci przed kongresem, do którego zostało raptem kilkanaście dni! I nie mówię tego jako poszkodowany, liżący rany i użalający się nad sobą facet. Mówię to po to, by pokazać, że Tusk przed zadaniem decydującego ciosu potrafi na chłodno, dla uśpienia podejrzeń udawać najlepszą przyjaźń.

Zatrzymajmy się na chwilę. Powiedziałeś, że Palikot sponsorował Tuska. Co to konkretnie znaczy?

W 2005 roku Palikot wydał książkę Tuska. To było oczywiście poza jakimikolwiek wydatkami na kampanię wyborczą. Wydanie książki nie jest rzeczą drogą, ale było coś więcej. Ta książka miała ogromną kampanię promocyjną. Było mnóstwo billboardów promujących tę książkę. A zwłaszcza – autora. A to już są znacznie większe pieniądze. Bardzo duże pieniądze. Żaden normalny wydawca nie przeznaczy na promocję wydawanej przez siebie książki takiej kasy. A to wszystko szło poza oficjalnym strumieniem pieniędzy kampanijnych. Tuskowi taka promocja w środku walki wyborczej bardzo pomogła. Oczywiście Palikot sponsorował też nasiadówki w drogich knajpach, w których Tusk uczestniczył. Czy sponsorował Tuska w jakiś inny sposób? Nie wiem. Nie pytałem o to Palikota. To nie moja sprawa.

OK, wróćmy do wyrzucania cię z PO.

Przyszedł ten moment decydujący. Jesteśmy na dwa tygodnie przed kongresem. Donald spacyfikował już Komorowskiego. Donald i Grzesiek Schetyna ileś tam razy pytali mnie, czy chcę wejść do zarządu PO. Odpowiadałem, że za wcześnie, bo jeśli będzie ostra konfrontacja z PiS, to nie chcę robić partii kłopotów. Donald uznał jednak, że i tak trzeba przed kongresem wyeliminować potencjalne zagrożenia, bo cały czas to ja miałem największą zdolność rozmawiania z regionami i namawiania ich do takiej czy innej aktywności. Muszę przyznać, że Donald sprytnie to rozgrywał. To była bardzo precyzyjnie przygotowana intryga.

Na czym miała polegać?

Jej pierwszym elementem było przestraszenie Bronka, pozbycie się go jako ewentualnego kontrkandydata. Bronek się wycofał i – mówiąc językiem Donalda – „zostawił mnie na spalonym". Jednocześnie toczyła się równoległa gra na rozbicie przymierza z Komorowskim. Bronek był uznawany za słabego szefa mazowieckiej Platformy. Głównym nosicielem tej myśli była Ewa Kopacz, która mimo zbliżenia z Donaldem była z mojego „wychowu". Wtedy się używało kategorii „mój człowiek". I śmiało można powiedzieć, że Ewa była takim moim człowiekiem. Namawiała mnie do tego, żeby Bronka po prostu zmienić. Używała argumentu, że to nie jest przeciw Bronkowi, ale on po prostu nie ma serca do takiej roboty. I lepszym szefem byłby Łukasz Abgarowicz – człowiek wprost z naszego środowiska. Ona występowała wtedy z pozycji współposzkodowanej. Takie sprawiała wrażenie. Używała argumentu, że nasi ludzie, ci jeszcze z Unii Wolności, są eliminowani przez Tuska i jego otoczenie. Dziś wydaje mi się, że ta zagrywka Ewy Kopacz była konsultowana z Tuskiem. Po to, żeby to moje warszawskie środowisko skłócić z Bronkiem, a przynajmniej ochłodzić relacje.

Czyli wkręcała cię za namową Donalda?

Myślę, że to było przez nią konsultowane z Tuskiem. Ja większość czasu spędzałem w Brukseli – tak że rozmowy prowadzili głównie Artymowski, Machowski i Abgarowicz. Efektem był konsensus wszystkich środowisk, że szefem regionu będzie Abgarowicz. A zastępcą zostanie nielubiana przez nas Hanna Gronkiewicz-Waltz – nielubiana, bo weszła jako egzekutor z zarządem komisarycznym i robiła wszystko przeciw nam. Drugą zastępczynią miała zostać Ewa Kopacz. Wszystko było ułożone i przyklepane. Pozostała jeszcze trudna misja powiedzenia o tym Bronkowi, którą oczywiście musiałem wziąć na siebie.

Ha, ha. Świetne!

Bronek wykazał się dużą klasą. Zdawał sobie sprawę, że nie jest w stanie utrzymać pozycji szefa regionu. Poza tym nie miał serca do takiej pracy. Donald o wszystkich ustaleniach wiedział i akceptował je. Ostatni raz rozmawialiśmy o tym w piątek wieczorem, tuż przed mazowieckim zjazdem zaplanowanym na niedzielę.

Pełna kurtuazja.

O tak. Zadzwonił i powiedział, że nie będzie go na zjeździe mazowieckim, ponieważ musi zażegnać sytuację w Gdańsku. Tam Jan Kozłowski ze środowiska konserwatystów gdańskich kandydował przeciw Krzysztofowi Liskowi. Tam była rzeczywiście trudna sytuacja. Sławek Nowak ze środowiska gdańskich „tuskowych" liberałów był na tyle nielubiany, że zamiast niego „tuskowcy" postanowili wypchnąć na pierwszy plan Krzyśka Liska, który co prawda nie był liderem tego środowiska, ale przynajmniej miał szansę zdobyć większość. Dla Tuska to był problem, bo z jednej strony byli „nasi chłopcy", z drugiej konserwatyści, których nie należało zrażać czy odpychać. I Donald mi tłumaczył, że właśnie dlatego musi zostać w Gdańsku i nie może być na naszym mazowieckim zjeździe. Jeszcze się mnie radził, z kim rozmawiać à propos tej sytuacji na Pomorzu.

Stawiasz tezę, że miał już przyszykowany sztylet przeciw tobie?

On wiedział, że jest szykowany przeciw mnie tekst w „Dzienniku". Myśmy rozmawiali w piątek wieczorem, a ten tekst ukazał się we wtorek w następnym tygodniu.

Pamiętam ten materiał. Mówił o tym, że robisz interesy na zalesianiu terenów na zachodnim Pomorzu.

Iście zbrodniczy proceder! Znajomy mi podpowiedział, że najlepsze programy rolne to są te związane z zalesieniem terenu. Dopłaty szły wprost z Unii Europejskiej. Rząd polski promował ten program, bo na nim wszyscy korzystali. I rolnicy dostający dotację, i zatrudniani przy tym pracownicy. Co najważniejsze, dla mnie miało to tę zaletę, że nie wymagało żadnej uznaniowej decyzji urzędniczej. Nikt więc nie mógł się przyczepić, że znajomy wójt coś mi załatwił czy pomógł. Projekt idealnie skrojony dla polityka, bo zupełnie bez konfliktu interesu czy uznaniowości. W 2005 roku kupiłem na otwartym przetargu grunt na Pomorzu Zachodnim. Dawałem najwyższą cenę. Program był otwarty, każdy mógł skorzystać. Całość pomysłu wyglądała fenomenalnie i w swojej naiwności sądziłem, że się nie można do tego przyczepić. Jeśli masz ziemię, kierujesz zapytanie do nadleśnictwa, które musi ci odpowiedzieć, czyli określić sposób zalesienia. Jak to masz, rozpoczynasz procedurę i to już idzie automatem. Jeszcze raz podkreślę: nie ma tu miejsca na jakąkolwiek uznaniowość.

Sugerujesz, że Tusk wiedział o powstawaniu tego tekstu?

Myślę, że wiedział o sprawie kilka dni wcześniej. Na kilka dni przed tym zjazdem mazowieckim dziennikarz z „Dziennika" dopytywał mnie o szczegóły tego zalesienia. By opowiedzieć o szczegółach, na przykład o szczegółach kosztów, potrzebowałem jednego dnia, aby zebrać dane. Teza „Dziennika" była taka – co oczywiście nie było prawdą, a co wyczułem już w tej rozmowie – że ja wydałem na to więcej, niż miałem. A druga teza była taka, że zrobiłem coś, co jest zamknięte dla innych – że miałem dostęp do dobra rzadkiego. Powiedziałem temu dziennikarzowi, że dokładnie te dane sprawdzę.

I sprawdziłeś?

Następnego dnia byłem gotowy ze szczegółami, ale on już do mnie nie zadzwonił, a tekst się ukazał. Już po fakcie się dowiedziałem, że Donald na parę dni przed publikacją wiedział o sprawie, ponieważ Drzewiecki i Schetyna chodzili po ludziach i mówili, że z Pawłem trzeba się rozstać. I przyszła niedziela, dzień zjazdu.

To już było po publikacji w „Dzienniku"?

Nie. Publikacja była dwa dni później. We wtorek. A Tusk spodziewał się jej pewnie w poniedziałek. Ponieważ w poniedziałek tekstu nie było, to Donald zniknął na cały dzień. Nie komunikował się. Czekał na publikację. Na pretekst do pozbycia się mnie z partii.

No dobrze, ale wcześniej był ten niedzielny mazowiecki zjazd. Jak on przebiegł?

Wszystko, jak mówiłem, było ustalone i uzgodnione z Donaldem. Mieliśmy pełną akceptację z jego strony. Czyli Abgarowicz szefem, a jego zastępczyniami Gronkiewicz-Waltz i Kopacz. Wszystko przebiegało spokojnie i zgodnie ze scenariuszem. I tuż przed wyborem zarządu Tusk dzwoni do Gronkiewicz i mówi jej, by w żadnym wypadku ona do tego zarządu nie wchodziła.

Jak zareagowałeś?

Złapałem za telefon i zadzwoniłem do Donalda, ale on oczywiście już nie odbierał.

Skąd wiesz, że Tusk zadzwonił do Gronkiewicz?

Ona sama to powiedziała. Oznajmiła, że właśnie zadzwonił Tusk i jej zakazał wchodzić do władz regionu. A przecież – przypominam – wszystko było uzgodnione także z nią. Nie dalej jak dwa dni wcześniej Tusk mówił mi: „Ewa [Kopacz – red.] powiedziała, że zdecydowaliście się na Abgarowicza. Bardzo dobre rozwiązanie. Bronka Komorowskiego jakoś zagospodarujemy na poziomie zarządu krajowego partii". I dodał jeszcze: „Ale to bardzo dobrze, Abgarowicz to świetnie poprowadzi. Odbądź ten zjazd i zdzwaniamy się zaraz po zjeździe". Taka była moja ostatnia przed wyrzuceniem rozmowa z Donaldem.

OK. Gronkiewicz odbiera rozkaz od Tuska i jak dalej ten zjazd przebiega?

Po kuluarach krąży Julia Pitera, absolutny polityczny singiel bez poparcia, która – moim zdaniem – jest już wtedy podpuszczana przez Tuska. Mówi dziennikarzom, że odradza się „układ warszawski" i że ona na to nie pozwoli, i że sprawa tego zjazdu trafi do Tuska. Ja już czuję, że to jest spisek, że to ułożyli. Gronkiewicz, Pitera i Donald. Donald, który nie odbiera telefonu.

Tusk nie odbiera telefonu i co próbujesz zrobić?

A co miałem zrobić? Lecieć do Gdańska? Już wtedy widzę, że wszystko jest uknute. Widzę, co się dzieje. Widzę, że zostałem przez Donalda haniebnie wystawiony. Wystawiony w sposób rujnujący ostatecznie nasze relacje osobiste. Zacząłem kojarzyć to z artykułem i spodziewałem się, że otwarty atak nastąpi dopiero po jego publikacji.

Abgarowicz zostaje szefem, Kopacz zastępczynią, a Gronkiewicz, po interwencji Tuska, odmawia wejścia do zarządu. Co się dzieje dalej?

Przychodzi poniedziałek, Donald się spodziewa, że w „Dzienniku" będzie tekst, ale tekstu nie ma. Nie odbiera telefonów. Drzewiecki i Schetyna chodzą po członkach zarządu i odpowiadają, że po tym, co się stało w Warszawie, będą rozstrzygające decyzje i z Pawłem trzeba będzie się rozstać. We wtorek ukazuje się pożądany przez nich artykuł.

Pamiętam ten dzień. Pracowałem wtedy w „Dzienniku".

Ten tekst stawiał w wątpliwość, skąd ja miałem pieniądze na taką inwestycję. A przecież przeznaczyłem na to udokumentowane dochody przelewane z konta. Druga teza była taka, że to było dobro rzadkie, a jako europoseł miałem wiedzę niedostępną dla innych. Guzik prawda. Wiedza była ogólnie dostępna. I w internecie, i w ośrodkach doradztwa rolniczego.

Jak zareagowała matka partia?

We wtorek wieczorem, czyli w dniu publikacji, rozmawiam przez telefon ze Schetyną i pytam, co tu się, do cholery, dzieje?! Mówię mu, że mam jak najgorsze przypuszczenia. Takie, że Donald mnie po prostu okłamuje. Schetyna uspokaja i mówi, że to tylko napięta atmosfera.

A Tusk jak zareagował?

We wtorek Donald mówi mediom, że są bardzo niepokojące sygnały. Twierdzi, że jest zaskoczony tym, co się stało na zjeździe warszawskim! Zaskoczony jest! Tym, co sam zaakceptował! Już widzę, co się dzieje i że to idzie w kierunku rozwalenia nas. Pytanie tylko, czy już podjął decyzję o całkowitym „wymordowaniu" nas, czy może to jest jeszcze jakaś gra przed kongresem PO. We wtorek wieczorem Schetyna mówi mi przez telefon, że „jest niezdrowe napięcie, Donald jest totalnie rozemocjonowany, ale wszystko będzie dobrze, jakoś to ugładzimy". W środę wsiadam w samolot, bo ja od poniedziałku siedzę wtedy w Brukseli. Wracam na zarząd partii, by przedstawić swoje racje. Odmawiają mi wstępu. Mówią, że zarząd jest przewidziany w swoim gronie i nie jestem zaproszony. Robię więc konferencję w Warszawie w swoim biurze. Pokazuję, skąd miałem pieniądze. Tłumaczę, że sprawa jest transparentna.

Niewiele ci to pomaga...

Decyzje są już podjęte. Na zarząd PO mnie nie wpuszczają. Jak się potem dowiedziałem, Donald na tym zarządzie mówi, że w sprawie Pawła musi być jednogłośna decyzja. I że mamy do czynienia z poważnym problemem, ponieważ w stolicy odtworzył się „układ warszawski". I że będziemy za to masakrowani w mediach. Mówił też, że nie ujmuje mi uczciwości, ale nie można w ten sposób łączyć funkcji politycznych i biznesowych, bo to szkodzi partii. Dodał, że Paweł stracił umiarkowanie i musi zostać wyrzucony.

Jak zebrani zareagowali?

Dyskusja była niemrawa. Jedynym podnoszącym postulat, żeby sprawę głosować tajnie, ponieważ jest personalna, był Grzesiek Dolniak, który zginął w katastrofie smoleńskiej. Jedyny miał odwagę. Donald odparł, że w tej sprawie nie będzie żadnego głosowania, ponieważ musi być jednomyślna decyzja partii. I zapytał, czy jest ktoś przeciwko wyrzuceniu Pawła? Nikt się nie postawił. I potem zaczęło się to, co Donald najbardziej lubi, czyli łamanie ludzi. Zarządził: „To ty, Bronek" – to do Komorowskiego – „zawiadomisz Pawła o decyzji". „Ty. Pawle" – to do Grasia – „pójdziesz zająć papiery; musimy wszystko przejąć, bo Paweł był sekretarzem i ma nasze papiery". „A ty, Ewa" – to do Kopacz – „zacznij rozmawiać z ludźmi i pacyfikować". Ewa już wcześniej została zapytana przez Donalda, czy jak mnie wyrzucą, to ona pójdzie ze mną z PO czy zostanie z nim, Donaldem. „Zostanę z tobą, Donaldzie" – zdecydowała bohatersko Ewa.

Po tym zarządzie dzwoni do mnie Bronek Komorowski i mówi krótki tekst w stylu: „Bardzo mi przykro, ale jest decyzja o wyrzuceniu ciebie. Przepraszam i do zobaczenia".

Czyli wszyscy byli za wywaleniem ciebie?

Według moich informacji nie było tam żadnego głosowania. Po prostu Donald uznał, że wszyscy są za. W protokole jest zapisane, że decyzja została podjęta jednogłośnie. Potem do mojego biura przyszedł Graś. Był zmieszany. Pamiętaj, że on posłem był między innymi dzięki mojej interwencji, był moim zastępcą i generalnie się lubiliśmy. Mówi: „Przyszedłem zająć papiery". Ja byłem zniesmaczony, rozżalony, potraktowany jak gówniarz przez dawnych przyjaciół. Więc mu powiedziałem, żeby wyp...ał z biura. I Graś wyp...ił. Byłem gotów osobiście go wyrzucić. I już. Zostały jakieś osoby od niego i siadły w hallu, ale on sam poszedł jak niepyszny.

Ktoś się do ciebie odezwał, wsparł?

Tylko dwie osoby miały odwagę przyjść do mnie. To byli Krzysiek Lisek i Paweł Olszewski. Mówili, że kompletnie nie rozumieją tej decyzji i że cała ta sprawa nie zmienia naszych relacji. Mam nadzieję, że im nie zaszkodzę, przypominając ten fakt. Wtedy system donosów działał w PO w najlepsze. Szybko o tej wizycie Olszewskiego i Liska u mnie doniesiono Schetynie. Ten ich wezwał i opierniczył, jak tylko się dało. Zagroził, że muszą na siebie uważać, bo sami mogą być zaraz wyrzuceni. Poza nimi dzwonił też Jacek Merkel ze słowami otuchy. Też mówił, że nie pojmuje całej tej sytuacji z wypchnięciem mnie z Platformy.

I co dalej się dzieje?

W następnych tygodniach „pracuje" sąd koleżeński opanowany przez ludzi Tuska i Schetyny. Kolejno wyrzucanych jest kilkanaście osób. Są czystki. Na szczęście te czystki nie oznaczają kuli w łeb ani Syberii. One oznaczają tylko wyrzucanie z partii. Są kolejne fale, wyrzucane są z partii następne osoby ze środowiska warszawskiego – Artymowski, Potapowicz, Fogler. Potem wyrzucane są kolejne osoby z dalszych szeregów. Część jest zastraszana – tak jak sam Łukasz Abgarowicz, który po rozmowie z Tuskiem podaje się do dymisji. Zastraszona jest też Małgorzata Kidawa-Błońska, która przechodzi na drugą stronę. Ze łzami w oczach opowiadała potem swoim znajomym, że Donald dał jej do zrozumienia, jaki ma wybór.

Jaki?

Czy jest w Platformie Pawła, czy w Platformie Donalda. A jak chce być w Platformie Donalda, to musi uczestniczyć, tak jak i Ewa Kopacz, w procesie wyrzucania ludzi, którym one same zawdzięczają bardzo wiele.

Część ludzi wyrzucana jest od razu, część w ciągu najbliższych kilku miesięcy. Ci jeszcze niewyrzuceni są po wakacjach eliminowani z list do wyborów samorządowych. Odchodzą wtedy – jak Maciej Białecki i Andrzej Machowski – z Platformy na znak protestu.

Próbujesz się jakoś bronić? Na przykład nawiązać kontakt z jakimiś starymi znajomymi w partii?

Absolutnie nie próbuję. Mam na tyle godności, że jak mnie to towarzystwo wyrzuca, to tego samego dnia mówię, że ja się nigdzie nie będę odwoływał, bo to jest śmieszne. Nie będę o nic apelował, nie chcę mieć z tymi ludźmi nic wspólnego. Jestem wkurzony, rozżalony.

Zaraz potem, też w maju, odbywa się ogólnokrajowy zjazd Platformy.

Na nim Andrzej Machowski staje w wyborach przeciw Tuskowi. To oczywiście była demonstracja. Mimo absolutnego zastraszenia, mimo tego, że sprawdzane były kartki wyborcze, Andrzej dostaje ponad 15 procent głosów. Potencjał niezadowolenia jest olbrzymi. Gdyby była inna sytuacja, Tusk miałby olbrzymie kłopoty. Zdawał sobie z tego sprawę – stąd prewencyjna akcja przeciw Bronkowi i mnie. Bronek mówił, że teraz to już nic nie można poradzić. Rokita jest nadal zachwycony Tuskiem mimo ostrzeżeń, że będzie następny do odstrzału. Machowskiemu mówi: „Donald jest świetnym facetem, który zachowuje najwyższe standardy, dlatego musimy was wyrzucić".

Zyta od roku nie istnieje. Wtedy też ktoś zauważa, że czystki w PO odbywają się zawsze w okolicach weekendu majowego. W okolicach maja odchodził Płażyński, Zyta odchodziła w okolicach weekendu majowego, mnie wyrzucają w podobnym okresie.

Zaczyna się złoty okres Schetyny.

Tak, Grzesiek zaczyna chwytać wszystkie nitki. Są jeszcze w opozycji, jeszcze nie mają wiele do rozdawania, ale już krystalizuje się ekipa, łącznie z młodymi, która będzie miała wiele do powiedzenia. Ta ekipa to Grzegorz Schetyna, Mirosław Drzewiecki i młodzi, znani potem z różnych publikacji, czyli Piotr Wawrzynowicz, Marcin Rosół czy Michał Dzięba. Rokita jest coraz bardziej marginalizowany, coraz gorzej się czuje w relacjach z PiS-em, bo widać też coraz większe napięcie w relacjach PO i PiS.

A co się dzieje z tobą?

W życiu politycznym rękę podali mi Geremek i Onyszkiewicz, którzy zaprosili mnie do ALDE, bo ja po wyrzuceniu z PO byłem w Parlamencie Europejskim posłem niezrzeszonym. Geremek, rekomendując mnie na posiedzeniu, wystawił mi laurkę, jakiej nigdy w życiu nie dostałem. Biorąc pod uwagę nasze trudne relacje w przeszłości, to było bardzo krzepiące. I tak zostałem posłem frakcji liberałów i demokratów. Miałem wtedy z Geremkiem doskonały kontakt. Dużo rozmawialiśmy, wracaliśmy do tych naszych sporów politycznych z lat 90. Te rozmowy dotyczyły również dawniejszej historii. On był, jak wiadomo, historykiem średniowiecza, ja z kolei interesowałem się przełomem starożytności i średniowiecza. Podsuwał mi książki, które jego zdaniem powinienem był przeczytać. To był niezwykle przyjemny, sentymentalny okres w relacjach między nami.

Co Geremek sądził o Tusku?

Używał – jak to Geremek – bardziej wyważonych słów, ale oceniał go mniej więcej tak jak ja. Czyli uważał go za kombinatora – tyle że bardzo zdolnego i obdarzonego niezwykłymi darami od losu. Bo co by nie mówić, Tusk ma umiejętność pozyskiwania ludzi, występowania przed tłumem, dobrze wypada w telewizji. Ale jest to też człowiek absolutnie niegodny zaufania, pozbawiony misji. Balcerowicz ma misję, misję ma też Kaczyński. Te misje można różnie oceniać – ale one są! A Donald? On chce uzyskać dla siebie jak najlepszą pozycję. A to, czy będzie socjaldemokratą, liberałem albo populistą, tak naprawdę jest drugoplanowe. Geremek pamiętał ponadto, że gdy Unia Wolności przekształciła się już w Partię Demokratyczną, pojawiły się przymiarki, kto z tej partii mógłby startować z list PO w wyborach 2005 roku. Przy tych rozmowach starałem się pomagać, umawiając między innymi Onyszkiewicza z Tuskiem. I Donald wobec tych ludzi zachował się obraźliwie.

Co to znaczy?

Najpierw unikał spotkania. Potem powiedział, że co najwyżej możemy jakichś ludzi brać indywidualnie, ale zbiorowo to nie. I że to my będziemy decydować, kto zostanie wzięty. Oraz że warunek jest taki, że taka osoba będzie musiała wypisać się z Partii Demokratycznej i zapisać się do PO. A potem w ogóle przestał się komunikować. Trudno się dziwić, że u takich ludzi jak Geremek, Onyszkiewicz i Frasyniuk miał opinię człowieka, który w sposób ostentacyjny potrafi manifestować swoją pogardę.

Czy nie miałeś w pierwszym momencie po wyrzuceniu takiego pomysłu, żeby się na Tusku zemścić, po ludzku odegrać?

Oczywiście, że momenty słabości miałem – przyznaję to bez dwóch zdań. Natomiast to były momenty słabości, po których przychodził czas refleksji. OK. Załóżmy, że ja rozpocznę atomową wojnę z Donaldem. Wojna atomowa ma to do siebie, że ty też w niej możesz być poszkodowany. Po drugie, zniszczy to może Donalda, może go osłabi, ale tak naprawdę oznaczać będzie, że Kaczyńscy umocnią się we władzy. A PiS nie tylko szkodził Polsce, ale – co też zauważałem – prowadził wtedy przeciw mnie bezpardonową ofensywę. Efektem ubocznym wyrzucenia mnie z Platformy był jasny komunikat wypuszczony od Tuska do Kaczyńskiego: „Możecie z nim robić, co chcecie. On nie jest z nami. My go bronić nie będziemy". To jest jak w tej przypowieści o stadzie wilków, które gonią sanie. I z tych sań zrzuca się kogoś, by stado zajęło się nim, a reszcie na saniach odpuściło. Tym kimś zrzuconym z sań byłem ja. Ten okres 2006 i 2007 roku był dla mnie osobiście bardzo dramatyczny.

O czym mówisz?

Na moich oczach są zatrzymywani ludzie wyłącznie po to, żeby trzymać ich parę miesięcy w aresztach i w ten sposób próbować z nich wydobyć coś przeciwko mnie. W zasadzie wprost dostają propozycje: „Powiesz coś przeciwko Piskorskiemu, a my cię wtedy wypuścimy". Takie procedury stosowane są wobec co najmniej kilkudziesięciu osób. Okazuje się, że Ziobrowa prokuratura zajmuje się już całym gronem osób z mojego kręgu. Wojtek Kozak, Jurek Guz mają zarzuty. Jak się później okaże, będą czekać prawie 10 lat, aż sąd ich uniewinni i przywróci należne im dobre imię. Paweł Bujalski trafia do aresztu „wydobywczego" na prawie 400 dni! Przychodzą do mnie ludzie i – wyłączając komórkę i ściszając głos – mówią: „Pawle, jest problem, zamknęli kolejną osobę i wyłącznie pytają o ciebie". Ja na to: „Ja w ogóle nie znam tej osoby, nic mnie z nią nie łączyło". I w odpowiedzi słyszę: „Przecież ona i tak może wszystko powiedzieć". A „wszystko" nie znaczy tu „wszystko, co wie". Oznacza „wszystko, co zechce prokuratura". I nagle sobie uzmysławiam, że zaraz ktoś poddany takiej obróbce może zeznać, że przyjąłem od niego łapówkę. Zanim udowodnię, że to kłamstwo, będę zniszczony.

Bałeś się, że cię zamkną?

W każdej chwili. Nic złego nie zrobiłem, ale wiedziałem już, że to nie ma znaczenia. Byłem posłem europejskim, ale i to być może mogli ominąć. Wiem, że robili ekspertyzy, czy mogą to zrobić, na jakich zasadach i tak dalej. Rzecz w tym, że nigdy niczego mocnego przeciw mnie nie zebrali ani nie „wytworzyli", a bali się iść do Brukseli z błahymi argumentami, bo tam jednak są ludzie, którzy by się na tym z łatwością poznali. Ale cała ta nagonka ma wielki rozmach. Ziobro ma konferencje prasowe w sprawie „układu warszawskiego". Zarzuty w sprawie tak zwanego „układu warszawskiego" dostaje Ludka Wujec, jedna z najuczciwszych osób, jakie znam, a wraz z nią Paweł Bujalski, kilkoro urzędników, których nie znam, i jacyś biznesmeni, którzy robili interesy za czasów Marcina Święcickiego. I to jest ten „układ warszawski"?! W drugiej połowie 2006 roku Ziobro zleca badanie mojego majątku. Nie miałem tu nic do ukrycia. Ale nagle się okazuje, że badanie mojego majątku i mojej rodziny jest wpisane przez nich w sygnatury śledztwa w sprawie mafii pruszkowskiej! Mówiłem już o tym. Do tego jest dopisywana historia z Tyszkiewiczem, o której też już wspominałem. Dziennikarze ochoczo korzystają z przecieków i jest pełna jazda przeciw mnie. W związku z tymi moimi zalesieniami prokuratura wysyła ekipę śledczą na Pomorze Zachodnie. I ta ekipa chodzi tam po wioskach, po urzędach i wypytuje, czy ludzie czegoś o Piskorskim nie wiedzą. A po terminie przedawnienia zaczęli uruchamiać śledztwa w sprawach, które mogły być tzw. „wyjściem na mnie".

Jakie śledztwa?

Klasyczny przykład to kwestia mojej wygranej w kasynie. Jeżeli naprawdę uważali, że tam coś było nie tak, to dlaczego nie badali tego wcześniej? A może badali i bez sukcesu? Trzeba powiedzieć, że wszczęli oficjalne śledztwo w rok po terminie przedawnienia, czyli naruszając prawo. To było dla nich bardzo wygodne – bo mogło spowodować „przyklejenie" się do mnie fałszywego zarzutu, a taki przecież przyświecał im zamiar, a wykluczało skierowanie sprawy do sądu i uzyskanie tam przeze mnie uniewinniającego orzeczenia. W tym śledztwie zapytali dyrektora kasyna: „Czy jest możliwe, żeby Piskorski wygrał taką kwotę, gdyby dzisiaj przyszedł do kasyna?". „Nie" – odpowiada ów dyrektor – „gdyż obowiązują limity stawek do jednorazowego obstawiania". „Czy był pan świadkiem tej wygranej?" – pada kolejne pytanie. „Nie" – odpowiada ów dyrektor. I do mediów przecieka informacja, że dyrektor kasyna, w którym Piskorski miał wygrać, temu zaprzecza.

A była to typowa skandaliczna manipulacja. Dopiero gdy w 2010 roku uzyskałem dostęp do akt, okazuje się, że przepytywany dyrektor został nim trzy lata po mojej wygranej i nie mógł być jej świadkiem. Ten, który był dyrektorem kasyna w 1992, dzwonił nawet do prokuratury, bo od dawna mieszka za granicą, potwierdzając, że ta wygrana miała miejsce i że zaświadczenie o wygranej, które przecież istnieje, jest autentyczne. To jest odnotowane w aktach! Czy ktoś o tym wie?! Nie, bo z prokuratury „wycieka" rzecz jasna tylko informacja, że „dyrektor nie wiedział". A że to nie ten dyrektor – o tym nikt się z tych przecieków nie dowie. „Wycieka" też kłamstwo, że musiałbym wygrać 138 razy z rzędu – no bo przecież obowiązują limity obstawiania! Tyle że nikt już nie mówi, że one obowiązują dziś. A gdy rzeczywiście wygrałem te pieniądze w 1992 roku – 22 lata temu! – tych limitów nie było! I ja tę moją wygraną uzyskałem w związku z tym w kilkunastu obstawieniach – i wcale nie następowały one po sobie. Ponadto, bo przecież takie za tym kryją się pomówienia – dlaczego ktoś 22 lata temu miałby fałszować dla mnie takie zaświadczenie lub dać mi w kontrolowany sposób wygrać?! Przecież, jeśli ktoś chciałby tu sugerować korupcję, w 1992 roku – o tym okresie już tu opowiadałem – nie miałem żadnej wartej jakichkolwiek pieniędzy władzy.

Przykład z kasynem jest jednym z wielu. Bo takich kłamstw i pomówień słyszałem pod swoim adresem masę. W wielu miejscach były inspirowane politycznie, w innych wynikały z poszukiwania sensacji, braku rzetelności i niskich standardów dziennikarskich. Niewiele z nich jest tak skonstruowanych jak artykuł we „Wprost", który mówił o jakichś interesach z ludźmi, których nawet na oczy nie widziałem. Wtedy poszedłem do sądu i uzyskałem przeprosiny. W wielu sprawach były te pomówienia tak skonstruowane, że nie nadawały się do zaskarżenia. Tak więc z mojej perspektywy lata 2006–2008 to najgorszy okres – czas kompletnej nagonki i zaszczucia. Czasami w ogóle nie chciało mi się wychodzić z domu. Czasami nie otwierałem nawet gazet, żeby nie zobaczyć tam jakiegoś kolejnego kłamstwa. Nie radziłem sobie. Przytyłem. Nadużywałem alkoholu. Upadłem z wysokiego konia.

Miałeś okazję w tamtym czasie porozmawiać z Tuskiem?

Oczywiście, że nie.

A potem?

Spotkaliśmy się kilka razy, i to zawsze przy okazjach – nazwijmy to – zbiorowych. Nigdy od tamtego czasu nie rozmawialiśmy w cztery oczy. Zresztą nie ma po co. On wie, że zrobił totalne świństwo. Być może, żeby móc spojrzeć w lustro, tłumaczy sobie to świństwo wyższymi racjami w stylu: „Zrobiłem to, aby nie mieć obciążenia. Dzięki temu pozbyłem się kłopotu i dzięki temu, dla dobra Polski, zostałem premierem". Tylko co mnie to obchodzi, jak on sobie uzasadnia to dzisiaj?

Były z jego strony jakieś próby wyciągnięcia ręki w twoją stronę czy nie?

Nigdy. Zresztą on na tyle mnie zna, że wyciąganie ręki na zasadzie: „Paweł, Polacy, nic się nie stało!", to nie jest dobry pomysł. Bo to, co się wtedy stało, to nie były żarty. To jest już inna kategoria. To nie jakieś przepychanki o władzę. Konsekwencją tego był czas, gdy ja i moja rodzina nie mogliśmy być pewni, czy służby o szóstej rano nie wejdą nam do mieszkania. A także to, że opinia publiczna faszerowana była kłamstwami, że ja jestem złodziejem związanym z mafią. Nic z tego nie jest prawdą, nic z tego się nie potwierdziło, wszystkie śledztwa zostały umorzone – ale co z tego? Kogo to obchodzi? A wszystko to się działo przy absolutnym przyzwoleniu Platformy, a potem nawet za jej rządów. Moi dawni przyjaciele, koledzy, którzy tyle mi zawdzięczali, z chęcią zrzucili mnie z sań, żeby zajęli się mną wrogowie. A jak PiS niczego nie znalazł, to sami ruszyli na „pomoc". A w kuluarach tłumaczyli, że „to nie ja", że „to Zalewski od Schetyny" albo coś w tym rodzaju. Tak więc o poklepywaniu się z Donaldem po plecach i udawaniu, że „było, minęło, że nic się nie stało" – nie może być mowy. To źli ludzie są – że strawestuję znane powiedzenie z pewnego filmu.

Wróćmy jeszcze do wyrzucenia was z partii. Jak to wpływa na wewnętrzną sytuację w PO?

To jest szalenie ważny sygnał do wnętrza PO. Tusk ludziom Platformy mówi wprost: „Przed chwilą sprowokowałem odejście Zyty, teraz usunąłem założyciela partii Piskorskiego i jego drużynę. Mogę zatem wyrzucić każdego. Pamiętajcie o tym". Rokita jest nadal uzależniony emocjonalnie od Tuska. Trzyma się go tak, jakby był przyklejony. Rokita – mówiąc językiem Zyty Gilowskiej – nadal uważa, że to jest jego brat Donald.

Ale bliżej Tuska jest już inny zespół: Schetyna, Drzewiecki...

Rok 2006 to czas, gdy na najwyższym poziomie PO utrwala się zespół, który przetrwa aż do afery hazardowej. Drugim po Bogu zostaje Schetyna. Formalnie wiceprzewodniczącymi są ludzie tacy jak Rokita czy Bronek Komorowski, ale faktycznie numerem dwa jest Grzegorz. Z punktu widzenia PO, między czerwcem 2006 a jesiennymi wyborami 2007, mamy bardzo ciekawych kilkanaście miesięcy. Przez cały 2006 rok w strategii Platformy dominuje dogmat, który w kuluarach Donald bardzo dokładnie wyjaśnia: „Żadna partia lewicowa ani centrolewicowa przez najbliższe 10–15 lat nie wygra wyborów w Polsce. Trzeba zatem być prawicą". Jesienią 2005 w trakcie kampanii wyborczej Donald bierze ślub kościelny z Gosią. W 2006 roku na konwencji PO wygłasza przemówienie osnute wokół słów Jana Pawła II. Przemówienie kończy słowami: „Niech Bóg was prowadzi". To jest z punktu widzenia poglądów i postaw wcześniejszego Donalda zwrot radykalny. Przemówienia, o którym wspomniałem, nie powstydziłby się żaden chadecki polityk, a dawny Donek by to obśmiewał za napuszenie i nadużywanie religii.

Ale retoryka wobec rządu Kaczyńskiego jest wroga.

Krytyczna, ale nie łamiąca PO-PiS-owskiego dogmatu. Na przykład mówi się, że CBA jest OK. W Platformie uważają, że skoro służby koncentrują się na takich osobach jak Kwaśniewski, Miller czy ja, to dla nich, platformowego establishmentu, nie są one zagrożeniem. Co prawda w miarę upływu czasu dochodzą do nich sygnały, którymi przez pośredników dzielą się ze mną, że CBA szuka czegoś na Schetynę, że kręci się wokół Tuska. Ale oni nadal uważają albo udają, że jest w porządku. Są przekonani, że zaatakowanie IV RP za łamanie standardów demokratycznych przyniesie im polityczne szkody.

Rozumiem, że ty już byłeś innego zdania.

Oczywiście. Miałem 60 postępowań przed prokuraturą. Nieistniejące afery mostowe, bzdury wynikające z jakichś opowieści Tyszkiewicza, ponowna lustracja majątkowa. Kosmiczne, oderwane od rzeczywistości historie, w których nie było nic prawdziwego. Z drugiej strony już wiedziałem, że to, jak wygląda prawda, nie jest niestety ważne – wystarczy bowiem jedno kłamliwe, wymuszone w śledztwie zeznanie dające jakiemuś zarzutowi pozór wiarygodności i można w Polsce posadzić wtedy kogoś do aresztu i zrujnować mu życie. Bo potem, gdy się po 10 latach okaże, że to wszystko było bzdurą, to nawet nikt cię nie przeprosi. Dziś mówię o tym z większym luzem, bo te sprawy się już pokończyły, ale wtedy nie było mi do śmiechu. Nie miałem wtedy wątpliwości, że byłem poddany stałej inwigilacji, że urządzono sobie polowanie na mnie z nagonką. Nie życzę nikomu takiego okresu i takich przejść.

Wspominałeś, że w kwietniu 2007 organizujecie na Uniwersytecie Warszawskim konferencję o zagrożeniu standardów demokratycznych. Jest Wałęsa, Olechowski, Kwaśniewski. Mówiłeś, że Platforma was krytykowała za przesadę. Ale przecież szybko sami wchodzą w tę retorykę.

To było ważne i duże wydarzenie. Mówcy zgodnie krytykowali ową praktykę IV Rzeczpospolitej: areszty, budowanie atmosfery podejrzeń, nadużywanie władzy, tworzenie teorii spiskowych o układach i organizowanie polowań na wybrane osoby i środowiska. Wałęsa, Olechowski, Kwaśniewski, Geremek i wielu innych w tym samym miejscu z tymi samymi poglądami. Odbiło się to bardzo szerokim echem i dla wielu była to zapowiedź tworzenia jakiejś formacji politycznej. Wiele też osób odetchnęło i stwierdziło, że nareszcie jest ktoś, kto zaczyna mówić o tych samych obawach, które oni podzielali. PO natychmiast uznała to za zagrożenie. Na początku krytykowali nas za przesadę i chęć powstrzymania słusznych rozliczeń. Tyle że dotarły do mnie informacje, że zrobili badania. Wyszło im, że nastroje społeczne się odwracają. Uznali, że opłaca im się za tymi nastrojami pójść. I Platforma dokonuje ostrego zwrotu. Jak pamiętamy, maj, czerwiec, lipiec 2007 roku to już okres wystąpień przeciw fundamentom IV RP. Następuje przestawienie wajchy przez Tuska. To przestawienie, oczywiście, bardzo nie podoba się Rokicie, ale ten nie ma już wiele do powiedzenia. W wakacje 2007 roku PiS strzela sobie w stopę nieudaną akcją przeciw Lepperowi. Zatrzymany jest minister spraw wewnętrznych Janusz Kaczmarek, Giertych opuszcza ekipę rządową i PiS traci większość.

Rozdział XVI

Tusk premierem

To bardzo ciekawy moment. PiS jest pewny swego i chce iść na nowe wybory. Do Tuska chodzą wycieczki polityków ze wszystkich partii i niemal modlą się do niego, żeby poszedł na wariant koalicji – wszyscy przeciw PiS-owi. Tusk w to nie wchodzi i idzie w ryzykowny wariant wyborów. Wygrywa. Tym razem pokazuje, że ma politycznego nosa.

Donald ma bardzo poważny dylemat. Wszystkie partie, poza PiS, zachęcają go do powołania rządu przejściowego, który dobiłby IV RP. W ramach istniejącego jeszcze parlamentu. To byłby rząd z poparciem LPR, polityków Samoobrony, SLD. Ten gabinet miałby praktycznie jeden cel: zrobienie jednej wielkiej komisji odpowiedzialności PiS-u za zepsucie państwa, nadużywanie władzy, prowokacje polityczne wobec konkurentów. Politycy Platformy w bardzo dużej dyskrecji, ponieważ nasze relacje były wojenne od czasu wyrzucenia mnie, wypytywali, co ja o tym sądzę.

A ty byłeś oczywiście za rządem przejściowym?

Byłem. Być może decydowała o tym moja osobista wściekłość na PiS. Uważałem, że trzeba powołać koalicję na trzy, cztery miesiące, aby pokazać, jak ten PiS-owski system funkcjonował. Donald się na to nie zdecydował.

Dlaczego?

Ocenił, że nawet przejściowe rządzenie z gośćmi z Samoobrony i LPR może pogrążyć PO, odebrać jej wiarygodność. I to jest to znane wyjaśnienie. Chodziło też o to, żeby prawica nie miała swego kolejnego mitu – podobnego do mitu, jakim było odwołanie rządu Olszewskiego: Oto dawni liberałowie, ręka w rękę z gośćmi z Samoobrony i postkomunistami, osądzają niepodległościową ekipę! Ale jest jeszcze jedno, mniej znane wyjaśnienie. Donald wtedy wobec współpracowników – a ci mi to powtórzyli – sformułował po raz pierwszy tezę o „kontrolowanym przeciwniku". Tezę o tym, że Platformie nie powinno zależeć na upadku PiS, bo partia Kaczyńskiego może być świetnym kontrapunktem dla Platformy.

Ponieważ?

Po pierwsze dlatego, że Kaczyńscy byli Tuskowi znani. Po drugie, jak już mówiłem, panowało wśród nas przekonanie, że oni zawsze w finale coś zepsują. Po trzecie, przy ewentualnym rządzeniu przez najbliższe lata wygodnie będzie przywoływać rządy PiS-u, przypominać, co oni nawyrabiali, i tym straszyć. A co by dawał Platformie rozwalony, „zabity" PiS? Przecież prawicowy elektorat nie poszedłby do PO. Gdyby PiS padł, mogłaby powstać jakaś nowa prawica ze zdolniejszym liderem niż Kaczyński. A nuż Rokita poszedłby budować nowe ugrupowanie na prawicy? Lepsze jest to, co znane i jakoś przewidywalne, zwłaszcza że to oznaczało pewność jakichś głupich i radykalnych zachowań. Zatem lepiej nie pozwolić na to, by PiS padł. Lepiej go trzymać na boku i hodować. Tak – „hodować!" – takiego właśnie słowa Donald używał.

Rozumiem logikę, ale ryzyko było duże. W 2007 roku wybory mógł wygrać Kaczyński. On sam chyba spodziewał się triumfu.

I tu Tusk wykazał się dużą intuicją. Platforma wygrała i z PSL miała większość. Jest to o tyle ciekawe, że PSL i PO były w przeszłości niesłychanie od siebie daleko. Ale poprzez wspólną obecność w Europejskiej Partii Ludowej oba ugrupowania oswoiły się ze sobą, ludzie zaczęli częściej ze sobą rozmawiać. Donald zresztą zawsze miał bardzo dobry kontakt z Waldemarem Pawlakiem. Decyzja o pójściu na wybory w 2007 roku była jedną z najważniejszych w karierze Tuska. Niewątpliwie Donald ze swojej perspektywy osiągnął fenomenalny efekt. Zdobył władzę, a jednocześnie utrzymał PiS jako dominanta na prawicy. Dominanta, który nie jest w stanie wygrywać. Tusk przez długie lata będzie politycznie podtrzymywał rywala. Bardzo wygodnego rywala – bo, powtórzmy, na prawicy dominującego, a jednocześnie pozbawionego zdolności wygrywania.

On jest twoim zdaniem autorem tej koncepcji?

Donald nie jest typem polityka, któremu w nocy przyśni się sen, a rano przychodzi i mówi: „Tak robimy". To się ugniatało w tysiącu rozmów. Akurat w tym akcie nie uczestniczyłem, ale to był bez wątpienia wynik rozmów z Bieleckim, Schetyną. W mniejszym stopniu – jak sądzę – z Rokitą, który był już wtedy dalej od miejsca, gdzie podejmowano decyzje. A wtedy dużo wysoko postawionych w PO osób twierdziło, że warto powołać ten przejściowy gabinet do rozliczenia PiS-u.

Tusk wygrał wybory i – w odróżnieniu od 1993 roku – nie pomylił się.

Wyszło na jego, choć dużo ryzykował. Gdyby przegrał, byłyby to trzecie przegrane wybory – po dwóch w 2005 roku. PiS przesadził w tamtej kampanii m.in. z wyciągnięciem sprawy Beaty Sawickiej. To moim zdaniem przyczyniło się do ich porażki. PiS i PO szły łeb w łeb i Kaczyński myślał, że to on wygra. Przeliczył się.

Jesień 2007 to ostateczne pożegnanie się Rokity z PO. Co wiesz o kulisach tego rozstania?

Ważnym elementem tego jest osobista relacja między Nelli a Jankiem, i w takie rzeczy nie wypada mi wchodzić z komentarzami. Nelli poszła do PiS-u, stanęła po ich stronie. Czy to było z Jankiem uzgadniane? Nie wiem. Rokita nie został z partii wykluczony, ale, wyraźnie przygnieciony, powiedział publicznie, że się żegna z polityką i odchodzi, a jego zwolennicy zaczęli gwałtownie przechodzić na stronę Tuska. Dla Donalda to była bardzo wygodna sytuacja. Nawet palcem nie kiwnął, a Rokity całkowicie się pozbył.

Poczekaj. Nelli poszła do PiS. To prawda. Ale dlaczego Rokita odszedł z PO?

Odszedł, bo jego żona opowiedziała się po stronie PiS-u, czyli po stronie głównego konkurenta Platformy. Czy to sytuacja, która się zdarza na świecie? Tak, zdarza się, że mąż i żona są w innych partiach politycznych. Ale to wtedy wyglądało tak, że Rokita jest sprawą zaskoczony i przybity. Nie miał przygotowanego uzasadnienia, jak tę sytuację tłumaczyć. Na dodatek on sobie, jak sądzę, uzmysłowił, że Tusk go rolował przez te wszystkie lata. I że nigdy nie będzie żadnym „premierem z Krakowa". Tusk w najmniejszym stopniu nie wyciągnął do niego ręki. Wprost przeciwnie, stawiał go w jak najtrudniejszej sytuacji. To ludzie Tuska tworzyli też atmosferę jakiegoś braku powagi, wyśmiewania, szydzenia. I Rokita po prostu pękł. Uznał, że nie ma sensu kopać się z koniem, bo i tak nie wygra. Odszedł. To wejście w rządzenie w 2007 roku jest dla Tuska wymarzoną sytuacją. Nie ma już Rokity. PiS przegrany, ze wszystkimi skonfliktowany i spodziewający się rozliczeń. PSL w koalicji, a SLD w nieoficjalnym sojuszu przeciw IV RP. Ale jest też pewien problem. Bo Donald marzył o rządzeniu, ale nie był do tego przygotowany. Nie miał koncepcji rządu, doradców, szuflad z projektami. Tusk nie odrobił lekcji, jaką wcześniej odrobił – o ironio! – Rokita, gdy przymierzał się do bycia „premierem z Krakowa". Inna sprawa, czy Rokita dobrze by rządził, ale chociaż był przygotowany. Ironia polega też na tym, że stanowisko premiera kompletnie nie leżało w naturze Tuska. On w iluś sprawach jest świetny, ale na pewno nie jest świetny w dzieleniu pracy, egzekwowaniu zadań i wykonywaniu urzędniczych obowiązków.

Sytuację ma jak marzenie. Brak wewnętrznej konkurencji, stabilna większość, prezydent wycofany po przegranej brata.

Wyjściową sytuację ma doskonałą. PiS osłabiony, ale w pozycji monopolistycznej na prawicy, SLD w wariancie LiD-u – słaby. Tusk musi stworzyć rząd. Sytuacja jak marzenie, więc bierze kolegów. Wicepremierem zostaje Grzesiek Schetyna, nasz Shrek z Wrocławia. Nie może być wicepremierem u Donalda? Dlaczego? Przemek Gosiewski był u Kaczyńskiego. I Donald nie znajduje argumentów, by tego sukcesu nie konsumować razem z Grzesiem! Tusk może swobodnie mówić: „Wspólnie odnieśliśmy sukces o niebo wyższy, niż kiedykolwiek środowisko liberałów mogło sobie wymarzyć. Rządzimy wszystkim i mamy, co chcemy".

Pamiętajmy o jeszcze jednej rzeczy. Tusk jest chcianym premierem, bo odsuwa od władzy tych, którzy zagrażali demokracji. On sięgnął po władzę w atmosferze realnego, rzeczywistego triumfu. To jest takie *„dream come true"*. Spełnia się sen. W związku z czym można sobie pozwolić na bardzo wiele. Grześ do MSW i zostaje wicepremierem, Mirek Drzewiecki do sportu – jemu też Donald nie potrafi odmówić. Z poważniejszych osób jest Zbigniew Ćwiąkalski w resorcie sprawiedliwości. Też zresztą już sprawdzony, bo był prawnikiem prowadzącym wcześniej sprawy Platformy. Z Pawlakiem, jak już wcześniej mówiłem, Donald ma dobre relacje. I Donald ma jeszcze coś, czego mu latami brakowało, a co jest kluczowe w tym momencie – poparcie elit i mediów. W kampanii 2007 roku i zaraz po niej tworzy się coś, co dopiero ostatnio się kruszy – mainstreamowy, proplatformowy medialny ruch, głównie złożony oczywiście z „Gazety Wyborczej" i z TVN-u, ale i z mniejszych podmiotów typu „Polityka". Ale tak naprawdę to właśnie wtedy się utrwaliło. Jeszcze w 2005 roku wiele osób z „Gazety Wyborczej", do czego potem się po cichu przyznawali, głosowało nie na Donalda, ale na Lecha Kaczyńskiego. To są dość ciekawe przemiany. Ważni dziennikarze, którzy w latach 90. byli prounijni i wrodzy wobec Tuska i PO, a potem na chwilę przeszli na pozycje propisowskie, teraz piszą peany na cześć Tuska i bronią jego polityki.

Platforma po dojściu do władzy ma dość prosty pomysł na rządzenie. Trzeba się pokazywać w kontrze do prezydenta Kaczyńskiego. Tłumaczyć, że nie idzie, bo on wkłada kij w szprychy. Głębszej wizji w tym rządzeniu nie widać.

No bo jej nie ma. Jest za to pomysł. Jego autorem jest Bielecki, który nawiązywał do „postpolityki" w Wielkiej Brytanii i sam mi o nim odpowiadał. Polega na tym, żeby nie silić się na wielkie reformy czy zmiany, tylko po prostu sprawnie administrować. Do tego dochodzi – jak to kiedyś określiłem – „surfingowe uprawianie polityki". Po prostu przeskakujemy z fali na falę i na niej płyniemy. Nieważny jest kierunek. Ważne, żeby być na fali. Na fali są przestępstwa seksualne wobec nieletnich? To wychodzimy z tematem kastracji chemicznej pedofili. Pijany facet zabił 6 osób autem? OK, podwyższamy kary i wprowadzamy obowiązkowe alkotesty w samochodach. Jak jest jakieś dobre badanie dotyczące in vitro – to wskakujemy na falę in vitro. Problem z taką polityką polega na tym, że ona nie ma celu, brzegu, głębszej idei. Chodzi w niej tylko o jak najdłuższe utrzymywanie się na fali. Lata 2008 i 2009 to jest czas, gdy Platforma zaczyna sprzeniewierzać się starym liberalnym zasadom. Większość spółek Skarbu Państwa jest obsadzana przez ludzi PO i to wkładanie swoich ludzi dotyczy również niższych szczebli w tych firmach. Wtedy głównym kadrowym jest jeszcze Grzesiek Schetyna. Do afery z Sobiesiakiem to wszystko pozostaje w jego rękach. Polityka obsadzania swoimi, potem tak widoczna na tzw. „śląskich nagraniach", była absolutnym zaprzeczeniem idei Platformy.

Zmienia się retoryka międzynarodowa. Platformerskie hasło: „Nicea albo śmierć" idzie w odstawkę.

PO-PiS-owska retoryka jest odrzucona. „Nicea albo śmierć", czyli hasło, które długo było wyznacznikiem platformerskiej polityki zagranicznej, zostaje wycofane.

Dlaczego?

Tusk widzi, że jest pozytywnie odbierany na europejskich salonach. Po rządach Kaczyńskiego ludzie w Brukseli mówili: „Uf, wreszcie ktoś mniej wojowniczy". Tusk to widzi i dokonuje kolejnego zwrotu. Przecież nie tak dawno chciał mnie wyrzucać z partii za popieranie konstytucji europejskiej. I teraz następuje kolejna wolta, bo Tusk chce być dobrze widziany w Europie. To oczywiście ma swój cel na arenie krajowej. Chodzi o to, żeby się odróżniać od tych złych Kaczyńskich. Cały ten dość banalny patent na rządzenie działa.

Ekipa się sypie w obliczu afery hazardowej. Powiedz, dlaczego Tusk zdecydował się zostawić Mariusza Kamińskiego na czele CBA?

W Platformie wytworzył się taki mit, że to Schetyna przyszedł do Tuska i przekonał go do pozostawienia Kamińskiego, używając argumentacji w stylu: „Ja Mariusza znam z czasów NZS-owskich, to jest fajny chłop. Sam się przekonasz, jak go poznasz. On nam nic nie zrobi". Moim zdaniem to jest wyłącznie mitologiczna figura.

To nie może być prawda, bo przecież CBA szukało czegoś wokół wrocławskich spraw związanych ze Schetyną.

O tym się głośno mówiło. Dlatego ja nie wierzę, że to Grzegorz wpłynął na pozostanie Mariusza w CBA. Po drugie, Donald takimi sentymentami się nie kieruje. Uznał, że przeczekanie Kamińskiego będzie lepsze niż awantura z odwoływaniem go. Poza tym rząd miał wtedy pełną kontrolę nad prokuraturą. W związku z tym Donald mógł myśleć, że będzie miał wiedzę o kluczowych postępowaniach CBA i de facto Kamiński będzie ubezwłasnowolniony. Moim zdaniem Tusk nie docenił tego, że Mariusz jest fanatykiem. W czasach NZS-u i podziemnej opozycji to była wartość dodana. W czasach, w których on kierował tak newralgicznym i delikatnym instrumentem jak CBA, to była cecha dyskwalifikująca.

Uważasz Kamińskiego za fanatyka?

Jest absolutnym fanatykiem. Głęboko wierzy w to, że nic nie dzieje się ot, tak sobie. Uważa, że to wszystko jest ukartowane, wynika z zakulisowego spisku ludzi tajnych służb, oligarchów i innych mrocznych sił. I to jest grupa ludzi wokół Mariusza, nie tylko on sam. Mają aprioryczną wizję świata i do niej dostosowują fakty. Jak uważają, że jest układ, to jest – i tylko należy go wykryć. Jak nikt go nie ujawnia, to znaczy, że ludzie są źle przesłuchiwani albo zbyt krótko siedzą w aresztach „wydobywczych". Jakobińska, by nie powiedzieć bolszewicka, wizja świata i moralności uzasadniająca wszelkie draństwa wyższym celem.

No, ale ekipa PO ma powody, by czuć się niespokojna.

Poczucie bezkarności otoczenia Schetyny i Drzewieckiego oraz ich samych było coraz większe. Chodzi mi głównie o Marcina Rosoła, Piotra Wawrzynowicza, Michała Dzięby – młodych chłopaków, którzy stali się prawymi rękami Grzegorza i Mirka do bieżących działań w polityce i biznesie. Krążyły legendy po całej Warszawie, czego też oni nie mogą. I tu już się zaczęły historie typowe dla partii władzy – rozdawanie stanowisk, budowanie wpływów w spółkach, wielkie pieniądze. A wszystko to obserwuje CBA i lada chwila może coś wybuchnąć.

Tusk to widział?

Moim zdaniem widział i nie znajdował instrumentów, żeby temu zapobiegać. Wydaje się, że przed tymi zjawiskami ostrzegany był przez Bieleckiego już przed jesienią 2009, czyli przed wybuchem afery hazardowej. Tu dochodziło jeszcze jedno zjawisko, które w naszym środowisku było znane. Chodzi o to, że kiedy zaczynasz zajmować się czymś swoim, jakimiś związanymi z funkcją obowiązkami, to zaczynasz siłą rzeczy odpadać od dworu. Ja, gdy zostałem prezydentem Warszawy, nie mogłem być stale obecny w otoczeniu Donalda. Trochę podobnie zaczęło dziać się ze Schetyną w 2008 i 2009 roku. Miał swoje królestwo, czyli MSWiA, i na stałe nie mógł siedzieć u Donalda, wpływać na jego opinie. Poza tym Schetyna w opinii dziennikarzy zaczął rosnąć. Wtedy zaczęło się lansowanie tezy, że Grzesiek jest następcą Donalda, że jest najzdolniejszy, że świetnie prowadzi resort. Czy on ten resort świetnie prowadził, to miałbym duże wątpliwości, zwłaszcza po tym, gdy wybuchła afera informatyczna. W każdym razie, w opinii publicznej utrwalało się przekonanie, że Grzesiek wyrósł z roli asystenta Donalda, egzekutora. Że jest kimś więcej niż facetem, z którym można sobie zapalić cygarko, pośmiać się i obejrzeć mecz.

Dość silnie była budowana nawet taka opozycja. Schetyna jest decyzyjny, Tusk tego nie ma. Wciąż dzieli włos na czworo. To musiało Tuska coraz silniej irytować.

Trudno o coś bardziej wkurzającego dla Donalda niż porównywanie jego wad z zaletami Grzegorza. I tutaj złożyły się dwie rzeczy. Po pierwsze, Donald pomyślał sobie tak: „Grzesiek tak naprawdę w moim imieniu rządzi państwem. Wsadza swoich ludzi do różnych instytucji i spółek. Niektórych rzeczy już nawet nie konsultuje. Ludzie dookoła mówią, że robi to na moje polecenie, a tak naprawdę robi to dla siebie". A druga myśl była taka: „Schetyna, którego ja, Donald, stworzyłem, którego, jak to się mówiło w naszym liberalnym środowisku »z d... wyjąłem« i zrobiłem wicepremierem, jest kreowany na mojego następcę? Politycy i dziennikarze mówią, że jest ode mnie sprawniejszy! I co – jemu ma przypaść scheda? Co to w ogóle ma znaczyć?!". I Donald momentalnie zdał sobie sprawę, że Schetyna może stać się zagrożeniem dla monopolu jego władzy – tak jak wcześniej Olechowski, ja, Gilowska czy Rokita.

Okazją do cięcia jest afera hazardowa.

Ona oczywiście jednoznacznie przekreśla Zbigniewa Chlebowskiego i Mirka Drzewieckiego. Związek Schetyny z tą sprawą nie jest tak prosty. Tyle że Sobiesiak działa na Dolnym Śląsku i moim zdaniem Grzegorz o wielu rzeczach związanych z jego interesami musiał wiedzieć. Zwłaszcza w państwie de facto przez półtora roku rządzonym przez Grześka i jego ludzi. Dowodów przeciw Schetynie nie ma, ale Tusk postanawia tę okazję wykorzystać. Oczywiście ścina też głowę Kamińskiemu z CBA. Pojmuje, że Mariusz jest bombą, która może mu zaraz wybuchnąć po raz kolejny. Naturalnie reakcja w sprawie Schetyny jest nadgorliwa, bo – tak jak mówiłem – w przypadku Grzegorza nie ma dowodów na niecne działania. Donald wraca do wytrycha „podwyższonego standardu", co jest oczywiście tylko instrumentem do dowolnego szafowania winą i karą. Potem zresztą tego „podwyższonego standardu" nie stosował w sprawach Pawła Grasia czy, przez długi czas, wobec Sławomira Nowaka. Tak więc nagle Donald robi reset i Grzegorz ze wszystkiego wypada. Schetyna oczywiście histeryzuje, domagając się również zdymisjonowania Sławka Nowaka, który po cichutku przekazał mediom informację o wypchnięciu Grzegorza z rządu. Donald zapowiada też dymisję Grasia, ale potem to odwołuje. Graś pozostaje ostatnim w otoczeniu, który przynosi kapcie i polewa wino.

Schetyna nie zdawał sobie sprawy z tego, że tym rozpychaniem się ściągnie na siebie reakcję Tuska?

Myślę, że to jest kwestia zaczadzenia władzą i myślenia w stylu: „Co Donald beze mnie zrobi? Jak on te struktury okiełzna? Przecież jestem niezastąpiony! Jestem dobrym ministrem, to za co miałby mnie dymisjonować? Gdzie by się ważył? Jestem jego najbliższym współpracownikiem i wszystko o nim wiem!". Zaczadzenie.

Jest jeszcze element, który występował przy każdym z nas, w różnym nasileniu. Oczarowanie Tuskiem. W moim przekonaniu Grzesiek nie miał świadomości zasadniczo pogarszających się jego relacji z Donaldem. Tusk go cały czas czarował. Patrzył mu w oczy, proponował wspólną kolację, mecz, winko, cygarko i sztamę na zawsze! Gdy przyszło co do czego, to zrobił cięcie bez wahania. I jeszcze został za to pochwalony, że amputował kończynę powyżej zakażenia i pokazał, kto tu rządzi.

Jest taka interpretacja, że to Bielecki i Kilian namawiali Tuska do wypchnięcia Schetyny z rządu. To jest prawda?

Doradzali, by go marginalizować i odsunąć, bo zaraz się okaże, że będzie zbyt silny, by go wypchnąć. Zresztą, między Schetyną i Bieleckim od zawsze była duża niechęć.

Skąd to się wzięło?

Ten dystans się brał jeszcze z czasów KLD. Bielecki uznawał Schetynę za człowieka niepoważnego i niespełniającego podstawowych norm.

Co to znaczy?

Donald to określił żartobliwie, nazywając Schetynę Shrekiem. Klepanie w tył głowy, szczypanie za ucho to był standard w zachowaniu Grzegorza. Shrek, który ma władzę nad lasem. I tego Bielecki, i zresztą duża część starej KLD-owskiej ekipy nie akceptowali. Ludzie tacy jak Bielecki uważali Grześka za olbrzymi problem, który Donald sam sobie buduje. I Donald w końcu zrozumiał, że może pojawiać się sytuacja jak między Blairem i Brownem, gdzie polityk mało charyzmatyczny jest w stanie wygryźć lidera.

Schetyna pstrykał ludzi w uszy i walił ich w tył głowy?

Oczywiście. Podchodził i pstrykał w ucho albo klepał w tył głowy. To niby takie swojskie, ale de facto było prostackim pokazywaniem wyższości. Grzesiek miał poczucie bezkarności, wszechwładzy, którą Tusk mu wybudował.

Jaki jest Schetyna przy bliższym poznaniu?

Mimo tego wszystkiego, co zaszło, ja mam do Schetyny ogromną słabość. My się znamy jeszcze z czasów NZS-owskich. Grzesiek był odważny, zdecydowany. Jest wychowany w patriotycznej tradycji AK-owskiej. Jego rodzina przybyła na Dolny Śląsk z Kresów. Jest facetem oczytanym i inteligentnym. Ma też oczywiście cechy negatywne.

Jakie?

Te, które pozwoliły Donaldowi sformułować to shrekowe porównanie. Często poruszał się w sposób chamski, niezręczny i robił swoim zachowaniem złe wrażenie. Właściwie przez cały czas funkcjonowania Unii Wolności uznawany był za głupka odstającego poziomem intelektualnym. Tu grono nobliwych i zasłużonych polityków, a naprzeciw szczerzący się i odpowiadający głupie dowcipy Grzesiek. W rzeczywistości jest, jak wspomniałem, inteligentny i oczytany. Druga zła cecha charakteru, której nie zwalczył, to jest demonstrowanie braku szacunku dla ludzi. To są te klepania posłów w tył głowy albo pstrykanie palcem w ucho lub szarpanie za ucho, bo i tak robił z niektórymi posłami. Jak już ci mówiłem, on uważał, że to jest fajne, takie kumpelskie. Ale dla świata zewnętrznego to są zachowania prostackie i świadczące o demonstrowaniu wyższości. Muszę też powiedzieć, że na tych wcześniejszych etapach był dla mnie, mimo tych cech, współwyznawcą takiego naszego NZS-owskiego poczucia honoru.

Na czym to polegało?

Na tym, że nie wymiękamy, i na wzajemnej lojalności. Choć na ogół to była lojalność głównie wobec niego, bo to raczej on bywał w tarapatach i potrzebował wsparcia, choćby w pojedynkach z Frasyniukiem, o których wspominaliśmy. Potem wszystko sprzedał i złamał. Stał się dla mnie... Ach, szkoda nawet używać tych słów.

Schetyna jest oczytany?

Tak, oczywiście. Ma bzika na punkcie sportu i potrafi ci wymienić skład jakiejś drugoligowej drużyny piłkarskiej z lat 70. Ale ma też inne zainteresowania. Gdy z nim rozmawiasz na przykład o II wojnie światowej, o AK, o Powstaniu Warszawskim, o Żołnierzach Wyklętych i początkach komuny w Polsce, to słyszysz faceta, który dużo przeczytał i ma swoje zdanie. Znacznie powyżej Shreka.

Dlaczego Tusk na początku już 2010 roku jednak podejmuje decyzję o tym, żeby nie walczyć o prezydenturę? Gdzieś ta prezydentura chyba była jego marzeniem w przeszłości?

To jest właśnie związane ściśle z Grześkiem. Donald chciał być prezydentem Polski i gdyby nim był zamiast Komorowskiego, to miałby świetne notowania. Z jego kwalifikacją do ujmowania ludzi i do publicznych występów Tusk byłby dużo lepszym prezydentem niż premierem. Prezydentura jest jednym z najlepszych zajęć w Polsce. Nie tylko dlatego, że jesteś „Głową Najjaśniejszej Rzeczpospolitej". Również dlatego, że trudno to zepsuć. Tyle że Tusk pod koniec 2009 roku ma w głowie przeświadczenie: „Jeśli zostanę prezydentem, to powtórzy się schemat Kwaśniewskiego i Millera". Wielokrotnie o tym w przeszłości z Tuskiem rozmawiałem – o tym, jak błyskawicznie Miller odebrał Kwaśniewskiemu partię. Tusk bał się, że ten schemat się powtórzy. Po drugie, była jednak gdzieś obawa, że może z Lechem Kaczyńskim przegrać, bo przecież już raz się to stało. Jednak główna motywacja to był Schetyna. Oczywiście Grzegorz był wtedy osłabiony, ale sprawował funkcję wiceszefa partii. Teoretycznie Tusk mógłby iść po prezydenturę i oddać partię w opiekę na przykład Ewie Kopacz. Tylko jaką miałby gwarancję, że w ciągu pół roku sprawny, pracowity Schetyna jej nie pokona? Nie miał żadnej. Skoro zręczny Aleksander Kwaśniewski pozwolił, by mu odebrano SLD, to dlaczego historia nie miałaby się powtórzyć? Prosta kalkulacja podpowiadała, że trzeba pozostać w fotelu premiera. Oczywiście całe otoczenie Donalda namawiało go, by został w rządzie. Tam jest władza, tam się podejmuje decyzje i stamtąd się rządzi, a nie z Pałacu Prezydenckiego. Dla kilku osób oznaczałoby to koniec kariery, koniec wpływu na politykę.

Mamy prawybory, w których stają naprzeciw siebie Komorowski i Sikorski. Kogo woli Tusk?

Komorowski jest dla Tuska wygodny, bo nawet jeśli sympatie Bronka są gdzieś indziej ulokowane, to nie jest w stanie przeciw Donaldowi wystąpić. Można sobie wyobrazić, że w przyszłości Sikorski tworzy coś w kontrze do premiera, ale Komorowski – nie.

Sikorski był realnym kontrkandydatem?

Od początku było wiadomo, że nie ma szans. Po pierwsze, był osobą z zewnątrz. Do PO zapisał się dopiero w 2007 roku, nie miał swojej frakcji.

Komorowski też nie miał frakcji...

Ale jest naszym Bronkiem. Jest „naszym hrabią", a Radek jest wyniosły i potrafi manifestować swoją wyższość. Radkowi schlebiało samo to, że startuje. Dla każdego, kto zna wnętrze Platformy, było jasne, że on takiej konfrontacji nie może wygrać. Swoją drogą Donald nie mógł dopuścić do startu w tych prawyborach nikogo innego. Niewiele osób z punktu widzenia interesów Donalda spełniało prezydenckie wymogi. Bez wątpienia taką osobą był Komorowski. Ewa Kopacz, która jest politykiem bliskim Donaldowi, nie spełnia prezydenckich warunków. Poza tym nie startuje się na prezydenta z pozycji ministra zdrowia, bo to byłoby proszenie się o porażkę z Lechem Kaczyńskim. No więc stanęło na Komorowskim, co jest pewnym chichotem historii.

Dlaczego?

Gdy spojrzymy w historię, którą opowiadamy w tej książce, to trudno sobie było kiedyś wyobrazić, że Komorowski będzie prezydentem Polski. Może ministrem obrony, może wiceministrem, ale nie prezydentem Rzeczpospolitej. Wiele przypadków się na to złożyło oraz to, że w pewnych momentach nie okazał się być człowiekiem dogmatycznie odważnym. Przy czym, żeby było jasne – ja jestem o Komorowskim dobrego zdania. To nie jest jakiś drań czy kombinator, ale człowiek dość przyzwoicie postępujący. Jednak na taką karierę się nie zanosiło i nic na nią nie wskazywało.

Ty zostajesz w 2009 roku szefem Stronnictwa Demokratycznego. Udaje ci się namówić Olechowskiego na start w wyborach prezydenckich, ale on nie odgrywa istotnej roli w kampanii 2010 roku. Dlaczego?

Zdecydowała o tym katastrofa smoleńska i polaryzacja, jaką ten dramat wywołał. Ale po kolei. Gdy zostaję przewodniczącym SD, wokół niego zaczyna się zbierać cała, rozsypana dotąd, armia liberałów. Posłowie Bogdan Lis, Marian Filar i Jan Widacki tworzą pierwsze od 18 lat koło parlamentarne Stronnictwa. Do partii w ciągu kilku miesięcy zapisuje się 6,5 tysiąca ludzi, w tym tacy, których nie widziałem od czasów KLD. Olechowski po mojej lipcowej deklaracji ideowej ogłasza, że nie ma już miejsca dla liberałów w PO i z niej występuje. Media na pierwszych stronach rozpisują się o jego starcie i szansach w zbliżających się wyborach prezydenckich. Andrzej w pierwszych sondażach ma nawet 15–18-procentowe poparcie. Stronnictwo Demokratyczne zaczyna rozkręcać działalność i tworzy sprawne struktury. Mamy pieniądze na kampanię. I w tym momencie zaczynają się dziać dziwne rzeczy dookoła. Najpierw przecieki z jakże niezależnej prokuratury na temat umorzonej sprawy na temat mojej wygranej w kasynie w Gdyni w 1992 roku. Sprawę już opisywałem. Przeciek jest oczywiście sterowany i ma podważyć moją wiarygodność. Media nie słuchają wyjaśnień. Powtarzają bzdury o 138 razach wygranej. Część starych działaczy SD, których pozycję, a zwłaszcza wszechwładzę finansową naruszyłem, zaczyna tworzyć spisek wewnątrz ugrupowania. Wiem, że od Platformy i PSL dostają po cichu propozycję współpracy pod warunkiem wyeliminowania Piskorskiego. W październiku podejmują nieudaną próbę przewrotu i wykluczenia całej nowej ekipy z SD. Do końca 2009 roku wygrywamy batalię prawną z działaczami, którzy organizują tę rozróbę. Są straty wizerunkowe, ale wydaje się, że jesteśmy na prostej.

I co dzieje się dalej?

Widocznie czas na drugi cios. 13 stycznia odbieram telefon i okazuje się, że do mojego domu przyszło CBA z prokuratorem. O co chodzi? Jak mówią, przyszli szukać oryginału umowy z antykwariuszem, któremu sprzedawałem w 1997 roku różne przedmioty.

Tę sprawę muszę opisać, bo powróciła ostatnio, gdy znów zbliżyła się kampania wyborcza. Tak jak już mówiłem, uznawałem za dobre i godne pochwały zarabianie pieniędzy poza działalnością polityczną. Robiłem w życiu bardzo wiele rzeczy. Grałem na giełdzie, obracałem nieruchomościami, sadziłem lasy, a kiedyś handlowałem też antykami. Gdy miałem w 1997 zostać szefem kampanii UW i kandydatem na posła, postanowiłem wycofać się z tych działań gospodarczych, by nie dopuścić do jakiegoś konfliktu interesów. Wycofałem się z giełdy, zakończyłem inne działania, a zabytkowe przedmioty, które posiadałem, zacząłem sprzedawać pewnemu antykwariuszowi, z którym podpisałem umowę. Zakończyliśmy tę transakcję do listopada 1997. Natychmiast zapłaciłem też z tego tytułu opłatę skarbową, przedstawiając jednocześnie w urzędzie skarbowym umowę pisemną – mimo że prawo pozwalało w takich sprawach nawet na zawieranie umów ustnych. Nigdy nie sądziłem, że kiedykolwiek ta absolutnie czysta, legalna i opodatkowana transakcja może zostać zakwestionowana. Miałem pewność, że urzędy skarbowe, wiedzące przecież o sprawie od 1997 roku, mogą to w każdej chwili skontrolować, więc dodatkowo nie było mowy o jakiejkolwiek nieprawidłowości. Ponieważ sam przechodziłem rok wcześniej podobne postępowanie sprawdzające (przy okazji pozagiełdowej transakcji akcjami), wiedziałem doskonale, że antykwariusz nabywający ode mnie za prawie milion złotych przedmioty zabytkowe będzie również podlegał sprawdzeniu. W tej sytuacji samobójstwem byłoby przedstawianie fałszywej umowy, co potem mi zarzucono, czy informowanie o transakcji, która nie miała miejsca – jeśli można by to było zweryfikować jednym pytaniem do nabywcy. W 2001 roku przechodziłem kolejne prześwietlenie majątkowe, o czym już opowiadałem. Wszystko sprawdzono i wydano pozytywne dla mnie postanowienie. Oczywiście, gdy PiS zaczął na mnie nagonkę, wrócono i do tej sprawy. Okazało się, że antykwariusz ten już nie żyje i nie może niczego poświadczyć, więc chwycono się tego jako pretekstu. Zwłaszcza że we wszystkich innych sprawach, i to dotyczących moich działań publicznych, jak i spraw prywatnych, nigdy mimo tak zaciętych prób nie znaleziono żadnej nieprawidłowości. W tej sprawie również zdawało się, że zaraz nastąpi umorzenie, bo prokuratura nie miała żadnych poważnych dowodów na podważenie prawdziwości tej umowy. Była jedna opinia osoby, która nie była specjalistą od grafologii, mówiąca, że może sfałszowałem podpisy, ale prawdziwi specjaliści w swoich ekspertyzach oczywiście to wykluczali. Syn tego antykwariusza zeznawał nawet, że do dziś ma przedmioty z tamtej transakcji. Wydawało się oczywiste, że sprawa musi być umorzona. Tu jednak zadziałały „czynniki pozamerytoryczne". Potem wysoko postawieni ludzie z PO usprawiedliwiali się w rozmowach ze mną, że „to nie oni", ale potwierdzali, że oczywiście politycznie sprawie „nie pozwolono umrzeć". Sprawa została przeciw nam wykorzystana w 2010 roku i ciągnęła się jeszcze potem. W świetle kamer przedstawiono mi zarzut w styczniu 2010 roku. Na podstawie tych samych pseudodowodów zrobiono mi jeszcze sprawę skarbową i nałożono kary. Mam za sobą trzy wyroki sądowe NSA i WSA – wszystkie oczywiście na moją rzecz i stwierdzające, iż nie ma żadnych podstaw, by kwestionować autentyczność zawartej przeze mnie umowy i przeprowadzonej wtedy transakcji. W konsekwencji tych prawomocnych i korzystnych dla mnie wyroków sądowych instytucje skarbowe postępowanie już umorzyły i zwróciły mi zabezpieczone wcześniej pieniądze, ale mimo tego prokuratura postanowiła mnie nadal w tej sprawie oskarżać, a sąd rejonowy przez cztery lata, mimo naszych apeli i wniosków, nie mógł odbyć nawet pierwszej rozprawy. Tak więc finał formalny, niezależnie od tego jak pewny jestem swoich racji i co już orzekły w tej sprawie sądy, będzie już po wydaniu tej książki. Tak to już niestety w Polsce może działać.

Jaki to miało wpływ wtedy w 2010 roku?

Wtedy w styczniu 2010 roku do mojego domu weszło w sumie kilkunastu agentów CBA. Co ciekawe, uważnie przeszukiwali między innymi polityczne dokumenty z przeszłości. Oczywiście był już przyszykowany przeciek do mediów, oczywiście wszystko działo się „przypadkowo"! A „Gazeta Wyborcza" już komentowała, że „Piskorski wyeliminowany" i że to „koniec marzeń Olechowskiego". Usunąłem się z pierwszej linii kampanii, aby nie szkodzić. Naturalnie, potem sprawa zamarła aż do teraz, gdy zbliżyły się kolejne wybory. Do dziś uważam, że to była klasyczna polityczna manipulacja. Mimo że ludzie z PO mi to potwierdzali, to oczywiście – jak to w takich sprawach bywa – nie da się tu niczego udowodnić.

No, ale nie rezygnujecie i Olechowski startuje.

Oczywiście, że nie. Pierwsze duże wydarzenie, konwencję na 1,5 tysiąca ludzi planujemy na sobotę 10 kwietnia. Platformerskie konwencje są niczym w porównaniu z tym, co wtedy tam zorganizowaliśmy. Scenografia, oprawa, scenariusz – wszystko dopracowane i na najwyższym poziomie. Swoją obecność zapowiedziały wszystkie media. Mieliśmy wtedy przekonanie, że to w naszej kampanii będzie bardzo ważny krok do przodu. Na 9.10 rano jadę do Polsatu, żeby jeszcze opowiadać, co będzie na konwencji. Malują mnie, podłączają mikrofony i... pytają, czy ja wiem, co się dzieje, bo miała miejsce awaria prezydenckiego samolotu. I zamiast 10 minut, byłem w tym Polsacie dwie i pół godziny. Straszne wspomnienie. Na wizji kolejno dowiadywaliśmy się o katastrofie, o tym, że wszyscy zapewne zginęli, o liście pasażerów. Było na niej wielu moich przyjaciół, kolegów, współpracowników. Wychodzę ze studia jak znokautowany. A tam, na konwencji, czeka na nas przecież półtora tysiąca osób. Niczego się już nie da odwołać. Jedziemy z Olechowskim na kongres. Dajemy dwa krótkie przemówienia, jest minuta ciszy, formalne procedury wyborcze wymagane przez statut i rozjeżdżamy się do domów, bo to nie był czas na politykę. Na trzy dni przed 10 kwietnia Olechowski miał 17-procentowe poparcie. Zakładaliśmy, że w starciu z Komorowskim miałby szansę. Nie byłby też bez szans w starciu z Lechem Kaczyńskim. Nawet gdyby nie wszedł do drugiej tury, to 15–17-procentowe poparcie byłoby doskonałym zalążkiem, wokół którego można było budować listę do Sejmu. Ta tragiczna sobota 10 kwietnia wszystko zmienia.

I przyśpieszyła kampanię. Bo wybory, zamiast jesienią, odbyły się na przełomie wiosny i lata. Jak w tych warunkach, po tragedii smoleńskiej, ta kampania wyglądała?

Kampania Olechowskiego w 2010 roku znalazła się w próżni. Prawie że natychmiastowym następstwem katastrofy smoleńskiej jest wytworzenie się bipolarnego układu PiS i PO, którego mimo pracowitości Olechowskiego nie da się przeskoczyć. Tuż przed Smoleńskiem miała miejsce nominacja dla Komorowskiego na kandydata Platformy w starciu o prezydenturę. Po tragedii smoleńskiej Komorowski jako marszałek Sejmu zgodnie z konstytucją pełni obowiązki głowy państwa, a jednocześnie jest kandydatem w walce wyborczej o prezydenturę. Opatrzność już w tym momencie oddaje im władzę. Oczywiście trudno powiedzieć, co by było, gdyby nie Smoleńsk. Pytanie, po ile głosów spośród tych, które dostał Komorowski, mógłby sięgnąć Olechowski, gdyby kampania przebiegała w normalnych warunkach. Pewnie byłoby ich niemało. Natomiast PiS lansowało potem tezę, że gdyby nie katastrofa, to Lech Kaczyński zostałby ponownie wybrany. Bardzo w to wątpię.

Powiedz, jak oceniasz reakcję władzy, jej sprawność tuż po katastrofie?

Ośrodek decyzyjny kompletnie się rozłożył. Najpierw miał miejsce zbyt szybki, całkowicie bezrefleksyjny wybór formuły prawnej, w jakiej przyczyny tej katastrofy mają być badane. Zrobiono to bez wyobraźni, co będzie dalej. Popełniono mnóstwo błędów praktycznych.

Przykład?

Na przykład to, że Ewa Kopacz jedzie do Moskwy i uczestniczy w sekcjach. Mam dla niej duży, osobisty szacunek za ten gest, ale pytanie, czy to jest zadanie dla ministra rządu? Towarzyszy temu sporo mitomaństwa, które potem wychodzi na jaw. Te zapewnienia o przekopaniu każdej piędzi ziemi w Smoleńsku czy te o udziale polskich medyków przy wszystkich sekcjach – to wszystko dalece odbiegało od prawdy i szybko wyszło na jaw. To były zbędne deklaracje wypowiadane na potrzeby opinii publicznej w Polsce. Duży polityczny błąd popełnia Tusk. On w tamtym momencie uważa, że ta tragedia będzie zwrotem w polityce z Rosją i że na tej bazie można zbudować nowe relacje. I z tego powodu jest po prostu bardzo mało czujny. Nie zakłada, że Rosjanie będą prowadzili wybiórcze dochodzenia albo będą zwlekać z oddaniem wraku.

Naiwność?

Brak profesjonalizmu. Nie było wokół niego profesjonalnego sztabu, który ostrzegłby, że nie takie rzeczy już Rosja robiła i że to może być pułapka. Tusk stracił na moment zdolność przewidywania. On niewątpliwie wiele razy w polityce pokazał bardzo dużą intuicję, ale wtedy był taki moment, w którym Donald nie patrzył dwa kroki do przodu. Był zbyt ufny w stosunku do Putina. Zakładał, że jakoś to będzie, że jakoś ta sprawa się rozwiąże. Nie mnie go usprawiedliwiać, ale – tak to próbuję sobie wyjaśnić – może zszokowany, jak my wszyscy, ogromem tragedii podejmował wtedy decyzje kierowane emocjami, a nie w oparciu o racjonalne przesłanki. Pamiętajmy, że był na miejscu tuż po katastrofie i widział na własne oczy rozmiar nieszczęścia. Górę wzięły wtedy emocje, a nie chłodne myślenie. A wtedy, w tamtej atmosferze, gdyby Tusk określił wobec Putina jakieś nasze warunki czy oczekiwania, to Putin – moim zdaniem – nie mógłby mu odmówić czy czegoś nie spełnić. I nie odnoszę się tu do żadnego konkretnego zapisu w umowach międzynarodowych. Po prostu moment był tak niezwykły, że Putin nie mógłby powiedzieć „nie".

Mój największy zarzut polityczny do Tuska jest taki, że nie dość szybko się pozbierał. Rozumiem pierwsze godziny traumy, ale potem zbieramy najlepszych ekspertów od prawa międzynarodowego, lotnictwa, Wschodu, służb specjalnych i zaczynamy działać. Znasz Tuska, dlaczego tego nie zrobił?

Mogę tylko powtórzyć to, co powiedziałeś. Wynikało to z tego, co z jednej strony wzmacnia pozycję Donalda, ale – z drugiej – też jest jego olbrzymią słabością. Chodzi tu o słabość jego teamu. Nie byli w stanie szybko zebrać ludzi, doradców, którzy by im powiedzieli: „OK, teraz, w pierwszych kilkunastu godzinach mamy do czynienia z wariantem, w ramach którego Putin zdaje się wyprzedzać nasze życzenia, a Rosjanie okazują jak najdalej idącą pomoc. Ale za dzień, za tydzień może być rozgrywany zupełnie inny, o wiele gorszy wariant, gdy to Rosjanie zaczną zacierać jakąkolwiek swoją odpowiedzialność, będą przetrzymywać dowody i opóźniać sprawę. W związku z tym w pierwszych godzinach musimy zrobić to i to". Tego niestety nie było.

Ja oczywiście w teorie spiskowe, a tym bardziej zamachowe nie wierzę, natomiast reakcja strony polskiej była nieprofesjonalna i było tam masę partactwa. Najbardziej upokarzającym objawem partactwa była zamiana ciał, o czym dowiedzieliśmy się po wielu miesiącach. Oczywiście doraźnie to nie zaszkodziło Tuskowi, bo atmosfera była podniosła i traumatyczna.

To się dość szybko zmieniło w jatkę polityczną. Jarosław Kaczyński miał szansę wygrać prezydenturę w 2010 roku?

Ten koszmar, który się zdarzył, spowodował, że wokół Kaczyńskiego zaczęła się budować atmosfera współczucia, sympatii, ludzkiego wsparcia. Czy jego łagodna wtedy postawa publiczna była wystudiowana, czy wynikała z brania leków, co Platforma potem banalizowała i obśmiewała, to trudno powiedzieć. Z całą pewnością logika podpowiadała wtedy, by PiS robił taką właśnie kampanię, jaką robił. Czyli nie kampanię pod hasłem: „Zdrajcy, zabiliście prezydenta!", tylko kampanię z przesłaniem: „Jestem spadkobiercą wielkiego prezydenta Polski, który tragicznie, w służbie dla Polski zginął. Jestem jego bratem, przeżywam ból po jego stracie, ale jestem w stanie to unieść". Oczywiste, że tak należało tę kampanię prowadzić. Czy się mogła powieść? Mogła. Na przykład, gdyby po stronie platformerskiej zdarzyły się poważniejsze błędy. Ale żadnych większych wpadek nie było. Różnica nie była duża. Komorowski dostał w drugiej turze 53 procent głosów. To nie było zwycięstwo 60 do 40. To z punktu widzenia PiS była ważna kampania. Jej efektem jest choćby to, że duża część Polaków nosi w sobie pamięć, że głosowali na Jarosława Kaczyńskiego. To – moim zdaniem – bardzo ich dziś umacnia.

Jak oceniasz kampanię Komorowskiego?

Komorowski jest takim człowiekiem, że się nie dało wokół niego wytworzyć – tak bym to określił – atmosfery charyzmatycznego przywódcy z wizją, który będzie zmieniał Polskę. Po pierwsze rola konstytucyjna prezydenta taka nie jest, a po drugie, Bronek nie jest taki, a po trzecie – sytuacja nie była taka. On jest stabilizatorem.

Co to znaczy?

To znaczy, że ja – Bronisław Komorowski – jestem wasz hrabia, nie wasz chłop, ale wasz hrabia. Ja będę robił „ho-ho-ho", będę was odwiedzał i opowiadał gruboskórne dowcipy, ale przede wszystkim będę dawał wam poczucie, że tutaj się nic tragicznego nie wydarzy. A to właśnie znaczy – będę stabilizował. I taką planowali, i taką zrobili mu kampanię. Ona, co najwyżej, byłaby jeszcze łatwiejsza do zrobienia, gdyby nie katastrofa. Dlatego stawiam tezę, że i tak Platforma by te wybory wygrała. Olechowski startował jako kandydat, który inaczej widzi prezydenturę. Nie będzie jeździł na dożynki i tam pohukiwał. Nie będzie jeździł na polowania. Zamiast tego będzie motywował rząd do reform. Ale w sytuacji, gdy jednemu kandydatowi zginął brat w narodowej tragedii, a drugi kandydat pełni funkcję prezydenta i jest stabilizatorem po traumie, nie mieliśmy szans przebić się z naszym przekazem.

Wybory prezydenckie przynoszą reaktywację Schetyny, który zostaje marszałkiem Sejmu. Dlaczego Tusk do tego dopuścił?

To Bronek „podyktował” Donaldowi przywrócenie Schetyny do życia. To była akcja „z zaskoczenia” tuż po wyborach. Grzesiek wyrasta, a Tusk potem sobie strasznie pluł w brodę, że na to pozwolił. Nie był przygotowany do riposty. Nie zagrał w tempo. Nie przyszedł do Bronka, by w pierwszych słowach mu powiedzieć: „Gratuluję, panie prezydencie, bardzo się cieszę, że pan będzie teraz tutaj w Pałacu, a my w Sejmie wybierzemy sobie na marszałka Ewę Kopacz”. Można powiedzieć, że się zagapił. Donald pozwolił na coś, czego potem bardzo żałował, no bo renesans Schetyny pozwolił również budować opozycję wewnętrzną w PO, z którą Tusk musiał się potem zmierzyć. Ta opowieść o Schetynie ma trzy etapy. Pierwszy to był etap wicepremiera zakończony cięciem „sobiesiakowym”. Drugi to etap marszałka Sejmu i cięcie po wyborach 2011 roku. Wreszcie trzeci – to etap lidera opozycji wewnętrznej. I cięcie, którym Donald wypchnął go na margines PO przy okazji wyborów wewnętrznych. Margines, który jest finałem tego politycznego trójtaktu. Ciekawe jest to, że Tusk, choć miał wiele okazji, nie stracił wcześniej Schetyny.

Dlaczego twoim zdaniem i za co miałby to zrobić?

Tusk miał wszystkie instrumenty partyjne, ale też możliwość publicznego wytłumaczenia się z porachowania kości Schetynie. Zwracam uwagę, że przez Dolny Śląsk przetoczyło się masę afer. To nie jest tylko Beata Sawicka. Bo to był także Sobiesiak, to był też, zasłużenie czy nie, senator Misiak. I kilka innych jeszcze spraw – jak choćby pompowanie kół czy podrabianie podpisów w Wałbrzychu. W każdej innej sytuacji ten region byłby rozwiązany, a Schetyna byłby ścięty pod pretekstem chociażby tego, że nie jest w stanie panować nad sytuacją. Przecież w tej książce opisujemy, jak to ludzie wylatywali z partii za dużo mniejsze sprawy.

Dlaczego ta reakcja była inna w przypadku Schetyny?

Tu są dwa wytłumaczenia, przy czym oba mogą być prawdziwe.

Pierwsze jest takie, że choć dziś oni po prostu się nienawidzą, to jeszcze w 2010 roku temperatura ich relacji była o kilka stopni niższa. Zachowawczość Tuska mogła wynikać z postawy, którą Grzegorz przyjął. A Schetyna ewidentnie w tych ostatnich latach przejawiał syndrom sztokholmski. Innymi słowy Grzegorz, nawet wtedy gdy Donald okładał go kijem, gotów był uważać, że wszystko jest mniej więcej OK. To zjawisko było jeszcze silniejsze u Mirka Drzewieckiego. Donald go wyrzucił, sponiewierał, obsobaczył, a Mirek, jak tylko dostawał jakiś sygnał z kancelarii premiera, że może pojawić się na spotkaniu, na którym jest Tusk, nie posiadał się z radości. Biegł tam prawie że na wyścigi, zadowolony, że znowu się ze swoim Donciem zobaczy. To są też oczywiście elementy dworskiego zachowania, ale też coś głębszego – coś, co tkwi w psychice. U Grześka było to samo, tylko nie w takim aż nasileniu. Ta postawa sprawiła, że przyjął błędną strategię polityczną. Gowin miał strategię konfrontowania się z Tuskiem. Grzesiek – strategię na przeczekanie. Skończyło się to tym, że Donald krok po kroku rozbroił Grześka całkowicie.

A drugie wytłumaczenie zachowawczości Tuska wobec Schetyny?

Mniej więcej od 2004 roku Tusk i Schetyna układali najważniejsze rzeczy sami. Nie było innych uczestników procesu decyzyjnego. Mógł się więc bać jakiejś wojny atomowej ze strony Grześka.

Dlaczego w 2013 roku się nie bał, gdy go de facto zniszczył?

Być może uznał, że Grzesiek sam się teraz bardziej powinien bać. Jest sprawa informatyzacji w MSWiA. Grzesiek, w obliczu politycznej śmierci, wyciągnął przeciw Protasiewiczowi, który działał na rzecz Donalda, taśmy z przygotowań do dolnośląskiego zjazdu PO. Nie były to, jak się okazało, jokerowe, mocne karty. Poza tym przy totalnej konfrontacji Grzesiek znacznie więcej ryzykuje, bo on co najwyżej mógłby o Donaldzie coś złego powiedzieć, gdy tymczasem Donald ma instrumenty, by Grześkowi po prostu zrobić dużą krzywdę. Pamiętajmy, że Grzegorz w latach 90. prowadził biznes. Jego żona, bardzo miła i mądra kobieta, robi to do dziś. Radio, reklamy, koszykówka. Takie rzeczy zawsze mogą być punktem zahaczenia. Ktoś mógłby na przykład przypadkiem podpowiedzieć, czego i gdzie należy szukać. Za długo Grzegorz był egzekutorem w ekipie Tuska, też w ataku na mnie, który – jak mówiłem – prowadzony był z użyciem służb państwa, aby mieć jakieś złudzenia, że jego to nie może dotknąć.

Jest taka anegdota z lat 90. O tym, że kiedy dzielono stanowiska w TVP, Schetynie generalnie zależało tylko na jednym. Na tym, by Marian Kmita był szefem sportu w telewizji. Jak sobie przypomnisz, to w telewizji bez przerwy leciały mecze koszykówki. Ciągle były transmisje meczów Śląska Wrocław ze Zniczem Pruszków albo Anwilem Włocławek.
Po prostu narodowy sport!

To prawda. Opowiadałem już, że jeszcze w Unii Wolności nasza grupa negocjowała kwestie telewizyjne z ludźmi od Kwaśniewskiego, czyli z Kwiatkowskim i Czarzastym. I potwierdzam, że priorytetem Grześka był Marian Kmita w TV. I rzeczywiście potem okazywało się, że koszykówka jest najpopularniejszym w Polsce sportem, transmisje były w prime time'ach, co oczywiście wywindowało kilkakrotnie budżet drużyn. Też Śląska Wrocław. Przy czym nieżyczliwi mu działacze koszykówki mówili wtedy głośno, że pieniądze sponsorskie przechodziły przez firmę należącą do żony Grzegorza – z potrąceniem rzecz jasna jakiegoś udziału. Ale być może to norma – na sporcie to ja się nie znam. Wracając do 2010 roku – Donald może nie chciał wtedy go ostatecznie „zabić", ale popełnił ze swojej perspektywy błąd, bo pozwolił mu się po raz kolejny odbudować i umocnić. Bo Schetyna został marszałkiem Sejmu, a to jest pozycja niebagatelna. W niektórych aspektach bardziej znacząca niż bycie wicepremierem. Przez chwilę w 2010 roku był nawet taki moment, że Grzegorz pełnił funkcję prezydenta, co dla wielu osób, które go znają, było wystarczającym powodem do tarzania się ze śmiechu. Grzesiek jako głowa polskiego państwa to jest temat, przy którym naprawdę można się zakrztusić ze śmiechu.

Można się z tego śmiać, ale przez Komorowskiego i Tuska rozwijana była koncepcja triumwiratu, który teraz poprowadzi Polskę!

Donald nie po to wszystkich przez lata mordował, z udziałem Grześka zresztą, żeby mu tu teraz jakiś Schetyna triumwirat fundował. I Tusk doprowadził w końcu do tego, że żadnego triumwiratu nie było. Tymczasem sytuacja wygląda tak, że ten ostatni rok pierwszej kadencji Tuska jest zupełnie jałowy. Tak naprawdę

Donald idzie do kampanii 2011 roku z prostym hasłem kontynuacji, a nie z jakąś nową wizją, z zarysowanym na nowo programem, z nową ekipą do rządu. Na szczęście dla Tuska pomagać mu zaczyna Kaczyński. Wychodzi z wojenną retoryką. Umacnia twardy elektorat PiS-owski, ale jednocześnie jednak buduje kolejny szklany sufit nad swoją partią.

Zanim o kampanii 2011, opowiedz o człowieku, który przystępuje do niej na własną rękę, a we wcześniejszym czasie był postacią istotną w PO. Chodzi mi o Janusza Palikota.

Przychodzi do Platformy stosunkowo późno. To jest 2005 rok. I pojawia się jako człowiek, który na przykład do Unii Wolności by się nie zapisał, bo ona była dla niego zbyt lewicowa. Przychodzi do PO z pozycji wydawcy „Ozonu", czyli ma wizerunek konserwatysty. Potem przechodzi istotną ewolucję poglądów. W momencie, w którym wchodzi do Platformy, wszyscy mają wrażenie, że to jest człowiek, który po prostu szuka nowego wyzwania. Bo już biznesy mu się znudziły, zarobił dosyć i teraz ma ochotę zobaczyć, czy mu pójdzie w polityce. I wchodzi jak klasyczny biznesmen, czyli inwestuje w rokującą najlepszy wzrost markę, a taką w 2005 roku była Platforma. A dosłownie – to on inwestował w Donalda.

Co masz na myśli?

Już mówiłem, że na moment przed oficjalnym rozpoczęciem kampanii w 2005 roku wydaje Donaldowi książkę i oblepia pół kraju billboardami z wizerunkiem Tuska. A jako sponsor zaczyna przejmować rolę Mirka Drzewieckiego. Rzecz się sprowadza do tego, że, jak krótko powiedział mi Tusk, „to lepiej, gdy Janusz chodzi z nami do restauracji, bo jest komu płacić rachunki". I Donaldowi to bardzo pasowało. Zwłaszcza że Janusz jest bardzo inteligentnym, ciekawym rozmówcą i kompanem. Wymyślony wizerunek zewnętrzny kontrastuje z inteligencją i spokojem w bezpośrednim spotkaniu. Ale na początku był w polityce, zwłaszcza tej partyjnej, kompletnie pogubiony. Ja z nim miałem dłuższą rozmowę przed moim wyrzuceniem z PO. I dosyć otwarcie mówiłem mu, co sądzę o Donaldzie. Dodawałem, że się po prostu powinien pilnować, by nie było tak, że się da wykorzystać i potem, jak kolejny zużyty instrument, których Donald miał w życiu wiele, będzie wyrzucony. Przypomniał mi to w 2010 roku, gdy odchodził z PO i mówił, że tamta diagnoza mu się potwierdziła. Ale to świadczy źle o Donaldzie, a nie o Januszu.

Ale najpierw był pieszczoszkiem Tuska.

Był, bo przyjął rolę, której mu Tusk nie narzucił, ale którą bardzo chętnie widział – rolę faceta, który może powiedzieć znacznie więcej, niż wypada powiedzieć komukolwiek innemu. Miał być młotem na PiS. Miał walić i obryzgiwać, insynuować i obrażać – i Palikot, jak jakiś komandos do zadań specjalnych, wziął to na siebie.

Jaka jest nagroda dla niego?

Spełnia się jego marzenie – ta rola daje mu rozpoznawalność. A to przecież był jego cel pierwszy. Nikomu nieznany Palikot wbija się do pierwszej ligi i Polacy, w ponad 90 procentach, mówią: „Tak, znam tego gościa. Lubię, nie lubię, ale rozpoznaję". I to jest cel, który on na początek chciał osiągnąć. Tyle że Palikot wyraźnie zaczął odczuwać, że jest traktowany instrumentalnie. Rola boksera walącego w PiS i Lecha Kaczyńskiego dawała popularność, ale oznaczała również, że nie jest się traktowanym poważnie. A przecież ktoś, kogo nie traktuje się poważnie, nigdy nie będzie pierwszoliniowym kreatorem polityki. Może być jedynie asystentem. No bo wiadomo – Palikot to jest ten od wygłupów i „niegrzecznych gadżetów". A to już nie odpowiadało ani jego ambicjom, ani potencjałowi. W pewnym momencie, w którym on ten swój cel podstawowy, czyli rozpoznawalność, już osiągnął i chciał przejść na inny poziom politycznej aktywności, Donald wyraźnie mu powiedział: „Hola, hola, nie ma mowy". Po czym nastąpiła tragedia smoleńska i Palikot znalazł się w katastrofalnej sytuacji. Bo teraz to już na niego pluli nie tylko ludzie sympatyzujący z PiS-em. Teraz, po tragedii smoleńskiej, na jego widok na drugą stronę ulicy przechodzili ludzie, którzy byli neutralni. Widział wtedy nienawiść do siebie i widział natychmiastowe odcięcie się od niego Donalda Tuska i całej jego ekipy.

O czym mówisz?

Dochodziło do sytuacji, że on przychodził na jakieś spotkanie i Donald manifestacyjnie z tego spotkania wychodził, żeby nie być w jednym pomieszczeniu z Palikotem, by ktoś nie powiedział, że się z nim naradza. I generalnie wszystkie sygnały, które do niego docierały od dworu Tuska, były mniej więcej takie: „Jesteś dla nas dramatycznym obciążeniem. Nigdzie nie możemy cię pokazać. Spadaj. Schowaj się. Wyjedź gdzieś. Odejdź od nas".

On robi potem jeszcze różne sztuczki. Przechodzi taką podwójną przemianę. Najpierw w „poważnego Palikota w okularach", potem w drugą stronę, gdy mówi: pokazałem fałszywą twarz, jak

Kaczyński w kampanii prezydenckiej. Zaczyna krucjatę antysmoleńską...

Jest zawiedziony, bo czuje pierwszy raz tę nielojalność, którą my już znamy. Wydobywa się z tej fatalnej sytuacji swoją inteligencją i determinacją. Bez żadnego wsparcia ze strony kierownictwa PO. Staje na czele antysmoleńskiego, antyklerykalnego buntu. Jest już samodzielny i istotnie różny od mainstreamu platformowego. Przechodzi ewolucję jak komiksowi superbohaterowie. Fascynujący proces przypominający popkulturowe archetypy obecne w naszych głowach – szok, kluczowe wydarzenie i wychodzi zupełnie już inny facet. Nawet atrybuty te same. Pamiętasz, jak Clark Kent ściągał prostokątne okularki przed przeistoczeniem w Supermana? Pamiętasz kształt okularków Palikota? Nie wiem, czy mu to ktoś doradza, czy to spontaniczne, ale skuteczne jest. Wychodzi nowy gość, i to całkiem autentyczny. Ma już inne priorytety i poglądy niż kierownictwo PO. Już nie pasuje. Widzi też szykującą się nagonkę i możliwą egzekucję. Uprzedza więc ruch przeciw sobie i odchodzi z partii.

Dawałeś mu szanse?

Nie. Moja intuicja była taka, że ta luka antyklerykalna, antyestablishmentowa jest zbyt mała. Ale jednak udało mu się w wyborach do Sejmu w 2011 roku zrobić fenomenalny wynik. To się nie bierze z niczego. To pokazuje dobrą intuicję i „czucie" tego, co ważne. Duża część głosów Palikota, z czego wynika też kryzys jego późniejszych notowań, to są głosy „na złość". To są takie głosy, jakie we Włoszech zyskuje Beppe Grillo czy w Niemczech Partia Piratów. To są też takie głosy, jakie kiedyś zyskiwał Andrzej Lepper. Głosy oddane na złość tym wszystkim gościom z elity. Głosy oddane po to, by pokazać, że można zagłosować na kogoś innego. I z Palikotem – co by nie mówić – to przynajmniej będzie „się działo". I dużo młodych ludzi, ale też dużo ludzi z prowincji, co pokazują rozkłady głosów, tym się właśnie kierowało, oddając głos na listę Palikota. Takie jednak motywacje są z reguły nietrwałe. To było dobre na 2011 rok. Na 2014 i 2015 rok ten profil musi być już inny, co się właśnie dzieje.

Zatrzymajmy się przy zjawisku Palikota. Na ile jego działania, gdy był jeszcze w PO, były inspirowane przez Tuska, jego otoczenie?

Inspiracja nie była wprost. To nie było tak, że przychodził do Palikota ktoś ważny z PO i mówił: „Dobra, Janusz, czy mógłbyś zadziałać, ponieważ my mamy problem z Ministerstwem Zdrowia i musimy ten kłopot czymś przykryć?". To tak nie działało. On sam wyczuwał, że jest przyzwolenie, że może to robić i będzie za to fetowany. Natomiast ta inspiracja była oczywista i długoterminowa, bo Tuskowi zależało na tym, żeby te ostrzejsze antypisowskie tezy były wypowiadane i żeby były wrzucane opinii publicznej nie jego rękami. W razie czego Donald mógł się odcinać i mówić: „Znacie mnie państwo, to nie jest mój język i ja bym takich słów nie użył. I lepiej by było, gdyby takie słowa w debacie publicznej się nie pojawiały. No ale to też nie jest tak, że problemu, o którym mówił Palikot, nie ma. Ten problem istnieje".

Palikotowi ktoś to podpowiadał, wymyślał?

Jest całe grono ludzi, z którymi współpracuje, ale ostatecznie on sam podejmuje decyzje. Tyle że Palikot ma cechę, o której nie wszyscy wiedzą. Słucha, przyjmuje, przyklepuje. A potem rozmawia z kimś innym i kompletnie zmienia zdanie. Początkowo może być to wkurzające, ale bardzo często wychodzi mu to na korzyść, bo jest niedogmatyczny, nie zamyka się w schemacie.

Syndrom ostatniego rozmówcy.

Tak by było, gdyby nie miał zdolności własnej analizy, gdyby nie był samodzielny. A tu mamy do czynienia z odwrotnym fenomenem. Jest aż nazbyt niezależny, bo wie, że wszystko, co zrobi, zależy od niego. Ale mam dobre doświadczenia dotyczące jego przyzwoitości i lojalności.

W tym okresie, między kwietniem 2010 a jesiennymi wyborami 2011, zachodzi jeszcze jeden ciekawy proces. Dlaczego Schetyna nie wykorzystał tego czasu, żeby zbudować swoją silniejszą pozycję. Jednak w dość łatwy sposób Tusk go wykończył, odbierając mu funkcję marszałka Sejmu na jesieni 2011 roku.

Ale to jest cały Doncio! Grzegorz jest przekonany, że między nimi jest sztama, że przyjaźń się odbudowała. Donald na pewno zrobił dużo, by w tamtym czasie zbudować taki obraz. Po co to robi? Pamiętajmy, że to wcale nie było takie oczywiste, że PO wygra wybory w 2011 roku. Nie było wiadomo, czy starczy głosów do koalicji. Gdzieś z boku wyskoczył Palikot. W związku z czym w 2011 roku Donald stosuje swój klasyczny trik. Wie, że popełnił błąd, pozwalając na reanimację Schetyny, ale nie wypowiada mu w tym roku wojny. Ma trudną kampanię, drugi front nie jest mu potrzebny. W 2011 roku on wręcz ociepla relacje ze Schetyną. Jeszcze razem grają w piłkę, jeszcze przybijają piątki.

Mimo że wcześniej były sygnały, że otoczenie Tuska jest coraz bardziej wrogie w stosunku do Grześka, że jego ludzie są czyszczeni w różnych spółkach Skarbu Państwa, Grzegorz w trakcie kampanii wyborczej był przekonany, że wszystko idzie ku lepszemu. Pamiętasz obrazki z wieczoru wyborczego? Przybijają sobie piąteczkę i z uczuciem patrzą w oczy. Schetyna dzień po wyborach 2011 mówił, że naturalną sprawą jest jego pozostanie na fotelu marszałka Sejmu. Był absolutnie zdumiony, że Tusk się zdecydował na odebranie mu tego stanowiska. Jakby w ogóle niczego sie nie nauczył i nie pamiętał. Co prawda podpowiadano mu, że tak może się zdarzyć, ale on to w ogóle odrzucał i mówił: „Jak to, przecież ja jestem marszałkiem. Co, przyjdzie Tusk i powie, że ja mam nie być marszałkiem? No niemożliwe, nie zrobi tego". Ale to jest klasyczny Donald. W wielu, wielu przypadkach – moim, Rokity, Zyty – doprowadzał przed ostatecznym ciosem do pozornego ocieplenia relacji. I Grzesiek – moim zdaniem – tego ostatecznego ciosu się nie spodziewał. Tusk strąca marszałka, pozwala na przeciągającą się niepewność, czy on wejdzie do rządu, czy nie wejdzie. A potem z lubością, w sposób świadomie dla Schetyny upokarzający, mówi na konferencji prasowej tekst w stylu: „A, Schetyna? Schetyna, o ile ja dobrze pamiętam, ma, zdaje się, zostać szefem komisji spraw zagranicznych, ale musiałbym to jeszcze sprawdzić".

Schetyna został politycznie „zabity" na Dolnym Śląsku rękami Jacka Protasiewicza. Protasiewicz robił błyskotliwą karierę do czasu incydentu na lotnisku we Frankfurcie w lutym 2014 roku. Wypadł z listy do europarlamentu. Odpowiedz o nim. Wy się przecież znacie jeszcze z czasów NZS-owskich.

Jacek władował się w sytuację absolutnie niezręczną na tym lotnisku w Niemczech. Tusk oczywiście, gdyby tylko chciał, mógł na ten incydent zareagować inaczej. Tymczasem Donald zrobił swój klasyczny trik. Przestał odbierać telefony. Mógł mu powiedzieć: „Na pięć dni znikasz. Niech cię nie będzie. Potem wrócisz i posypiesz głowę popiołem". Z KPRM wyszedł inny sygnał – broń się, dasz radę, to zostaniesz, jak nie dasz rady, odpadniesz. Jacek mógł oczekiwać od Donalda dużo bardziej lojalnej postawy po tym, co dla niego zrobił.

Dlaczego mu nie pomógł? Przecież Protasiewicz, w imieniu Tuska, chwilę wcześniej wykonał wyrok na Schetynie. Był Tuskowi potrzebny do prowadzenia, nawet z tylnego siedzenia, kampanii europejskiej.

Odpowiedź leży w charakterze Tuska, który potrafi być nielojalny, jak mu to pasuje. Paweł Graś miał nieporównywalną sytuację z Jackiem Protasiewiczem. Latami, nie płacąc, mieszkał w willi należącej do jakiegoś Niemca, a potem się tłumaczył, że on tam sprzątał. Przecież z punktu widzenia polityka to jest sytuacja bez porównania bardziej obciążająca, dyskwalifikująca.

Protasiewicz jest narwany, jak pokazała ta sytuacja na lotnisku we Frankfurcie?

To wiedzą wszyscy, którzy go znają. Miałem z nim kiedyś przygodę. Czasy NZS-u. '88, może '89 rok. Po jakimś spotkaniu w Warszawie poszliśmy we dwóch na piwo. W knajpce, do której wstąpiliśmy, siedziało czterech podpitych żuli. Brutalnie, absolutnie chamsko odzywali się do kelnerki, zaczynali ją zaczepiać i szarpać. Podeszliśmy do tych facetów i grubymi słowami powiedzieliśmy im, żeby wyszli. Tych czterech gości ruszyło, żeby nam obić pyski i wyperswadować takie interwencje. No, ale trafili na nas dwóch, więc szybko ich stłukliśmy i wyrzuciliśmy z knajpy ku zadowoleniu kelnerki. Po kilkunastu minutach okazało się, że przed wejściem czeka już dwudziestu gości. Mieliśmy plecaki pełne ulotek, więc wzywanie milicji nie było najlepszym rozwiązaniem. Kelnerka poprowadziła nas do tylnego wyjścia i czmychnęliśmy stamtąd. To, że Jacek jest skory do postaw kozackich, wszyscy wiedzieliśmy.

Można Tuska krytykować, ale fakty są takie, że on praktycznie w pojedynkę wygrywa wybory 2011. Wsiada do „Tuskobusa" i mówiąc młodzieżowym językiem, osobiście bierze temat na klatę!

Tu pełna zgoda. Jest aktywny, odważny, nie boi się, wychodzi do ludzi. Zamiast Tuska, który ma opinię człowieka leniwego, widzimy faceta, który przejmuje inicjatywę. Po tej wygranej Donald jest w absolutnym apogeum swojej władzy i popularności. Można by rzec – sięgnął szczytu. Przycina Schetynę. Rząd buduje wedle autorskiej koncepcji, nie bacząc na ewentualne sygnały czy oczekiwania z wewnątrz partii. Nie musi. Nie bierze ludzi, którzy są liderami platformerskich środowisk czy wyrastali poprzez drogę awansu wewnątrz partii. Jego ministrowie są po prostu ludźmi „od Tuska". I to Tuskowi daje atut: w każdej chwili może takiego Mikołaja Budzanowskiego czy Marcina Korolca odwołać bez jakichkolwiek skutków wewnątrzpartyjnych. Nikt mu się nie zbuntuje, nawet będą się jeszcze w Platformie cieszyć, że jakiegoś obcego dla nich gościa pogonił.

W styczniu ujawnia się gigantyczny problem z listą leków refundowanych, potem ACTA, dalej kłopoty ze skończeniem inwestycji na Euro. Nastrój szybko zaczyna się psuć.

Tym bardziej boli, że miał to być rok spijania śmietanki i wizerunkowego sukcesu związanego z finałem projektu Euro 2012. Tusk w ogóle nie wie, co z tym zrobić, i wścieka się na otoczenie. Mówi, że ma wokół siebie same bawoły i że musi za nich odwalać całą robotę. I że przynoszą mu same problemy, zamiast te problemy rozwiązywać. Atmosfera gęstnieje i zmienia się dopiero wraz z przyjściem Euro. Sądzę, że gdyby nie ta impreza, to pewne procesy następowałyby dużo szybciej i w 2013 roku mogłoby już być po rządzie Tuska. A ta impreza się udała organizacyjnie. Nie było wielkich wpadek, Polacy są uśmiechnięci i chwaleni w Europie. Donald tak naprawdę wtedy – moim zdaniem – podejmuje ostateczną decyzję, że to wcale, mimo wcześniejszych, solennych zapowiedzi, nie będzie jego ostatnia kadencja. W 2012 roku precyzuje się idea rządzenia w przyszłości z SLD. I ma miejsce bardzo duże ocieplenie relacji z Leszkiem Millerem.

Oni się spotykają na stopie prywatnej?

Tak. Zresztą Tusk zawsze do Millera czuł miętę i dobrze mu się z nim rozmawiało. Donald nie znosił Kwaśniewskiego, z Kwaśniewskim mu się źle dogadywało, źle o nim mówił, obgadywał go, obśmiewał. Z Millerem jest inaczej.

Dlaczego?

Oni są z podobnej bajki. Miller wychował się na podwórku w Żyrardowie, Donald na podwórku w Gdańsku. Miller był niechciany w salonie warszawskim i Donald był niechciany w tym salonie. Oczywiście przez pewien czas, bo potem Donald stał się tego salonu pieszczoszkiem. W każdym razie między nimi jest chemia. Spotykają się na stopie prywatnej, spotykają się też rodzinnie, często umawiają się w różnych miejscach na pogaduchy przy winku. Oczywiście nie gadają o szczegółach, ale to jest budowanie atmosfery, w której Miller praktycznie przestaje być postrzegany jako opozycja.

Przykład?

Na przykład Waldemar Pawlak wykonuje typowy dla siebie ruch – przedstawia swoje postulaty, mówi, co w rządzie powinno się zmienić i jak to powinno wyglądać. I dodaje, że gotów jest się spotkać i rozmawiać o tym nie tylko z koalicyjną Platformą, lecz także z opozycyjnymi klubami. I Miller wtedy wypala z tekstem: „Jeśli Pawlak do mnie przyjdzie z propozycjami rządu, to ja się z nim spotkam i porozmawiam. Jeśli Pawlak przychodzi z antyrządowymi propozycjami PSL-u, to ja się z nim nie będę spotykał". Który opozycjonista tak mówi? Prawdziwa opozycja w takim przypadku mówi: „Tak, absolutnie, Pawlak ma rację" – i podsyca spór wewnątrzkoalicyjny. Ale wracając do Donalda, te lata 2012 i 2013 są też okresem ostatecznego złamania zasad i zaprzeczenia poglądom, które dotąd – mniej lub bardziej słusznie – ale były z nim utożsamiane.

O czym mówisz?

Jacek Rostowski – mimo iż chowa różne rzeczy pod dywan, próbuje maskować kłopoty budżetu i ukrywa prawdziwe rozmiary publicznego długu – i tak nie jest w stanie sprostać oczekiwaniom Donalda. Pojawia się więc propozycja radykalna i niezwykle kontrowersyjna – sięgnięcie po pieniądze z OFE. Dla Tuska jest to bardzo symboliczna decyzja, bo jest to ruch depczący tradycję, z której się on wywodzi, absolutnie antyliberalny, podjęty wbrew poglądom całego środowiska i merytorycznie nie do obrony. Ale Donald mówi sobie tak:

„Za 10, 12 lat, gdy mleko się rozleje, ja już nie będę rządził, a teraz, w imię bieżących korzyści, trzeba to zrobić". I być może sądzi, że swoją praktycznie już zrujnowaną reputację reformatora jakoś obroni podniesieniem wieku emerytalnego. Oczywiście w politycznym planie jest przyszła koalicja z SLD. By do niej doszło, Donald musi oczyścić sytuację wewnątrzpartyjną. Zaczyna więc prowokować konflikt z konserwatystami, którzy, jak zakłada, będą w przyszłości tę koalicję torpedować. Jesienią 2012 roku mają miejsce spotkania klubu parlamentarnego PO w sprawie in vitro. Duże napięcie, artykułowane są rozbieżne poglądy, a Tusk tak naprawdę bada, ilu konserwatystów może mu bryknąć w przyszłości. Tu kluczową postacią jest oczywiście Gowin.

Opowiedz o nim kilka słów.

Ciekawy casus. To jest facet, który wchodził do Platformy za sprawą Rokity. Potem w momencie, w którym Rokita z Platformy wychodził, został przez Donalda przejęty. Gowin był w stosunku do Donalda lojalny i przechodził taki okres, nazwijmy to – fascynacji. Albo – by inaczej to ująć – okres przekonania, że Tusk prowadzi to wszystko w dobrą stronę. Szybko się zorientował, że Donald to przede wszystkim ekspert od wewnętrznych spisków. I Gowin poszedł w sojusz ze Schetyną, co jest dość zabawne, bo to przecież kompletnie dwa różne światy. Tyle że Tusk ich sprytnie rozegrał. Schetynę niszczył, Gowina wziął do rządu. Gowin, mimo iż oczywiście zdawał sobie sprawę, jakim Tusk jest kombinatorem, wchodzi w to. Wierzy zapewne, że coś po sobie będzie mógł zostawić. Donald oczywiście systematycznie go blokuje, ale polityczny sojusz Gowina ze Schetyną skutecznie rozbija. I wie, że trzeba „problem frakcji konserwatywnej" zdetonować teraz, czyli w 2012 roku, a najdalej na początku 2013 roku, bo jak przyjdą lata wyborcze 2014 i 2015, to mu ta frakcja konserwatywna rozwali koalicję z Millerem.

Sam mechanizm jest bardzo sprytny. Najpierw trzeba sprowokować i zlokalizować tę umowną sześćdziesiątkę posłów, którzy głosują inaczej w sprawie in vitro czy związków partnerskich. Następnie trzeba zdefiniować ich osobiste interesy i podziały między nimi. I umiejętnie to rozegrać. Przykład? Ireneusz Raś jest tak samo konserwatywny jak Gowin, ale się nienawidzą i rywalizują ze sobą, co oczywiście Donald chętnie podsycał. Dziś Tusk ma partię, która mu przed koalicją z SLD „nie bryknie". Konserwatyści większościowo stanowią już jego zaplecze i cieszą się, że nie ma Gowina. Wewnętrznie zrobił wszystko to, co powinien zrobić, czyli umocnił się, rozprowadził swoich, wyeliminował Schetynę.

Gdzie widzisz zagrożenie planu Tuska w tej chwili?

Platforma była partią jakby izolowaną teflonem. W tym sensie, że nic się do niej nie przyklejało. I tak było przez bardzo długi czas. Był bardzo trudny moment dla Tuska w pierwszych miesiącach 2012, ale ten efekt spadku został zniwelowany przez piłkarskie Euro. Ale później w tym garnku, którym jest PO, zaczyna coraz silniej kipieć. Niby jest ten garnek przykryty pokrywką, ale ona od czasu do czasu podskakuje i widzimy – a to taśmy z Dolnego Śląska, a to „zegarkową" dymisję Nowaka. Do tego kwestia OFE w jakiejś mierze zachwiała twardym elektoratem PO, który dotąd Platformę oceniał mniej więcej tak: „Może to nie są jakieś orły, ale przynajmniej nie zostawią po sobie brudów". To przekonanie – moim zdaniem – bardzo ostatnio osłabło.

Według mnie wybory europejskie na wiosnę 2014 roku przyniosą słaby wynik Platformie.

Dlaczego?

Po pierwsze, będzie bardzo niska frekwencja. A po drugie, wielu umiarkowanych Polaków, takich jak na przykład wielu moich znajomych, myśli sobie tak: „Ta Platforma coraz bardziej mnie denerwuje. I jeśli w którychś wyborach miałbym zagłosować przeciwko PO, by pokazać jej swoje niezadowolenie, to najbezpieczniej jest zrobić w wyborach europejskich. Bo one nie dają PiS-owi władzy nad Polską". Krótko mówiąc, to nie będzie głosowanie nad tym, czy Macierewicz ma być szefem MSW. I wyborcy mogą chcieć skorzystać z tej okazji, by dać Platformie po łapach.

Niewielkie ma to znaczenie.
Władzy nie tracą.

Mylisz się. To będzie miało duże znaczenie psychologiczne. Cztery miesiące po wyborach europejskich są wybory samorządowe. Posłowie umieją liczyć. Przy słabych sondażach wielu wyliczy, że nie dostaną się do parlamentu. Część ucieknie do samorządu. Uważam, że w wyborach samorządowych zwiększy się nacisk na Tuska, by godził się na rozwiązanie szczególne. Na to, żeby lokalnie nie startować pod szyldem Platformy, tylko pod nazwami w stylu: Nasza Łęczyca, Nasz Radom, Samorządna Wielkopolska. Odpływ ludzi do samorządu i niewykorzystywanie nazwy osłabi PO w wyborach sejmowych 2015 roku.

Przed sejmowymi są jeszcze wybory prezydenckie, które, jak wszystko na to wskazuje, wygra w cuglach Komorowski.

Oczywiście – Tusk może się tym pocieszać. Ale czy to się bezpośrednio przełoży na Donalda? Nie sądzę. Komorowski nie będzie prowadził partyjnej kampanii. Będzie prezydentem wszystkich Polaków. To nie będzie kampania w stylu – „ja, kandydat Platformy Obywatelskiej". Oczywiście w wyborach parlamentarnych pojawi się znowu retoryka: „Nie głosujmy na Macierewicza, ratujmy kraj", ale żadnego śmielszego kroku Donald już nie zrobi.

Czy potrafisz syntetycznie odpowiedzieć na pytanie, jak to się stało, że Tusk doszedł tak wysoko i tak długo na tym szczycie pozostaje?

Po pierwsze, bardzo duży łut szczęścia. Po drugie, był najbardziej bezwzględny z nas. Schetyna i ja byliśmy bardzo sprawni w grach wewnętrznych, ale Tusk wykazywał się dużo większą skłonnością do działań poza granicą przyzwoitości – by nie powiedzieć mocniej. W kilku momentach pokazał też niewątpliwie olbrzymią intuicję. Ma dar komunikowania się, wychodzenia do ludzi. Z natury jest przeraźliwie leniwy, ale ma umiejętność zmobilizowania się i wzięcia w garść na czas kampanii. W kampanii potrafi się zebrać i gnać ze spotkania na spotkanie, jak mały samochodzik. A z drugiej strony, jako szef rządu może przez tydzień nie robić nic – bo nie ma pomysłów, bo ma chandrę, bo ma zapaść, bo się pokłócił z Gosią, bo nikt go nie kocha, bo jest otoczony samymi durniami.

A ten łut szczęścia?

Gdyby Balcerowicz nie podał mu ręki w 1997 roku, to Donald pewnie dziś wydawałby albumy o Gdańsku. Trójmiejska Unia go nie chciała na liście. Gdyby Balcerowicz nie zmusił ich do tego, żeby Donald kandydował do Senatu, to Donalda by w polityce najpewniej już nie było. W AWS-ie go nie chciano, a wewnątrz Unii jako zwykły członek niczego by nie osiągnął. W Unii nie miałby co robić, ale poza Unią też nie miałby czego szukać. Politycznie by nie istniał. Grudzień 2000 roku. Tusk popełnia wszystkie możliwe błędy w relacjach z Olechowskim. Ale jestem ja – i to ja przekonuję Olechowskiego, bez którego Platforma by nie powstała. Albo może by i w 2001 roku na bazie Olechowskiego i moich struktur powstała – ale bez Tuska. Kolejny dar niebios – bo przecież nie jakieś planowe działanie czy efekt politycznego geniuszu Donalda – to podniesienie Platformy z poziomu 12 procent do dwudziestu kilku przez Rokitę, w wyniku jego pracy w komisji rywinowskiej. Idźmy dalej. Upadek i kompromitacja SLD to był proces, który dał Platformie nowych wyborców i wyniósł ją na poziom 40 procent. Przecież te głosy, które w kolejnych wyborach 2005 i 2007 roku dostawała Platforma, to w dużej mierze były głosy tych, którzy wcześniej głosowali na Sojusz, a teraz od niego odeszli. I jeszcze jeden podarunek od losu – Jarosław Kaczyński. Gdyby na czele prawicy stał polityk rozsądniejszy, PO straciłaby władzę najpóźniej w 2011 roku. Oczywiście do tego szczęścia dochodzi bezwzględność Tuska w politycznym mordowaniu kolejnych współpracowników.

Skąd się bierze ta bezwzględność?

Trudno mi psychologizować. Ja jestem akurat taki, że trzymam się z ludźmi – w złych i dobrych momentach. Ja tę dziwną część natury Donalda zacząłem zauważać tak naprawdę wiosną 2003 roku. Jak odchodził z Platformy Maciej Płażyński. Obserwowałem, jak kształtował swoją władzę, jak manipulował ludźmi. A potem jesienią 2003 roku już przekonywałem się na własnej skórze, do czego jest zdolny. Widziałem, jak postępował wobec mnie i po jakie metody sięgał, by osłabić moją pozycję. Wspierał najgorsze, najdalej idące pomówienia, które wtedy przeciw mnie padały, choć wiedział doskonale, że to były kłamstwa. Co wynika z porównania Donalda z lat 90. i Donalda z dzisiaj? Pewne cechy, o których też wspomina w swojej książce jego żona Gosia, pozostały – ta, że tak powiem, upierdliwość, popadanie w nastroje. Inne zmieniły się znacząco. Ten tzw. „ciąg na bramkę" czy żądza zdobycia i utrzymania władzy – są teraz nieporównywalnie większe. Kiedyś tego nie było. Opowiadałem już anegdotę, jak to dwadzieścia dwa lata temu całkowicie wykluczał, że mógłby być ministrem w rządzie Suchockiej. On się lubował w tym, że błyszczał na salonach sejmowych, emablował dziennikarki, chodził do mediów. To było jego życie. A żeby jakiś urząd mieć pod sobą? Użerać się z tym od rana do wieczora? Albo zostać w przyszłości premierem? To z punktu widzenia jego przyzwyczajeń, nawyków i charakteru wydawało sie wtedy w ogóle niemożliwe.

Pytanie o polityczną metodę. Czy raczej należy budować własne przywództwo i grać na siebie, czy lepiej budować drużynę i działać w silnym otoczeniu...

W normalnej sytuacji taka postawa grania tylko na siebie byłaby ukarana. Masz słaby zespół, słabe otoczenie, więc nie warto na ciebie stawiać. I Tusk przegrałby już dawno temu, gdyby miał inną opozycję. On kiedyś słusznie powiedział, że nie ma z kim przegrać. Gdyby Kaczyński zachowywał się racjonalniej i gdyby z drugiej strony była silna centrolewica, Donald by już nie rządził. To prawda, że Kaczyński jest głównym sojusznikiem Tuska.

Wiesz, gra się tak, jak przeciwnik pozwala. Trudno, żeby martwiła go forma opozycji!

Jasne, ja chcę tylko powiedzieć, że gdyby z tą swoją polityczną metodą trafił na inny czas, to bardzo szybko by go nie było. Wszystkich ewentualnych konkurentów, ludzi o jakiejś samodzielnej pozycji powyrzucał, innych „poprzycinał". Klub parlamentarny mu nie ufa, nie ma tam też elementarnej lojalności wewnętrznej. Jedynym spoiwem, które to wszystko jeszcze trzyma razem, jest chęć pozostania przy władzy. Pamiętam swoje rozmowy z ministrami, posłami Platformy w 2011 roku, jeszcze przed kampanią. Tam był autentyczny ferment. Mówili wtedy: „Zobacz, Paweł, do czego nas Donald doprowadził. Wyrzuca ludzi, rozgrywa ich, wszystkich nas ma gdzieś. Ja już będę tylko swoimi rzeczami się zajmował, z nim nie ma co gadać". I pamiętam tych samych ludzi po zwycięstwie w wyborach w 2011 roku: „Niech Donald robi, co chce. Oczywiście nie mamy tego, co byśmy sobie życzyli, ale on ma intuicję. On nas poprowadził do kolejnego zwycięstwa". Czyli: „Donald, wodzu, prowadź!".

Trudno odmówić Tuskowi politycznego zmysłu. Rozbrojenie PJN, wyciąganie ludzi z lewicy takich jak Borowski, Arłukowicz, Rosati, podsycanie wojny z Kaczyńskim – to wszystko daje efekty.

Doktrynę kontrolowanego przeciwnika Tusk ma w małym palcu. Polityka PO wobec PiS jest polityką podtrzymywania życia. Różne miał Tusk instrumenty, by wzmocnić takie inicjatywy, jak PJN na przykład. Nigdy tego nie zrobił, bo woli mieć po drugiej stronie Kaczyńskiego, a nie rozsądną prawicę. A z lewicy, żeby tam nic nie urosło, wyjmuje działaczy.

Tusk pobrał nauki od Kaczyńskiego. Wybory można przegrać, w rządzie się bywa. Kluczowe jest posiadanie własnej partii, nawet na poziomie 10–15 procent. Masz biura, samochody, dotacje. Masz swój domek, może mniejszy, ale swój. Jak będzie okazja, to można się rozbudować, ale podstawą jest kontrola nad partią.

Zgoda. W dzisiejszych warunkach prawnych partia jest najważniejsza. On to wie. Myślę, że gdyby zdecydował się pójść na któreś ze stanowisk europejskich, to pewnie by powiedział: „OK, zmieniamy statut. Ja będę przewodniczącym rady politycznej, a niech ktoś inny, na przykład Ewa Kopacz, będzie przewodniczącą zarządu". I wtedy Ewa byłaby sobie przewodniczącą partii, ale tak naprawdę on nadal by tym wszystkim sterował. Z Donaldem jest tak, że on sobie nie wyrobił alternatywnego życia. Nie jest tym pisanie książek, trudno też sobie wyobrazić Donalda, że w przyszłości będzie jeździł po świecie jak Lech Wałęsa. Po pierwsze, nie ta pozycja, co Wałęsa, po drugie, to nie jest żywioł Tuska. Najbardziej prawdopodobny wariant jest taki, że po zawaleniu się popularności Platformy Tusk będzie w PO tak, jak w PiS od 2007 roku jest Jarosław Kaczyński. Ale nawet jeśli Tusk będzie „wieczny i nieśmiertelny" w Platformie, to już nie będzie postacią dominującą polską politykę.

Bo myślę, że teraz właśnie pisana jest ostatnia karta w historii naszego środowiska. To jest finał pewnej epoki. Epoki, która zaczynała się w wynajętym przez Wiktora Kubiaka biurze w hotelu Marriott. Długo to środowisko trzymało się razem i wiele ze sobą przeszło. Zaczynaliśmy jako młodzi, ambitni i nic nieznaczący, by chwilę potem, choć na krótko, stać się jako KLD partią władzy. Upadaliśmy, by zaraz podnieść się i iść do przodu. „Po grani". Gdy nas wyrzucano, otwieraliśmy się na innych i tworzyliśmy coś od nowa – tak powstała Platforma. I z tego pierwszego pięciolecia naszego wieku wyobrażam sobie nieistniejące, a przecież możliwe w tamtym okresie zdjęcie. Jesteśmy na nim wszyscy – Tusk i Olechowski, Płażyński i Gilowska, Bielecki i Lewandowski, Kilian i Drzewiecki, Protasiewicz i Schetyna, Siemoniak i Halicki, Rokita i ja. A potem, rok po roku, ta fotografia pustoszeje. To brakuje jednej, to drugiej, to kolejnej osoby. Aż dochodzimy do teraz. Na tej fotografii prawie wszystkie krzesła są już puste. Tylko jedno w pierwszym rzędzie jest zajęte. Siedzi na nim Tusk. Myślę, że już wie, że ta fotografia tak dokumentuje nie tyle koniec jego politycznej drogi, co koniec wspólnych marzeń. Jest sam. A my, liberałowie, ludzie po przejściach, rozsypani po różnych miejscach wspominamy czasem z sentymentem te lata. Ważne są tylko te dni, których jeszcze nie znamy. Świat się przecież nie kończy. Każdego z nas czeka jeszcze bardzo wiele. Ale już inaczej. Pojedynczo.

Spis treści